Hello Inner Child

Lerne dein inneres Kind kennen und
entdecke wahre Selbstliebe

Ariane Jankowski

ARIANE JANKOWSKI

Hello Inner Child

Lerne dein inneres Kind kennen und
entdecke wahre Selbstliebe

Deutschsprachige Erstausgabe März 2020

Ariane Jankowski
MindAcademy
Reichenbergerstrasse 119
10999 Berlin

Covergestaltung und Satz: Wolkenart - Marie-Katharina Wölk, www.wolkenart.com
Bildmaterial: Shutterstock.com
Textgrafiken: Sonja Ziegler

Druck: Amazon Media EU S.à r.l.,
5 Rue Plaetis, L-2338, Luxembourg
1. Auflage

ISBN: 978-3-00-065248-6

Ich widme dieses Buch meiner Mutter.
Für die Geborgenheit, die Zuflucht und die unendliche Liebe,
die sie meinem inneren Kind schenkte.

Inhaltsverzeichnis

Vorwort

Das Leben prägt uns: Seit dem Tag unserer Geburt und auch schon viel früher nimmt die Welt im Außen Einfluss auf die Welt in unserem Inneren. Die Schwangerschaft unserer Mutter und die Empfindungen, die sie hatte, als sie uns unter ihrem Herzen trug. Die Stimmen unserer Eltern, die schon, als wir noch im Mutterleib waren, zu uns sprachen. Der Geburtsprozess sowie die ersten Sekunden, nachdem wir das Licht der Welt erblickt haben.

Ab dem Zeitpunkt, an dem unser Herz zu schlagen beginnt, entwickelt sich unsere Innenwelt im ständigen Dialog mit der Außenwelt. Dabei gibt es wohl kaum einen Faktor, der uns so sehr prägt wie die Sprache, verbal und nonverbal. Denn so, wie die Außenwelt mit uns kommuniziert, nimmt sie auch Einfluss auf die Art und Weise, wie wir irgendwann selbst mit uns kommunizieren werden. Es gilt deshalb, dieser Sprache auf den Grund zu gehen, sie zu verstehen und sie für uns zu nutzen.

Dieses Buch richtet sich an alle, die mehr über sich und ihre Innenwelt erfahren wollen. An alle, die verstehen möchten, was sie geprägt hat und wie diese Prägungen auch heute noch ihr alltägliches Leben im Innen und Außen beeinflussen.
Aber vor allem richtet sich dieses Buch an Menschen, die aufgrund genau dieser Prägungen leiden. Die das Gefühl haben, nicht weiterzukommen in ihrem Leben, ihre Ziele nicht zu erreichen und ihre Träume nicht zu verwirklichen. Es richtet sich an alle, für die sich

das Leben nicht wie ein Geschenk, sondern wie ein sich ständig wiederholender, innerer Kampf anfühlt.

Was genau meine ich mit einem inneren Kampf?
Damit meine ich einen Kampf, der nach außen hin nicht sichtbar und für andere nicht wahrnehmbar ist. Einen Kampf, den Menschen ganz für sich alleine führen, oft still und heimlich, meist schon seit Jahren. Die Rede ist hier von einem Kampf gegen die Innenwelt oder besser gesagt, gegen ein bestimmtes Erleben in der Innenwelt: Gegen unangenehme Gefühle, schmerzhafte Erinnerungen und negative Gedanken. Einen Kampf gegen tägliche Selbstzweifel, Unsicherheiten und Ängste. Ein Versuch, alte Muster loszuwerden, der meist jedoch kläglich scheitert.

Menschen, die sich in solch einem inneren Kampf befinden, haben oft keine Energie mehr, um das Leben im Außen richtig zu genießen. Wie auch? Der größte Teil ihrer Aufmerksamkeit richtet sich auf ihre Probleme und ihre Gedanken zwangsläufig auf die Lösung dieser Probleme.
Um diese Lösung zu finden, den Kampf zu beenden und endlich frei zu sein, gehen Betroffene oft einen langen und schmerzhaften Weg. Sie versuchen sich zu verändern, sich zu verbessern; zwingen sich, im Außen anders zu leben, um sich im Inneren anders zu fühlen. Sie reden mit ihren Freunden und Ärzten, versuchen ihre Probleme zu analysieren und zu verstehen, um sie dadurch greifbarer zu machen. Sie lesen Selbsthilfebücher, durchforsten das Internet, studieren Ratgeber, Videos und Podcasts zu ihrem Thema. Sie besuchen vielleicht sogar Seminare, Workshops oder Kurse. Alles in der Hoffnung, sich endlich von ihrem Leid zu befreien.

All ihre Bemühungen erscheinen so logisch und menschlich und doch führen sie in der Regel nur dazu, dass sie viel Zeit und Energie investieren, ihr Problem jedoch in der Tiefe weiterhin bestehen bleibt.

Darum meine Fragen an dich:

Wieso bist du heute hier?
An diesem Punkt, an dem du jetzt gerade in deinem Leben stehst - mit diesem Buch in der Hand.

Gegen was in dir kämpfst du gerade oder vielleicht schon seit Jahren an?
Welches innere Erleben blockiert dich? Was möchtest du ändern? Von welchem Problem gerne frei sein?

Ich lade dich ein, deinen inneren Kampf in einem Satz zu formulieren.
Er könnte beispielsweise so beginnen:

> *„Ich kämpfe gegen das Gefühl..." oder „Ich kämpfe gegen die Gedanken..."*

Vielleicht lautet er aber auch:

> *„Ein Verhalten von mir, das ich eigentlich ändern will, ist ..."*

Und stelle dir selbst auch einmal die Frage:

Was hast du schon alles in deinem Leben unternommen, um dich von genau diesem Problem zu befreien? Wie viel Zeit, Energie und Kraft hast du schon investiert, um den Kampf zu gewinnen?

Und jetzt frage dich: Was von all dem, was du bisher unternommen hast, hat dein Problem wirklich langfristig gelöst und dich dauerhaft davon befreit?

Sicher, es gibt viele Techniken und Methoden, die dabei helfen, die Innenwelt kurzfristig zu kontrollieren, Gefühle und Gedanken vorübergehend zu regulieren, um sich selbst für einige Zeit ein Gefühl der Erleichterung zu verschaffen. Aber was passiert danach? Was passiert langfristig?

Die Erfahrung zeigt, dass ein Kampf gegen die Innenwelt - also der Versuch, Gedanken, Emotionen oder Erinnerungen zu kontrollieren - selten dazu führt, das Problem wirklich in seiner Tiefe zu lösen. Häufig wird durch das Kämpfen die Belastung nur noch größer und es kommen weitere Probleme hinzu: Mehr Ängste, mehr Unsicherheiten, mehr Zweifel und mehr Sorgen. Denn je intensiver jemand kämpft und je weniger Erfolg er oder sie dabei verzeichnen kann, desto stärker wird der Frust und das Gefühl, keine Kontrolle über sich und die eigene Innenwelt zu haben. Hilflosigkeit macht sich breit und irgendwann die Enttäuschung über sich selbst; das Gefühl, wieder versagt zu haben; die Traurigkeit und letztendlich die Resignation.

Auch im Außen häufen sich die Probleme, die durch den inneren Kampf und die stetig wachsende Unzufriedenheit ausgelöst werden: Sozialer Rückzug, Konflikte mit Freunden, Familie und Partnern, Probleme auf der Arbeit, im Studium oder in der Schule, steigender Konsum von Medikamenten, Alkohol und Drogen, die Flucht in andere Welten. Der Kampf im Innen führt also irgendwann zu Chaos im Außen.

Ich möchte dir an dieser Stelle etwas Wichtiges sagen: Egal, in welchem inneren Kampf du dich gerade befindest und egal, was momentan dein Schmerz ist:

Du bist nicht schuld!

Du bist nicht schuld daran, dass du so bist, wie du bist und schon gar nicht, dass du es bis jetzt nicht „einfach so" geschafft hast, deine Gefühle, Gedanken und deine Empfindungen zu kontrollieren. Denn der Umgang mit der Innenwelt funktioniert nicht auf dieselbe Art und Weise wie der Umgang mit der Außenwelt. Wenn wir zum Beispiel die Farbe unserer Wand im Zimmer nicht mehr mögen, dann können wir zum Baumarkt fahren, Farbe kaufen und unsere Wände neu streichen. Wir können also das, was uns im Außen nicht gefällt, in der Regel einfach ändern; das, was uns nicht passt, einfach „passend machen". Zumindest haben wir es so gelernt.

Hinzu kommt, dass wir in einer Multioptionsgesellschaft leben, in der uns suggeriert wird, dass uns alles, was wir wollen, überall zur Verfügung steht und jederzeit angepasst und verändert werden kann. Diese Regel mag für die Außenwelt vielleicht zutreffen, für unsere Innenwelt jedoch nicht. Denn die Innenwelt unterliegt anderen Regeln und anderen Gesetzen. Wir brauchen ein anderes System, eine andere Herangehensweise, andere Werkzeuge als in der Außenwelt. Und genau diese Werkzeuge fehlen uns oft. Denn ein Umgang mit der Welt in unserem Inneren - sei es praktische Emotionsregulierung, ein effizienter Umgang mit Gedanken oder gesunde Selbstfürsorge - wird uns in der Kindheit nicht immer kompetent genug vermittelt, wodurch uns eine gesunde Beziehung mit ihr später erschwert wird.

Wir lernen als Kind vieles über das Leben in der Außenwelt. Wir lernen, ein guter Bürger zu sein, werden sozialisiert und an das vorgegebene kulturelle System angepasst. Die Schule bringt uns das Rechnen und Lesen bei, sie erklärt uns, wie Politik funktioniert und Geschichte entsteht. Alle Schulfächer konzentrieren sich darauf, uns auf das Leben mit der Außenwelt vorzubereiten. Das ist auch wichtig, aber keines der Fächer bereitet uns auf das Leben mit unserer Innenwelt vor.
Keines davon zeigt uns, wie wir unsere Emotionen regulieren, wie wir mit unseren Gedanken umgehen können oder wie wir unser mentales Wohlbefinden erhöhen. Kein Fach lehrt uns, wie wir unser emotionales System verstehen und die Funktionsweise des Gehirns für uns nutzen können.

Wir Menschen leben also seit dem Tag unserer Geburt mit einer (Innen-)Welt zusammen, mit einem hochkomplexen System, das unser gesamtes Leben, unseren Alltag und unser ganzes menschliches

Dasein steuert. Wir verbringen in dieser Innenwelt genauso viel Zeit wie in unserer Außenwelt, erleben sie genauso intensiv, doch keiner lehrt uns, wie sie funktioniert. Ist das nicht irre?
Wenn wir also mehr über uns und unsere Innenwelt erfahren wollen, dann müssen wir uns selbst darum kümmern. Wir müssen entweder entsprechende Fächer studieren, wie beispielsweise Medizin, Psychologie und Neurobiologie oder auf eigene Faust schwer lesbare Fachliteratur entschlüsseln. Ansonsten bleibt uns nur noch, uns mit den gut gemeinten alltagspsychologischen Tipps und Anleitungen unserer Mitmenschen zufrieden zu geben. Denn von diesen gibt es genug:

„Denk doch einfach positiv!"
„Hör auf, dir so viele Gedanken zu machen!"
„Dreh deine Glaubenssätze um!"
„Überwinde einfach deine Ängste!"
„Du musst nur fest daran glauben!"
„Du musst anfangen, dich selbst zu lieben!"

Wenn es nur so einfach wäre, dann gäbe es keine Probleme mehr. Dann würden wir bei jedem schlechten Gefühl und bei jedem unangenehmen Gedanken nur die vorgegebenen Tipps und Tricks anwenden und wieder glücklich und zufrieden unser Leben weiterleben.
Aber die Realität sieht anders aus. Laut der Deutschen Gesellschaft für Psychiatrie und Psychotherapie, Psychosomatik und Nervenheilkunde erfüllt jeder vierte Deutsche im Laufe eines einzigen Jahres die Kriterien einer voll ausgeprägten psychischen Erkrankung. Die

Gruppe der Angststörungen und Depressionen sind dabei die am häufigsten auftretenden Diagnosen[1].
So einfach scheint die Lösung also nicht zu sein. Oder womöglich doch?
Ich möchte dir mit diesem Buch ein besseres Verständnis für deine Innenwelt vermitteln, dich da abholen, wo du gerade stehst und mit dir auf eine Reise in dein Inneres gehen. Ich möchte, dass du verstehst, warum du in bestimmten Situationen so fühlst, wie du fühlst, so denkst, wie du denkst, und so handelst, wie du momentan noch handelst. Aber vor allem möchte ich dir in diesem Buch praktische Techniken an die Hand geben, mit denen du dir deinen Alltag erleichtern kannst. Werkzeuge, die dir dabei helfen, mit deinen Gedanken und Gefühlen besser umzugehen. Besonders mit jenen, die dir und deinen eigentlichen Zielen heute noch im Weg stehen.

Auf meiner Webseite www.arianejankowski.com findest du neben weiteren Programmen und Materialien zur Arbeit am *inneren Kind* auch ein kleines interaktives Workbook, das dich, passend zum Buch, bei allen Aufgaben und Übungen begleitet. Es kann dir dabei helfen, die Inhalte noch einmal zu intensivieren und das Gelesene für dich und deine Person individuell zu vertiefen.

Die in diesem Buch vorgestellten Methoden und Techniken sind eine Zusammenführung mehrerer Ansätze der kognitiven Verhaltenstherapie. Darunter speziell der Schematherapie nach Jeffrey Young (2006, 2008), der Akzeptanz- und Commitmenttherapie

1 Quelle: https://www.dgppn.de/

nach Hayes (2011) und dem Training emotionaler Kompetenzen nach Berking (2008). Die Theorie hinter diesem Buch lehnt sich an das Konzept der Ego-State-Theorie von John und Helen Watkins (2003) sowie an die Konsistenztheorie von Klaus Grawe (2000, 2004) an.
Das theoretische Konzept hinter *Hello Inner Child* entstand aus meinem Herzen heraus. Alle Bücher und Artikel, die mir dabei geholfen haben, dieses Buch zu schreiben und mich auch schon seit Jahren bei meiner therapeutischen Arbeit begleiten, findest du im Literaturverzeichnis wieder, sodass du bei Interesse in die entsprechende Thematik noch weiter eintauchen kannst.

Ein wichtiger Punkt zur Handhabung mit diesem Buch:

Nimm dir Zeit!

Im ganzen Alltagsstress neigen wir dazu Bücher, E-Books oder Artikel zwischen Frühstück, Zähneputzen und Arbeit schnell mal quer zu lesen. Gerade durch das Internet und das damit ständig verfügbare und stetig wachsende Wissen neigen wir dazu, uns mit allen möglichen Informationen auf allen möglichen Kanälen zu überfluten. Wir überfordern damit jedoch unseren sensiblen Geist und überlasten unsere empfindsame Seele. Denn oft sind die Inhalte, die wir konsumieren, gar nicht wirklich wichtig für uns und unser Leben. Ich möchte dir deshalb ans Herz legen, die Informationen, die du im Alltag in deine Innenwelt lässt, mit Bedacht zu wählen und diese dann auch bewusst aufzunehmen. Damit sorgst du dafür, dass auch wirklich genau die Inhalte in dir ankommen, die für

Fülle und Wachstum in deinem Leben sorgen können. Betrachte die Zeit, die du mit dem Lesen dieses Buches verbringst, als ein Geschenk für dich selbst. Ein Geschenk, bei dem du dich und dein Wohlbefinden ins Zentrum deines Erlebens stellst. Schalte andere Quellen während des Lesens aus, mache es dir gemütlich, koche dir einen Tee und sage deiner Familie, deinen Mitbewohnern oder deinem Partner, dass du für diese Zeit ungestört sein möchtest. Gib dir selbst mit diesem Buch die höchste Priorität, denn du bist es wert - und am Ende dieses Buches wirst du es ganz genauso sehen.

Einleitung

Manchmal genügt schon ein kleiner Auslöser, ein falsches Wort, ein falscher Blick, ein bestimmter Gedanke und schon fühlst du dich wie ausgewechselt. Als würde in diesem Moment ein Schalter in dir umgelegt werden, der einen inneren, scheinbar unkontrollierbaren Prozess in Gang setzt. Der dich wie fremdgesteuert fühlen lässt und dich in ein Verhalten bringt, das du später bereust. Ein Verhalten, das du wahrscheinlich auch schon gut von dir kennst, aber eigentlich gar nicht magst, weil es deinen wirklichen Zielen im Leben im Wege steht. Vielleicht hast du dir auch schon oft vorgenommen, in diesen Situationen nicht mehr so zu fühlen und nicht mehr so zu reagieren, aber wenn es dann soweit ist, bist du deinen Emotionen hilflos ausgeliefert. Zumindest fühlt es sich so an.

Falls du solche Momente kennst, dann geht es dir wie vielen anderen auch, die in alten Mustern feststecken und es einfach nicht schaffen, sich von diesen zu befreien. Auf rationaler Ebene wissen diese Personen oft ganz genau, was sie wollen, was sie brauchen und was ihnen guttun würde. Sie wissen auch meist, welche Verhaltensweisen für ihre Ziele nötig wären, aber sie schaffen es einfach nicht, ihr Verhalten in den entscheidenden Situationen zu verändern.

Warum ist das so? Warum geraten manche Menschen immer wieder in dieselben alten Verhaltensmuster hinein und warum schaffen sie es nicht, sich trotz intensiver Bemühungen und starkem Wunsch von ihnen zu lösen?
Es scheint fast so, als würde es zwei entgegengesetzte Anteile in

ihnen geben. Einen Anteil, der dieses Verhalten loslassen und sich ändern möchte, aber anscheinend auch einen, der aus irgendwelchen, uns noch unbekannten Gründen, an diesem alten Verhalten festhält und noch nicht bereit ist, von ihm frei zu sein.

In diesem Buch geht es genau um diese unterschiedlichen Anteile und ihre entsprechenden Wirkmechanismen in uns. Wir können sie als Facetten unserer Persönlichkeit verstehen, die irgendwann mit der Absicht entstanden, eine optimale Anpassung an die Umwelt zu gewährleisten.
Im Buch *Hello Inner Child* konzentrieren wir uns dabei vor allem auf einen ganz bestimmten und sehr einflussreichen Anteil in uns, nämlich den des *inneren Kindes*.

Was genau ist das innere Kind?

Der Begriff des *inneren Kindes* wird bereits seit den 1970er Jahren als therapeutisches Konzept verwendet und steht dabei symbolisch für unsere Gefühle, Prägungen und Erfahrungen aus unserer Kindheit.

Im Buch *Hello Inner Child* verwende ich ebenfalls das *innere Kind* sinnbildlich für unser Unterbewusstsein. Und wir können sagen, dass dieses unser gesamtes heutiges Leben steuert: Die Art und Weise, wie wir denken, wie wir fühlen, wie wir die Welt um uns herum wahrnehmen und wie wir auf sie reagieren. All das hängt mit den Prägungen unseres *inneren Kindes* zusammen und wird beeinflusst durch die Erziehung unserer Eltern, die Übermittlungen unserer Lehrer und die Erfahrungen mit unseren Mitmenschen in frühen Jahren. Oft sind diese Erfahrungen und Prägungen uns gar nicht mehr bewusst, unserem Verstand gar nicht mehr richtig zugänglich, aber dennoch sind sie alle in unserem *inneren Kind* gespeichert und beeinflussen damit auf unbewusster Ebene unser gesamtes Leben im Hier und Jetzt.

Es ist deshalb wichtig, uns mit unserem *inneren Kind* zu beschäftigen, dessen Prägungen kennenzulernen, seinen Wesenskern zu verstehen und einen neuen Umgang mit ihm zu erlernen.

Wir sollten uns die Fragen stellen:
Wie beeinflusst mein *inneres Kind* mit seinen Prägungen von damals, mein heutiges Leben als Erwachsener im Hier und Jetzt?

Und:
Bringen mich die Prägungen meines *inneren Kindes* in meinem Leben weiter, führen sie mich an meine Ziele und befriedigen meine heutigen Bedürfnisse oder stehen sie mir viel mehr im Weg?

Denn falls die Prägungen unseres *inneren Kindes* uns mehr blockieren, als dass sie uns bereichern, uns mehr hindern, als dass sie uns befreien, dann müssen wir für wirkliche Veränderung in die Tiefe gehen.
Denn erst, wenn unser *inneres Kind* frei ist, können auch wir es sein.
Wir müssen deshalb herausfinden, was unser *inneres Kind* festhält, unter welchen Prägungen es immer noch leidet und mit welchen Verhaltensweisen es sich heute noch schützt, um zu verstehen, was es braucht und was es bedarf, um ihm zu helfen.

Das Buch *Hello Inner Child* gliedert sich in drei Teile.
Im ersten Teil geht es darum, dein *inneres Kind* kennenzulernen. Wir werden uns in diesem Zusammenhang mit seiner Entstehungsgeschichte, seinen Wirkmechanismen und seiner Einflussnahme auf dein heutiges Leben auseinandersetzen. Wir werden die Ursachen seiner Verletzungen erörtern und seine tiefsitzenden Grundannahmen verstehen lernen.
Im zweiten Teil des Buches wird es darum gehen, in Kontakt mit deinem *inneren Kind* zu treten. Mit ihm auf eine neue Art und Weise zu kommunizieren und mit Hilfe verschiedener Anleitungen und Übungen einen neuen Weg zu erschaffen, auf welchem du zukünftig den Emotionen und Empfindungen deines *inneren Kindes* neu begegnen kannst.
Abschließend, im dritten und letzten Teil, wird es unser Ziel sein, sich als Erwachsener in Selbstannahme, Selbstliebe und Selbstfürsorge zu üben. Dies sind die drei entscheidenden Säulen, die du benötigst, um ein für dich langfristig glückliches und erfülltes Leben im Sinne deiner Werte aufzubauen.

Und dass du das schaffst, ist wirklich ein Herzenswunsch von mir.
Also lass uns loslegen!

Teil 1:

Lerne dein inneres Kind kennen

Im ersten Teil des Buches begeben wir uns auf eine Reise in deine Kindheit. Wir schauen uns gemeinsam deine wichtigsten Einflussfaktoren an, erkunden die Stärken und Ressourcen deines *inneren Kindes*, aber auch seine empfindsamen und sensiblen Seiten.
Wir werden verstehen, welche Faktoren dein *inneres Kind* am meisten geprägt haben und welchen Einfluss diese Prägungen bis heute noch auf dein Leben haben.

Im ersten Teil dieses Buches wirst du also:

- Die Glaubensmuster und Grundannahmen deines *inneren Kindes* kennenlernen und beginnen zu verstehen, wodurch sich diese im Laufe deines Lebens entwickelt haben.
- Den *inneren Kritiker* in dir kennenlernen: Die Stimme, die mitunter den größten Einfluss auf dein alltägliches Leben hat.
- Erfahren, welche Situationen für dein *inneres Kind* am bedeutsamsten waren und wie es auf diese heute noch reagiert.
- Die Schutzstrategien deines *inneren Kindes* herausarbeiten und erkennen, wie diese im direkten Zusammenhang mit deinem gegenwärtigen Verhalten stehen.

Die Landkarte deines inneren Kindes

Im ersten Teil des Buches lade ich dich dazu ein, aktiv mitzuarbeiten und gemeinsam mit mir eine *Landkarte deines inneren Kindes* zu erstellen.

Was ist die Landkarte deines inneren Kindes?

Die Landkarte ist eine verkleinerte Abbildung des Überlebenssystems deines *inneren Kindes*. Was dieses Überlebenssystem genau ist, erfährst du noch im Laufe des Buches. Die Landkarte wird dir dabei helfen, dich in deiner Innenwelt besser zurechtzufinden. Sie ordnet das Chaos und bringt Licht ins Dunkel. Durch das Erstellen der Landkarte wirst du dir über Zusammenhänge in deinem Leben bewusster werden, die du vorher womöglich noch nicht gesehen hast und du wirst ein neues Verständnis für deine inneren Prozesse entwickeln. Das wird dir auch dabei helfen, dein Leben im Außen besser zu verstehen.

Wie erstellst du die Landkarte deines inneren Kindes?

Der erste Teil dieses Buches heißt »Lerne dein inneres Kind kennen« und ist in mehrere Kapitel unterteilt. Nach jedem Kapitel trägst du die erhaltenen Informationen schrittweise in die *Landkarte deines inneren Kindes* ein, sodass du am Ende einen kompletten visuellen Überblick über das Überlebenssystem deines *inneren Kindes* hast.

Damit du dir besser vorstellen kannst, wie eine fertige Landkarte aussehen könnte, habe ich dir eine Grafik erstellt, an der du dich gerne orientieren kannst.

Die *Landkarte deines inneren Kindes* könnte also wie folgt aussehen:

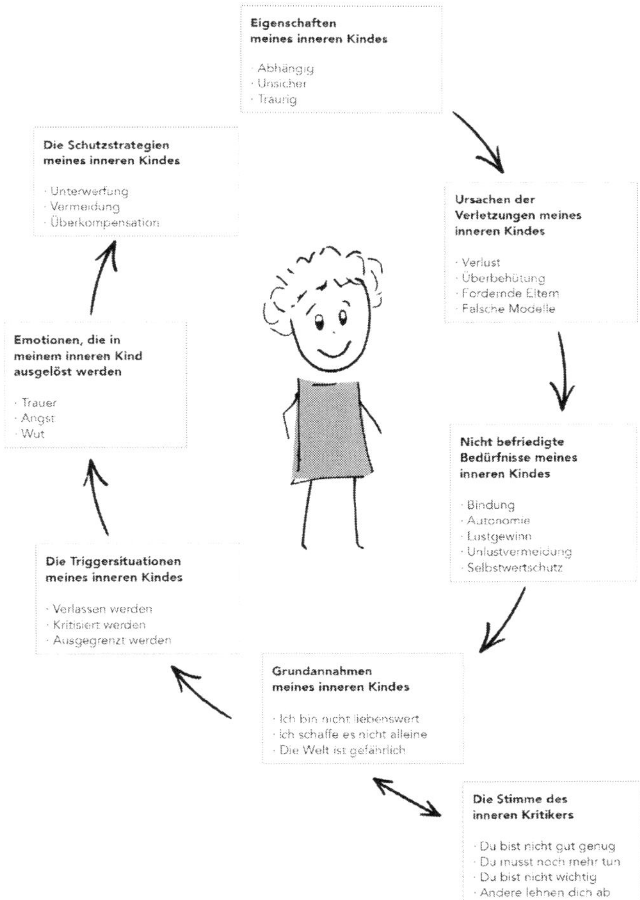

Dazu kannst du dir vorab folgende Dinge bereitlegen:

1. Ein Bild von dir als Kind. Eines, das du gerne magst, das aus irgendeinem Grund besonders für dich ist und positive Gefühle in dir auslöst. Achte darauf, dass du allein auf dem Bild zu sehen bist. Es soll hierbei wirklich nur um dich gehen.
2. Ein großes Blatt Papier, am besten DIN-A3-Format oder ein weißes Plakat oder ein heller Karton.
3. Etwas zum Schreiben: Kugelschreiber, Edding, Bunt- oder Filzstifte je nach Präferenz.

Mit diesen Materialien werden wir dann deine persönliche Landkarte anfertigen.

Klebe nun in die Mitte des Plakats das Kinderbild von dir und schreibe darunter den Namen deines *inneren Kindes*. Das kann dein tatsächlicher Vorname sein, aber auch ein Spitz- oder Kosename, der Name, mit dem du dich als Kind am meisten angesprochen gefühlt hast. Mein *inneres Kind* nenne ich zum Beispiel immer „Nani", weil ich mich selbst als Kind so genannt habe.

Nach jedem Kapitel ergänzt du die Landkarte mit den neuen Informationen, die du zu deinem *inneren Kind* erhalten hast.
Damit du dich ganz auf deine Entdeckungsreise konzentrieren kannst, werde ich dich immer darauf hinweisen, wenn der Zeitpunkt gekommen ist, etwas in deine Landkarte einzutragen.

Und nun tauchen wir gemeinsam ein, in die Welt deines *inneren Kindes.*

Das innere Kind

Jeder von uns benimmt oder fühlt sich hin und wieder wie ein Kind. Wir albern herum und spielen, fühlen uns gekränkt oder traurig, verspüren Angst, Wut oder Zorn. In den allermeisten Fällen können wir diese Gefühle steuern, können sie einordnen und unser Verhalten im Sinne übergeordneter Ziele ausrichten. Wir schaffen es dann, uns unabhängig von unseren aktuellen Emotionen zu verhalten. Nicht gleich loszuschreien, wenn uns etwas nicht passt, die Fassung zu bewahren und uns wenn nötig „zusammenzureißen". Während Kinder also viel impulsiver und triebgesteuerter reagieren, können wir als Erwachsene über die Situation nochmal nachdenken und uns dann bewusst für ein passendes Verhalten entscheiden.

Dann gibt es aber ganz bestimmte Situationen, in denen uns diese Möglichkeit nicht so einfach zur Verfügung steht. Es fällt uns plötzlich schwer, in diesen Momenten die Perspektive zu wechseln, unsere Gefühle im Zaum zu halten und unser Verhalten bewusst zu steuern. Wir empfinden in diesen Situationen so starke und intensive Gefühle, dass sie sich nicht einfach nur durch die Situation erklären lassen, wodurch sie für Außenstehende und später auch meist für uns selbst als „übertrieben" empfunden werden.

Genau in diesen Momenten ist unser *inneres Kind* aktiv und hat die Kontrolle über unser aktuelles Verhalten übernommen.

So kann es schon mal vorkommen, dass wir vor unserem Chef anfangen zu weinen oder vor Wut einen geliebten Menschen anschreien, dass wir uns beleidigt in unserem Zimmer verkriechen oder dass wir uns wegen objektiver „Lappalien" tagelang emotional völlig erschüttert fühlen. Wie es zu solchen Reaktionen kommt, wirst du noch detailliert erfahren, doch dazu müssen wir uns zunächst die Eigenschaften verletzter *innerer Kinder* genauer ansehen.

Die Kerneigenschaften verletzter innerer Kinder

An dieser Stelle möchte ich erwähnen, dass ich in diesem Buch bewusst den Fokus auf die verletzten und somit sensiblen Anteile unseres *inneren Kindes* lege, denn meistens sind es vor allem sie, die uns im Leben als Erwachsene im Wege stehen.

Menschen, die in ihrem Leben in alten Mustern, in negativen Gefühlsschleifen oder ungesunden Verhaltensweisen feststecken, tragen meist ein verletztes *inneres Kind* in sich, das tief in ihrem Inneren unter einer starken Angst, tiefer Unsicherheit oder einem negativen Selbstbild leidet. Die Verletzungen unseres *inneren Kindes* sind uns im Alltag jedoch gar nicht bewusst. Wir spüren den Schmerz, die Verletzung oder die Kränkung nicht direkt, sondern erkennen sie eben erst dadurch, dass wir immer wieder in die gleichen Gefühlszustände, die gleichen Verhaltensmuster und die gleichen Probleme geraten.

Ich möchte dir im Folgenden ein paar Beispiele von verletzten *inneren Kindern* nahebringen. Die Ausprägungen der Verletzungen können dabei sehr unterschiedlich ausfallen und diese Unterschiede möchte ich dir anhand einiger meiner früheren Patientenfälle vorstellen.

Spüre beim Lesen einmal in dich hinein, ob du vielleicht die ein oder andere Parallele zu dir und deinem Empfinden oder Verhalten feststellen kannst. Dies könnte ein erster Hinweis auf ein ebenso verletztes *inneres Kind* in dir sein.

Abhängige innere Kinder

Eine meiner ersten Patientinnen, Anja[2], war zu Beginn der Therapie 34 Jahre alt, Bürofachfrau und seit mehr als drei Jahren mit ihrem Freund zusammen. Sie schilderte mir, in ihrer Beziehung unglücklich und frustriert zu sein. Obwohl sie alles für ihren Partner tue, sich um alles kümmere und immer versuche, eine gute Freundin zu sein, raste ihr Freund ständig wegen Kleinigkeiten aus. Dabei werde er immer sehr aggressiv, laut und verletzend, sodass sie vor ihm erstarre, sich irgendwann zurückziehe und dann anfange zu weinen. Sie komme mit seinen Aggressionen nicht mehr zurecht, würde es aber auch nicht schaffen, sich von ihm zu trennen. So berichtete sie, dass immer, wenn sie die Beziehung beenden wollte, er auf

---

2 Sämtliche Namen in Fallbeispielen wurden geändert.

die Knie falle, sich für alles entschuldigte und sie anflehte zu bleiben. Das machte Anja immer wieder Hoffnung, dass er sein Verhalten diesmal ändern würde. Anja litt sehr unter einem abhängigen *inneren Kind.*

Abhängige *innere Kinder...*

... neigen dazu, mehr auf die Wünsche und Bedürfnisse anderer Menschen zu achten, als auf die eigenen.

... legen ihren Fokus vor allem darauf, dass es anderen gut geht.

... haben Schwierigkeiten damit, die eigenen Bedürfnisse wahrzunehmen, für sie einzustehen und diese zu befriedigen.

... nehmen sich in Beziehungen als hilfloser oder schwächer wahr als den Partner.

... haben starke Angst davor, verlassen zu werden.

... tun sich schwer damit, alltägliche Entscheidungen zu treffen, ohne sich vorher die Meinung von anderen einzuholen.

... überlassen wichtige Entscheidungen in ihrem Leben lieber anderen.

Unsichere innere Kinder

Ich kann mich noch gut an Philipp erinnern. Philipp war zu Beginn der Therapie 23 Jahre alt, Informatikstudent, und kam mit sozialen Ängsten zu mir. Er schilderte mir, dass er oft sehr einsam sei. Er sehne sich nach sozialen Kontakten und nach einer Freundin. Gleichzeitig berichtete er mir von seiner Angst davor, neue Menschen kennenzulernen, da er im Kontakt mit anderen immer ganz unsicher werde. Er befürchtete, negativ aufzufallen, sich zu blamieren oder abgelehnt zu werden. Die Angst beherrschte seinen ganzen Alltag. In der Uni versuchte er Referate und Gruppenarbeiten zu vermeiden, da er solche Situationen nur schwer ertragen könne. Im Kontakt mit anderen werde er immer so nervös, dass seine Hände stark zu schwitzen und er zu stottern beginne oder anfange, „doofes Zeug" zu erzählen. Wenn viele Leute um ihn herum seien, hole er sein Smartphone heraus, um nicht aufzufallen und um keine Fragen gestellt zu bekommen. Er schilderte, dass er anderen einfach „nichts bieten" könne und grundsätzlich das Gefühl habe, „langweiliger", „hässlicher" und „inkompetenter" zu sein, als andere Menschen. Philipp litt also unter einem unsicheren *inneren Kind.*

Unsichere *innere Kinder...*

... haben eine starke Angst davor, von anderen Menschen negativ bewertet, abgelehnt oder zurückgewiesen zu werden.

... empfinden eine durchgehende innere Unsicherheit mit ständiger Anspannung und innerer Unruhe.

... haben ein negatives Selbstbild mit der Annahme, unattraktiver, wertloser oder minderwertiger als andere Menschen zu sein.

... leiden unter ständigen selbstkritischen, fordernden und/oder abwertenden Gedanken.

... haben oft ein mangelndes Vertrauen in die eigenen Fähigkeiten, Kompetenzen und Talente.

Impulsive innere Kinder

Meine Patientin Conny, eine attraktive Frau in ihren Vierzigern, stellte sich bei mir in der Therapie vor und gab an, dass sie sich beruflich neu orientieren müsse. Sie hatte kürzlich ihren Job als Kosmetikerin gekündigt, weil sie ständig Streit mit ihrer Kollegin gehabt habe. Sie sei sich sicher, dass die Kollegin hinter ihrem Rücken negativ über sie redete. Conny fühlte sich dadurch genötigt, dieser Kollegin „einfach mal die Meinung zu sagen", wodurch ein heftiger Streit ausgelöst wurde und Conny sich eine andere Stelle suchte. Außerdem berichtete sie mir von Beziehungsproblemen mit ihrem Partner, mit dem sie seit über einem Jahr zusammen sei. Eigentlich wäre er der liebste und fürsorglichste Mann, den sie je hatte. Aber irgendwie traue sie ihm trotzdem nicht ganz. Sie steigere sich manchmal so sehr in negative Gedanken und Szenen hinein, dass sie sich nur schwer von diesen distanzieren könne. Um ihre Anspannung regulieren zu können, nehme sie dann das Auto und fahre mit erhöhter Geschwindigkeit über die Autobahn. Ab und zu gehe sie auch tanzen, dabei konsumiere sie dann Drogen und es konnte passieren, dass sie dann mit fremden Männern schlafe. Das tue ihr im Nachhinein auch immer furchtbar leid und eigentlich wolle sie das nicht, aber in dem Moment könne sie ihre Impulse nur schwer kontrollieren und irgendwie „bräuchte" sie das auch. Conny litt also unter einem impulsiven *inneren Kind.*

Impulsive *innere Kinder…*

… leiden oft unter plötzlichen Stimmungsschwankungen.

… wissen oft nicht, was sie wollen und können sich nur schwer für etwas entscheiden.

… brauchen länger als andere, um starke Emotionen wieder zu regulieren.

... lieben die Extase und suchen bewusst nach „extremen Situationen“ (Drogen, Party, Sex, Spiel und Gefahr).

... fühlen sich oft einsam und nicht dazugehörig, selbst wenn sie unter Leuten sind.

... können nur schwer Ruhe ertragen und alleine sein.

... müssen ständig etwas tun, weil sie sich sonst schnell langweilen.

Traurige innere Kinder

Thomas, 51 Jahre alt, verheiratet und Vater von drei Kindern, kam zu mir in die Therapie und gab an, dass er noch nie „richtig glücklich“ gewesen sei. Eigentlich sei nach außen hin in seinem Leben ja alles „okay“. Er habe eine Familie, Freunde und einen guten Job. Dennoch könne er das Leben irgendwie nicht richtig genießen und denke oft über die Probleme in unserer Gesellschaft nach. Wenn er die aktuellen Nachrichten höre, dann frage er sich immer „in was für einer Welt wir eigentlich leben”. Er habe oft keinen Antrieb und fühle keine richtige Freude, auch wenn er schöne Dinge unternehme. Er berichtete auch, seit Jahren unter sexueller Unlust zu leiden, weshalb es auch regelmäßig Streit in seiner Ehe gäbe. Auch zu seinen Kindern könne er keinen richtigen emotionalen Zugang finden. Auf Nachfrage schilderte

Thomas, dass es noch nie wirklich anders war. Auch als Teenager und in seiner Ausbildungszeit war das Leben immer irgendwie „leer und grau“ für ihn. Thomas trug also ein trauriges *inneres Kind* in sich.

Traurige *innere Kinder...*

... leiden unter dem Leben an und für sich.

... denken viel über das Leid und den Schmerz der Welt nach.

... empfinden das Leben als schwer und grau.

... suchen vergeblich nach dem Sinn des Lebens.

... stellen eigene Bedürfnisse für das Wohl anderer zurück und bemühen sich stets um moralisches Verhalten.

... können sich nur schwer durchsetzen und opfern sich oft auf.

... setzen sich für die „Armen und Schwachen“ ein.

Getriebene innere Kinder

Eine andere Patientin, Heike, verheiratet, Mutter von drei Kindern, kam aufgrund von Angstzuständen und Panikattacken zu mir in die Therapie. Diese seien „aus heiterem Himmel" während einer Zugfahrt aufgetaucht und seitdem Bestandteil ihres Alltags. Sie schilderte mir, dass ihr momentan einfach „alles zu viel" werde. Am Vormittag sei sie im Laden ihres Mannes tätig, kümmere sich dann anschließend um ihre pflegebedürftige Mutter und passe am Wochenende noch auf ihr Enkelkind auf. Zusätzlich engagiere sie sich an drei Tagen in der Woche ehrenamtlich im Karnevalsverein und erledige nebenbei den eigenen Haushalt. Auf der einen Seite fühle sie sich sehr erschöpft, könne aber auf der anderen Seite auch nur schwer abschalten und sich von den Aufgaben distanzieren.

Heike litt unter einem getriebenen *inneren Kind.*

Getriebene *innere Kinder...*

... haben das Gefühl, immer etwas leisten zu müssen.

... können nur schwer abschalten und zur Ruhe kommen.

... definieren sich selbst durch Leistung.

... haben sehr hohe Ansprüche an sich selbst.

... neigen dazu, sich zu überfordern.

... können nur schwer Nein sagen, Grenzen setzen oder Aufgaben anderen überlassen.

... können nur schwer um Hilfe bitten.

... machen oft viele Dinge gleichzeitig.

... neigen zu Perfektionismus.

Leistungsorientierte innere Kinder

Maxim, verheiratet und Vater von zwei Kindern, kam aufgrund von Erschöpfungszuständen zu mir in die Therapie. Er erzählte mir, dass er seit einigen Wochen kaum noch schlafen könne, er leide unter Konzentrationsschwierigkeiten im Alltag und könne sich immer weniger merken. Er vergesse ständig Dinge und erinnere sich nicht an Informationen, die er gesagt bekommen hatte. Maxim war Abteilungsleiter in einem mittelständischen Unternehmen. Ein hohes Arbeitspensum und Überstunden waren für ihn schon fast Normalität. Seine durchschnittliche Arbeitszeit betrug 60-70 Stunden die Woche. Pausen gönnte er sich nur wenige und bei Personalmangel arbeitete er oft bis in die Nacht. Seine Familie litt sehr unter dem hohen Arbeitspensum von Maxim, da er spät am Abend oft völlig erschöpft nach Hause kam und kaum noch Zeit für seine Familie fand. Er selbst schilderte, dass er seine Arbeit sehr möge und dieses hohe Arbeitspensum auch irgendwie „brauche". Maxim trug in sich ein leistungsorientiertes *inneres Kind.*

Leistungsorientierte *innere Kinder...*

... haben immer das Gefühl, noch „nicht genug" zu sein oder noch nicht genug gemacht zu haben.

... streben danach, immer besser zu werden.

... geben sich nur schwer mit etwas zufrieden.

... haben ein hohen Anspruch an sich selbst.

... haben das Gefühl, erst wertvoll und liebenswert zu sein, wenn sie Leistung erbringen.

Dies waren nur ein paar Fallbeispiele von meinen zahlreichen PatientInnen. Auch wenn es auf den ersten Blick gar nicht offensichtlich ist, so haben alle PatientInnen doch eine besondere Gemeinsamkeit - nämlich ein verletztes *inneres Kind*, das sie in sich tragen und das ihren Alltag so stark prägt, dass sie sich Hilfe suchen mussten.

Hast du dich selbst in dem ein oder anderen Beispiel wiedererkannt?

Es treffen natürlich nicht immer alle Eigenschaften auf ein und dasselbe *innere Kind* zu und meistens verbinden sich in einem *inneren Kind* die unterschiedlichen Eigenschaften aus den verschiedenen Ursprüngen, die das *innere Kind* charakterisieren. Das bedeutet, dass eine Person prinzipiell ein ängstliches *inneres Kind* in sich tragen kann, welches aber beispielsweise auch Anteile eines perfektionistischen oder abhängigen *inneren Kind* aufweist.

Information für die Landkarte deines inneren Kindes:

An dieser Stelle kannst du alle Eigenschaften, die dir bekannt vorkamen, in die Landkarte deines inneren Kindes eintragen. Du musst deinem inneren Kind auch keinen Titel geben, wie beispielsweise „abhängiges inneres Kind". Erstelle einfach für dich einen Überblick über alle Eigenschaften, die dir bekannt vorkamen. Dabei kannst du gerne Adjektive benutzen wie „ängstlich", „unsicher", „kontrolliert" und so weiter.

Schau dir nochmal das vorgegebene Beispiel der Landkarte deines inneres Kindes dazu an. So sollte dir die Aufgabe klarer werden und leichter fallen.

Falls dir noch weitere Eigenschaften eingefallen sind, füge sie hinzu und falls keine der bisher genannten auf dich gepasst haben, mache dir keine Sorgen. Das bedeutet nur, dass dein verletztes inneres Kind sich gut zu schützen weiß und wir einen anderen Zugang zu ihm brauchen. Du kannst diese Informationen in deiner Landkarte erst mal frei lassen und sie auch zu einem späteren Zeitpunkt ergänzen.

Eigenschaften meines inneren Kindes

- Abhängig
- Unsicher
- Traurig

In meiner therapeutischen Arbeit habe ich viele Menschen mit verletzten *inneren Kindern* kennengelernt, die sehr stark unter den Prägungen ihrer Vergangenheit gelitten haben. Sie konnten aufgrund der Verletzungen ihres *inneren Kindes* ihr Leben nicht in vollen Zügen genießen, haben auf vieles verzichtet, haben vieles aufgegeben oder gar nicht erst angefangen. Sie konnten wichtige Ziele im Leben nicht erreichen, konnten ihre Träume nicht verwirklichen und standen sich selbst und ihrem Glück die ganze Zeit im Weg. Ihr Lebensraum wurde über die Jahre immer enger und die Probleme im Innen und im Außen immer größer.

Auffällig war, dass alle PatientInnen wegen ganz unterschiedlicher Beschwerden zu mir in die Therapie kamen. Natürlich stellte sich mir keiner vor und sagte: *„Mein inneres Kind ist verletzt, bitte helfen Sie mir"*. Die meisten von ihnen kamen wegen akuter Themen, wie Streit mit dem Partner oder Ärger auf der Arbeit. Sie kamen aufgrund von Ängsten, Panikattacken, Depressionen, Zwängen und Abhängigkeiten zu mir. Sie kamen, weil sie unglücklich waren. Weil sie spürten, dass das Leben, das sie gerade lebten, sie nicht erfüllte, nicht bereicherte, sondern unglücklich machte. Den Zusammenhang zum *inneren Kind* haben wir erst im Laufe der Therapie gemeinsam hergestellt und sind dann in unserer weiteren Arbeit wirklich in die Tiefe gegangen.

Jeder von ihnen kam mit einer langen Leidensgeschichte und etlichen Lösungsversuchen ihrer Probleme in die Sitzungen und keiner von ihnen hatte es bisher geschafft, seine Probleme wirklich loszuwerden.

Mit einem verletzten *inneren Kind* ist es eben auch anders als mit einem schlechten Film, den wir nicht mögen. Wir können nicht einfach wegschauen oder umschalten und schon ist alles gut.

Ein verletztes inneres Kind im Herzen zu tragen bedeutet, es auch im Leben zu tragen.

Und ein verletztes *inneres Kind* ist in allen Lebensbereichen spürbar. Egal, ob in zwischenmenschlichen Beziehungen, im Studium oder bei der Arbeit. Es macht sich auch bemerkbar, wenn Betroffene mit sich alleine sind, in den Spiegel blicken oder ihre Augen schließen. Ein verletztes *inneres Kind* lebt in unseren Gedanken und existiert in unseren Gefühlen. Tag für Tag.

All die Probleme und Themen, die die PatientInnen mit in die Therapie brachten, waren Symptome ihres *inneren Kindes.* Die Folgen von alten, vergangenen Wunden und das Resümee eines jahrzehntelang geführten inneren Kampfes. Da hilft es nicht, die Probleme einfach nur an der Oberfläche zu behandeln. Denn dann tauchen sie immer wieder auf und treten - vielleicht auch in anderer Form - an die Oberfläche.

Wenn also ein verletztes *inneres Kind* der Grund so vieler unserer heutigen Probleme ist, was ist dann die Ursache des verletzten *inneren Kindes* und wie kommt es zu diesen Verletzungen?

Die Ursachen verletzter innerer Kinder

Welche Umstände können dazu führen, dass Menschen tiefe Unsicherheiten, Selbstzweifel und Ängste in sich tragen, Bindungsprobleme entwickeln, destruktive Verhaltensweisen aufweisen und jahrzehntelang unter einem negativen Selbstbild und mangelndem Selbstvertrauen leiden? Welche Umstände führen dazu, dass die Angst davor, abgelehnt zu werden, oder die Angst davor, alleine zu sein, bei manchen Menschen so groß wird, dass sie ihr ganzes Leben regiert?

Wir beschäftigen uns in diesem Kapitel mit den möglichen Ursachen und Risikofaktoren für die Entstehung verletzter *innerer Kinder.*

Zunächst einmal ist zu sagen, dass der Grundstein für unsere Persönlichkeit in unserem Temperament liegt und genetisch bedingt ist. Das heißt, ob wir eher extrovertiert oder introvertiert, ob wir eher emotional, wild, aufgeschlossen oder eher zurückhaltend sind, wird laut der aktuellen Forschungsmeinung in unserem genetischen Pool bereits vor der Geburt festgelegt.

Die darauf folgende Entwicklung unserer Persönlichkeit findet dann jedoch vor allem in Interaktion mit unserer Außenwelt statt. Also durch die direkten Erfahrungen mit unseren Eltern, unseren Geschwistern, mit unseren Mitschülern, Lehrern und Freunden.

- Ein von Geburt an zurückhaltendes Kind wird sich bei einer liebevollen, einfühlsamen und warmherzigen Mutter anders entwickeln können, als bei einer distanzierten und emotional eher unterkühlten Mutter.

- Ein von Geburt an aufgeschlossenes Kind wird in einer fördernden, motivierenden und ermutigenden Umwelt seine Persönlichkeit anders entfalten können, als in einer Umwelt, die stark kritisierend, degradierend oder einschränkend ist.

Des Weiteren sind hier kulturelle Einflüsse, die Normen und Werte einer Gesellschaft, der aktuelle Zeitgeist, das Klima oder die politische Lage, in der wir aufwachsen, aufzuzählen. Auch wichtige Lebensereignisse wie frühe Trennungs- und Verlusterfahrungen, Vernachlässigung, Heimaufenthalte oder seelische und körperliche Misshandlungen beeinflussen direkt sowie indirekt die Entwicklung unsere Persönlichkeit.

Wir sehen also: Es ist nie nur ein Faktor, der für die Entwicklung unserer Persönlichkeit verantwortlich ist. Wir können nicht nur die Gene oder nur die Umwelt dafür verantwortlich machen, wer wir heute sind.
Persönlichkeitsentwicklung ist vielmehr ein lebenslanger Prozess, der in ständiger Interaktion, mit der Umwelt und den unterschiedlichen Facetten des Menschen selbst, stattfindet. Entscheidend ist also, mit welchem Wesenskern wir auf diese Welt kommen und wie unsere Außenwelt auf genau diesen Wesenskern reagiert.

Es gibt aber natürlich auch Faktoren, die eine gesunde Persönlichkeitsentwicklung begünstigen, wie zum Beispiel eine schützende und liebevolle Familienatmosphäre, eine verlässliche und sichere Bindung zu unseren Eltern oder ein förderndes und unterstützendes soziales Umfeld. Solche Faktoren sorgen dafür, dass das Kind in einem Gefühl von Verbundenheit, Sicherheit und Wertschätzung aufwachsen und sich entfalten kann.

Umgekehrt gibt es auch Bedingungen, die eine gesunde Persönlichkeitsentwicklung behindern können und eine Entwicklung verletzter *innerer Kinder* begünstigen: Ein komplizierter Schwangerschaftsverlauf oder Geburtsprozess der Mutter, frühe Entbehrungen und Verlusterlebnisse, eine negativ geprägte Kindergarten- oder Schulzeit mit strengen Erziehern und Lehrern, Ausgrenzungen von Mitschülern oder Mobbingerfahrungen durch Gleichaltrige.

> Mein Patient Thomas, bei dem wir im Kapitel der »Eigenschaften eines verletzten *inneren Kindes*« ein trauriges *inneres Kind* feststellen konnten, schilderte mir, dass bei ihm bereits im Alter von elf Monaten ein Hüftschaden festgestellt wurde. Daraufhin kam er für vierzehn Monate in ein Krankenhaus und wurde während dieser Zeit insgesamt sechsmal operiert. Die Eltern, die zum damaligen Zeitpunkt kein Auto hatten, konnten nur einmal die Woche nach ihm sehen, sodass Thomas in einer sehr prägenden Zeit seiner Kindheit alleine und isoliert im Krankenhaus sein musste. Als knapp Zweijähriger durfte Thomas wieder nach Hause, musste jedoch weiterhin für Untersuchungen und Kontrollen ständig zum Arzt und ins Krankenhaus. Er durfte während der ganzen

Kindheit „nicht auf Bäume klettern, nicht springen und nicht unbeschwert herumhüpfen“, so Thomas, sondern musste ständig auf seine Gesundheit achten. Aufgrund seines Hüftschadens und der damit verbundenen Gangart wurde Thomas von seinen Mitschülern stark gehänselt und ausgeschlossen. Er habe sich schon immer als „schwacher Außenseiter“ gefühlt und erinnert sich an keine schöne Kindheit zurück.

Wir sehen an dem Beispiel, wie frühe Schicksalsschläge und die Entbehrung einer unbeschwerten Kindheit das Welterleben des *inneren Kindes* langfristig prägen kann.
Doch kaum eine Interaktion in den ersten Jahren unseres Lebens hat einen so starken Einfluss auf die Entwicklung unseres *inneren Kindes* wie die Kommunikation zwischen uns und unseren Eltern.

Im Folgenden möchte ich deshalb drei unterschiedliche Eltern-Kind-Beziehungen vorstellen, die ein mögliches Risiko für die Ausbildung eines verletzten *inneren Kindes* darstellen.

Stark abwertendes und kritisierendes Elternhaus

Ein häufiger Risikofaktor für die Ausbildung verletzter *innerer Kinder* sind Familien, in denen sich die Eltern oder auch nur ein Elternteil sehr kritisch und abwertend gegenüber dem Kind verhalten.

Ein Fallbeispiel für ein solches Elternhaus ist Anja. Sie

> berichtete, dass ihr cholerischer Vater mit regelmäßigen Wutausbrüchen für eine ständig angespannte Atmosphäre zu Hause sorgte. Er habe sie und ihre Mutter manchmal grundlos angeschrien und beleidigt. Vor allem bei kleinen Missgeschicken musste sich Anja Sätze anhören wie: „Du bist so unfähig", „Du bist so dumm" oder „Lass mich das mal machen, du kannst doch eh nichts!". Er habe Anja in der Kindheit insgesamt nicht viel zugetraut und sie immer klein gehalten. Ihre Mutter sei, laut Aussagen von Anja, eine sehr ängstliche und unsichere Frau gewesen, die Anja vor den Angriffen des Vaters weder verteidigen noch beschützen konnte. Anja war somit den Anfeindungen ihres Vaters hilflos ausgeliefert.

Wie du wahrscheinlich vermuten kannst, stellt diese Art der Kommunikation einen großen Risikofaktor für die Ausbildung eines verletzten *inneren Kindes* dar.
Die Sätze und Aussagen von Anjas Vater drangen tief in das Selbstbild ihres *inneren Kindes* ein, worunter Anja noch als Erwachsene sehr litt. Die Parallelen zwischen ihrem Vater und ihrem damaligen Freund haben wir im Laufe der Therapie herausgearbeitet und diese waren Anja in diesem Ausmaß nicht bewusst. Wie sich die Beziehung zu ihrem Vater in den Glaubenssätzen, im Selbstbild und in den späteren Bewältigungsstrategien von Anjas *innerem Kind* widerspiegelten, werden wir im Laufe des Buches noch weiter herausfinden.

Stark forderndes Elternhaus

Wenn wir mit Eltern aufwachsen, die sehr viele Forderungen an uns als Kind stellen und uns erst beim Erfüllen dieser Forderungen die ersehnte Liebe, Aufmerksamkeit oder Sicherheit schenken, dann wird unser *inneres Kind* die Befriedigung seiner Bedürfnisse genau mit diesen Forderungen in Verbindung bringen. Das wäre dann quasi das Pendant zu „bedingungsloser Liebe". Unser *inneres Kind* lebt dann mit der Annahme, dass seine Wertigkeit im Leben und somit auch sein Wohlergehen an bestimmte Bedingungen geknüpft ist, die es erst zu erfüllen gilt.

> Als wir uns beispielsweise der Lebensgeschichte von Maxim widmeten, erzählte er mir von seinem sehr fordernden Vater: „Alles drehte sich bei ihm nur um Leistung, Geld und Ansehen. Nie war ihm etwas genug." Gute Noten waren für seinen Vater eine Selbstverständlichkeit und bei schlechten Noten bekam er Hausarrest und eine Standpauke. Maxim musste schon als Kind überall der Beste sein, egal, ob in der Schule, beim Sport oder im Klavierunterricht. Er wurde dann immer als „Vorzeigesohn" bei Freunden und Bekannten der Familie vorgeführt, die ihm dann für seine tollen Leistungen viel Beachtung und Lob schenkten.

Durch die fordernde Kommunikation seines Vaters entwickelte sich in Maxim ein Selbstwert, der vor allem an Leistung und Erfolg geknüpft ist. Durch die Grundannahme *„Nur, wenn ich etwas leiste,* *bin ich etwas wert."* und dem daraus resultierenden hohen Anspruch an sich selbst befindet sich Maxim in andauernder Anspannung und chronischem Stress, was die Ausbildung von Erschöpfungssymptomen begünstigt.

Überbehütendes Elternhaus

Ängste und Unsicherheiten können beim Kind auch dann entstehen, wenn Eltern ihren Kindern nichts zutrauen, ihnen alle Aufgaben abnehmen und für das Kind zu viel im Vorfeld organisieren. Die Eltern wollen ihrem Kind nicht schaden, im Gegenteil: Ihre Intention ist im Grunde, das Kind zu schützen und im besten Maße für es zu sorgen. Leider verhindern sie dadurch oft eine unabhängige, selbstständige und selbstsichere Persönlichkeitsentwicklung.

> Philipp, mein ehemaliger Patient mit einem unsicheren *inneren Kind*, erzählte mir, dass sein Vater die Familie schon sehr früh verlassen habe und er als Einzelkind alleine mit seiner Mutter aufwuchs. Seine Mutter, so berichtete er, habe sich nach der Trennung an ihn geklammert und seither alles mit ihm zusammen gemacht. Er war also eine Art Partnerersatz für seine Mutter. So hatte er, außer in der Schule, kaum Kontakt zu anderen Kindern und verbrachte die meiste Zeit alleine mit seiner Mutter, isoliert zu Hause. Die Mutter selbst sei ebenfalls nie alleine ausgegangen, hatte keine Freunde und pflegte auch sonst keine sozialen Kontakte.

Phillip hatte also durch die soziale Isolation nur eingeschränkten Kontakt zu anderen Menschen und nur wenig Möglichkeiten, soziale Kompetenzen und Fertigkeiten zu erlernen, zu üben und auszubauen. Ebenso hatte er durch seine ängstliche und klammernde Mutter nie ein Vorbild für selbstbewusstes und selbstsicheres Verhalten. So hat er sowohl soziale Kompetenzen als auch soziale Interaktionen nie richtig vorgelebt bekommen. Seine Mutter war vielmehr ein Modell für ein unsicheres, ängstliches und vermeidendes Verhalten.

Nicht-Kommunizieren von Bedürfnissen und Gefühlen

Eine weitere Ursache für die mögliche Entwicklung eines verletzten *inneren Kindes* ist eine Familie, in der über Gefühle und Bedürfnisse nicht viel gesprochen wurde oder sogar auf die Äußerung von Bedürfnissen oder das Zeigen von Gefühlen mit Ablehnung, Beschämung oder Kritik reagiert wurde.

Heike, meine Patientin mit einem getriebenen *inneren Kind*, erzählte mir, dass schon in ihrer Kindheit nie viel über Gefühle oder Bedürfnisse gesprochen wurde. Ihre Eltern waren Gastronomen mit einem eigenen Familienbetrieb und somit rund um die Uhr beschäftigt. Ihre Mutter „hat sich immer um alles gekümmert und dafür gesorgt, dass der Betrieb funktioniert", so Heike. Sie wurde zu einem braven Mädchen erzogen, das schon

> früh im Betrieb mithelfen musste. Lautes Spielen oder wildes Toben wurde schnell unterbrochen. Den Satz, den Heike in ihrer Kindheit am häufigsten hörte, war: „Benimm dich!“ Sie schilderte, dass es in der Familie viel um Leistung und um das Ansehen der Familie und deren Betrieb ging.

Heike lernte durch ihre Familienverhältnisse schon früh, sich an die Wünsche, Regeln und Vorschriften ihrer Außenwelt anzupassen. Ihr Mutter fungierte dabei als Modell für eine Frau, die immer funktioniert und sich den Wünschen und Bedürfnissen der Außenwelt entsprechend verhält. Durch die strengen Vorschriften in der Familie und das fehlende positive Modell konnte Heike keine konstruktive Bedürfnisbefriedigung erlernen. Dies sorgt bei steigendem Stresspegel schnell zu Gefühlen der Überforderung und Erschöpfung und bietet den perfekten Nährboden für die Ausbildung von Angststörungen.

Nicht-Validieren von Gefühlen

Eltern sind die wichtigsten Vorbilder im Umgang mit Gefühlen. Für die Ausbildung einer gesunden Emotionsregulationsfähigkeit ist es deshalb wichtig, Kinder im Umgang mit ihren Gefühlen zu schulen. Das bedeutet, dass Eltern ihren Kindern die Gefühle, die sie gerade empfinden, erklären, verständlich machen und ihnen anschließend einen konstruktiven Umgang mit ihnen beibringen.

Wenn ein Kind beispielsweise traurig ist, weil sein bester Freund oder seine beste Freundin umgezogen ist, dann vermitteln die Eltern dem Kind im Bestfall, dass die Traurigkeit, die es empfindet, ganz verständlich und normal ist. Sie trösten es und bieten ihm an, den Freund hin und wieder besuchen zu können. Dadurch geben sie dem Kind zum einen Raum für die Trauer und zum anderen schulen sie es im Umgang mit ihr. Sie zeigen ihrem Kind, dass die Emotion, die es gerade empfindet, nachvollziehbar und regulierbar ist und dass es damit nicht alleine ist. Dadurch fühlen sich Kinder in ihrem Gefühl gesehen, verstanden und abgeholt. Sobald also Eltern die Gefühle ihres Kindes einordnen, teilen sie ihm mit: „Ich kann verstehen, warum du ängstlich/ wütend/ traurig bist, das ist nachvollziehbar und ganz normal." Sie »validieren« es somit.

Es gibt jedoch auch Eltern, die auf die Gefühle ihres Kindes mit Unverständnis oder sogar Entwertung reagieren. Sie vermitteln ihrem Kind, dass das Gefühl, welches es gerade empfindet, nicht richtig oder unpassend ist. Sie validieren es somit nicht. Das Kind fühlt sich daraufhin in seinem Empfinden nicht gesehen und mit seiner Emotion alleine gelassen.

> Meine Patientin Conny berichtet beispielsweise, dass immer, wenn sie als Kind traurig, ängstlich oder wütend war, ihre Eltern nicht auf ihre Gefühle eingegangen seien, sondern sie immer nur zu hören bekam: „Reiß dich gefälligst zusammen!", „Stell dich nicht so an, du Heulsuse!", „Wenn du dich weiterhin so benimmst, gibt´s Ärger!". Conny schilderte mir, dass sie sich in ihrem Empfinden

immer falsch gefühlt und nie gelernt habe, mit ihren Gefühlen richtig umzugehen.

Die Fallbeispiele zeigen, inwiefern der Einfluss unterschiedlicher Elternhäuser zu ein und demselben Ergebnis führen können: Der Ausbildung eines verletzten *inneren Kindes* und der Entstehung der damit verbundenen Probleme und ungesunden Verhaltensmuster im Erwachsenen.

Doch was genau passiert auf psychologischer Ebene, wenn sich ein verletztes *inneres Kind* aufgrund von ungünstigen äußeren Umständen entwickelt? Was genau verhindert eine gesunde Persönlichkeitsentwicklung?

Um das zu verstehen, müssen wir uns im nächsten Schritt unsere Grundbedürfnisse ansehen und uns dabei im Speziellen unseren emotionalen Bedürfnissen widmen. Denn es sind genau diese, die den größten Einfluss auf die Entwicklung und die Ausbildung unserer Persönlichkeit und unserer mentalen Gesundheit haben.

Information für die Landkarte deines inneren Kindes:

Du kannst nun, bevor du weiterliest, die möglichen Ursachen für dein verletztes inneres Kind in die Landkarte eintragen. Orientiere dich dabei gerne an den Fallbeispielen und überlege dir, welche möglichen Faktoren zu den Prägungen deines inneren Kindes geführt haben könnten.

Eigenschaften meines inneren Kindes

- Abhängig
- Unsicher
- Traurig

Ursachen der Verletzungen meines inneren Kindes

- Verlust
- Überbehütung
- Fordernde Eltern
- Falsche Modelle

Unsere emotionalen Grundbedürfnisse

Die Befriedigung unserer Grundbedürfnisse ist die Voraussetzung für unsere seelische und mentale Gesundheit. In den ersten Lebensjahren ist sie sogar die Voraussetzung für eine gesunde Persönlichkeitsentwicklung.

Die Bedürfnisse auf der körperlichen Ebene sind uns allen bekannt. Dazu zählen unsere Grundbedürfnisse, wie:

- essen
- trinken
- schlafen

Ohne die Befriedigung dieser Bedürfnisse wird der Mensch krank, da die Funktions- und Leistungsfähigkeit des menschlichen Körpers von diesen Faktoren abhängig ist.
In den ersten Lebensjahren sind für die Befriedigung unserer Grundbedürfnisse noch unsere Eltern verantwortlich. Sie kümmern sich um uns und sorgen dafür, dass es uns und unserem Organismus gut geht, indem sie lernen, unsere körperlichen Signale zu deuten und anschließend auf unsere Bedürfnisse einzugehen.

Wir müssen uns das wie folgt vorstellen: In den ersten Lebensmonaten als Säugling, können wir einen Bedürfnismangel in unserem Körper nur durch „Schreien“ ausdrücken. Wir sprechen noch keine andere Sprache, können nicht reden, uns noch nicht mitteilen und auch, wenn wir das könnten, wüssten wir wahrscheinlich gar nicht so recht, was los ist. Egal, ob unser Körper schlafen, essen oder trinken möchte, wir können zu dem Zeitpunkt nur eines tun, um uns selbst zu helfen: Schreien. Und dann darauf hoffen, dass schon bald Hilfe von außen kommen wird und den Mangel in uns behebt. Wichtig ist, zu verstehen, dass die Befriedigung von Grundbedürfnissen eine automatische und angeborene Angelegenheit unseres Körpers ist. Wir „denken" über unsere Bedürfnisse nicht nach, können es auch noch gar nicht und brauchen es auch nicht, denn unser Körper hat eine „angeborene Intelligenz", die das Erkennen von Mangel und die Befriedigung der Grundbedürfnisse von allein reguliert. So nimmt er selbst den Mangel eines Bedürfnisses wahr, wie zum Beispiel Hunger, und versucht durch klare Signale, wie Magenknurren, für Befriedigung zu sorgen.

In den ersten Monaten unseres Lebens ist unser Handlungsimpuls auf jedes Körpersignal, ob Magenknurren, Müdigkeit oder Schmerz, nun mal das Schreien. Und da unsere Eltern auch erst einmal lernen müssen unser Schreien richtig zu deuten, werden sie anfangs panisch versuchen herauszufinden, was uns genau fehlt.

> *„Warum schreit das Kind, was braucht es?" - „Ich weiß es nicht!" - „Gib ihm mal die Flasche!" - „Hab ich schon." - „Dann hat es vielleicht Bauchschmerzen oder ein volle Windel...!?"*

So in etwa sehen Unterhaltungen in den ersten Wochen in einer Familie mit einem neugeborenen Baby aus. Was am Anfang noch nach dem Prinzip »trial and error« funktioniert, entwickelt sich irgendwann zu einer feinen Kommunikation zwischen der Intuition der Eltern und den mittlerweile gesammelten Erfahrungswerten über ihr Baby. So sind Eltern irgendwann sogar unbewusst in der Lage, zwischen den unterschiedlichen Tonlagen und Arten des Weinens ihres Babys zu differenzieren und passend darauf zu reagieren.

In den ersten Lebensmonaten sind wir somit zu hundert Prozent von der Fürsorge unserer Eltern abhängig. Würden sie uns nicht genügend Essen, Trinken und Wärme geben, würden sie nicht für unsere Unversehrtheit sorgen, nicht auf unser Wohlbefinden achten, dann würden irgendwann körperliche Mangelzustände entstehen und wir würden krank werden.
Die Befriedigung der Grundbedürfnisse ist nicht nur für uns Menschen wichtig, sondern für jedes Lebewesen auf der Erde. Eine Blume kann schließlich auch nur wachsen und ihre volle Schönheit entfalten, wenn sie genügend Sonne, Wasser und Luft bekommt. Leidet sie bei einem der Bedürfnisse unter einem Mangel, wächst die Blume vielleicht weiter, aber sie schafft es nicht, ihr volles Potenzial zu entfalten und in ihrer ganzen Pracht zu blühen.

Und so ähnlich ergeht es uns Menschen auch: Leben wir in einem permanenten Mangel in einem oder in mehreren unserer Grundbedürfnisse, werden wir es wohl kaum schaffen, unser ganzes Potenzial zu entfalten und unser Leben voll auszukosten.

Doch anders als eine Blume haben wir als Erwachsene irgendwann die Möglichkeit, selbst dafür zu sorgen, unsere Bedürfnisse zu befriedigen. Im Laufe der Zeit lernen wir auch die „Sprache unseres

Körpers“ kennen. Wir fangen an, diese Sprache zu studieren, und probieren aus, was uns und unserem Körper guttut und was nicht. Wir übernehmen dann die Aufgabe und Verantwortung unserer Eltern und sorgen von nun an für uns selbst.

Woher wissen wir aber welches, beziehungsweise ob überhaupt gerade ein Bedürfnis befriedigt werden möchte?

Ganz einfach.
Unser Körper sagt es uns!

Er zeigt uns mit Hilfe bestimmter Körperempfindungen, also mit bestimmten körperlichen Signalen, was ihm gerade fehlt. Diese Signale rücken uns meistens als „unangenehme Empfindung” ins Bewusstsein:

- Magenknurren → Hunger → Essen
- Schwere Augen/ Energiemangel → Müdigkeit → Schlaf
- Trockener Mund → Durst → Trinken
- Zittern → Frieren → Wärme

Natürlich lassen sich spezifische Bedürfnisse nur mit den dazu passenden Handlungen befriedigen: Es würde unseren Körper nicht wirklich in seinem Bedürfnis befriedigen, wenn wir uns bei Durst schlafen legen würden, bei Müdigkeit eine Jacke anziehen und bei Hunger auf die Toilette gehen. Damit könnten wir uns höchstens kurz ablenken, das Bedürfnis wäre jedoch in seinem Kern nicht befriedigt.

Es ist auch wichtig, zu verstehen, dass sich unsere Bedürfnisse abwechseln und sich stetig wiederholen: schlafen, essen, trinken, schlafen, essen, trinken. Entsprechend müssen wir unsere Bedürfnisse immer wieder aufs Neue befriedigen. Ein Leben lang. Jeden Tag. Und wenn wir einmal darauf achten, dann bemerken wir, dass sich eigentlich alles in unserem Alltag nur um Bedürfnisbefriedigung dreht.

Bedürfnisbefriedigung findet aber nicht nur auf körperlicher, sondern auch auf emotionaler Ebene statt. Denn wir wollen im Alltag nicht nur essen, trinken und schlafen, sondern wir wollen auch Spaß haben, uns mit unseren Freunden treffen, ins Kino gehen, in den Urlaub fahren, wir wollen uns beruflich weiterentwickeln, Herausforderungen annehmen, eine liebevolle Partnerschaft führen und Zeit mit unseren Kindern verbringen.

Mit all diesen Aktivitäten befriedigen wir uns vor allem auf emotionaler Ebene. All diese Dinge streicheln unsere Seele und tun unserem Herzen gut; sie lösen gute Gefühle in uns aus. Und auch hier gilt wieder: In unseren ersten Lebensjahren sorgen unsere Eltern für die Befriedigung dieser Bedürfnisse. Sie spielen mit uns, kuscheln und schmusen uns und erklären uns die Welt. Werden auch hier die Bedürfnisse nicht ausreichend befriedigt, entsteht in unserer Seele ebenfalls ein „Mangelzustand", der sich durch das ganze Leben ziehen kann und die weitere Bedürfnisbefriedigung aus dem Gleichgewicht bringt.

Wir schauen uns im Folgenden vier psychologische Grundbedürfnisse an, die laut aktueller Forschung den wichtigsten Einfluss auf unsere psychische Entwicklung und auf unser mentales Wohlergehen nehmen.

Diese sind:

- Bindung
- Autonomie
- Lustgewinn/ Unlustvermeidung
- Selbstwerterhöhung

Das Bedürfnis nach Bindung

Alle Menschen haben ein grundlegendes Bedürfnis danach, intensive und liebevolle Bindungen mit anderen Menschen einzugehen.

Vor allem in den ersten Lebensjahren ist das Bindungsbedürfnis das wichtigste psychische Grundbedürfnis. Denn die Befriedigung aller anderen Grundbedürfnisse, sowohl körperlich als auch emotional, hängen von der Bindung unserer Eltern ab. Erst, wenn unsere Eltern uns als Säugling an sich „binden" und für sich selbst ein Fürsorgebedürfnis uns gegenüber entwickeln, kümmern sie sich auch um die Versorgung der anderen Grundbedürfnisse. Etwas härter ausgedrückt: Die Ablehnung der Eltern bedeutet für fast jedes Säugetier auf der Welt den sicheren Tod. Wir sind in den ersten Lebensjahren komplett auf die Bindung unserer Eltern angewiesen, da wir alleine nicht überlebensfähig sind.
Schon wenige zärtliche Berührungen und ein gewisses Mindestmaß

an Zuwendung sind für Säuglinge überlebensnotwendig. Ein Experiment aus dem 13. Jahrhundert[3] machte schon damals deutlich, wie wichtig Bindung für uns Menschen ist:

Stauferkaiser Friedrich II. wollte die „Ursprache der Menschheit" ergründen und veranlasste ein Experiment, indem er eine bestimmte Anzahl an Säuglingen direkt nach der Geburt von ihren Müttern trennte und zur Versorgung an Ammen übergab. Die Ammen wurden dazu angehalten, die Babys lediglich zu füttern und zu säubern. Jeder weitere Kontakt, jede Zärtlichkeit oder auch nur ein liebevolles Wort war den Ammen strengstens untersagt.

Das Ergebnis war, dass keines der Kinder überlebte.

Auch wenn das Experiment uns aus heutiger Sicht grausam erscheint und solche Forschung aus ethischen Gründen schon lange verboten ist, so zeigt es doch deutlich, dass das Überleben eines Menschen nicht nur von ausreichend Nahrung und Wärme abhängt, sondern ebenfalls ein liebevoller Kontakt und das Gefühl der Verbundenheit gegeben sein muss.

Ein weiteres Experiment, welches die Wichtigkeit der Bindung als Grundbedürfnis verdeutlicht, wurde in den 60er Jahren an Primaten durchgeführt. Die Forscher ließen Affenjungen zwischen einer mit Fell bedeckten Attrappe einer Affenmutter, die sie jedoch nicht fütterte, und einer Drahtattrappe ohne Fell, welche sie aber fütterte,

3 Quelle: Lexikon der Psychologie: Waisenkinderversuche

wählen. Alle Jungen entschieden sich für die „Mutter" aus Fell und stellten dadurch ihr Bedürfnis nach Nähe und Geborgenheit über das Bedürfnis nach Nahrung.[4]

Die Bindungsphase eines Kindes reicht etwa bis zur Vollendung des zweiten Lebensjahres. Danach braucht es zwar immer noch die Sicherheit der Eltern, beginnt aber auch, ein Unabhängigkeitsbedürfnis zu entwickeln.
Die Wichtigkeit der Bindung bleibt nichtsdestotrotz unser gesamtes Leben bestehen. Irgendwann wird sie für uns zwar nicht mehr so elementar und überlebenswichtig wie in den ersten Jahren, aber dennoch sorgen qualitative Beziehungen und das Gefühl, mit anderen Menschen verbunden zu sein, nachweislich zu erhöhtem Wohlbefinden und können als eine der wichtigsten Schutzfaktoren gegen die Entwicklung psychischer Störungen genannt werden.

Wie gut wir später einmal in der Lage dazu sind, tief gehende Beziehungen zu anderen Menschen einzugehen, hängt in hohem Maße von unseren frühesten Bindungserfahrungen ab. Im ersten Lebensjahr binden sich Kinder an maximal zwei bis drei Personen. Dabei ist es gar nicht entscheidend, dass es sich bei diesen Personen um Familienmitglieder oder direkt um die Eltern handelt. Denn Bindung findet vor allem mit Personen statt, die die Bedürfnisse des Babys am besten stillen. Haben wir in dieser Phase also mindestens eine liebevolle und verlässliche Bindung zu einem anderen Menschen, bekommen wir auch die Möglichkeit, Urvertrauen zu entwickeln.

---

4 Quelle: Lexikon der Biologie: Attrappenversuch

Fehlt uns eine solche verlässliche Bezugsperson, ergibt sich für uns eine erhöhte Wahrscheinlichkeit, später Bindungsprobleme und psychische Erkrankungen im Allgemeinen zu entwickeln.

Bedürfnis nach Autonomie

Fühlen wir uns als Kind sicher an eine Bezugsperson gebunden, entwickeln wir schon bald ein weiteres Bedürfnis, nämlich das Bedürfnis nach Autonomie.

Dieses Bedürfnis ist für die Persönlichkeitsentwicklung von enormer Bedeutung. Wir wollen unser Leben selbstständig gestalten, Situationen verstehen und kontrollieren sowie eigene Entscheidungen treffen. Wir wollen uns als ein eigenständiges, autonomes „Ich" entwickeln und das tun wir, indem wir als Kind die Umgebung erkunden und erforschen, Grenzen austesten und lernen, eigenständig zu handeln.

Wir haben ein angeborenes Bedürfnis danach, die Welt um uns herum zu verstehen und in gewissem Maße vorhersagen und beeinflussen zu können. Niemand möchte sich als Opfer nicht kontrollierbarer äußerer Einflüsse sehen. Eine Welt, die für uns unverständlich und unkontrollierbar erscheint, kann zu Gefühlen der Hilflosigkeit, der Passivität und der Resignation führen. Wenn wir als Kind häufig die Erfahrungen von Kontrollverlust erleben, dann kann sich das negativ auf unsere gesamte weitere Persönlichkeitsentwicklung auswirken. Eine überfordernde, nicht verstehbare und inkonsistente Umgebung ist sowohl mit Anpassungsstörungen als auch mit Angst- und Zwangsstörungen assoziiert.

Unsere gesamte menschliche Entwicklung ist darauf ausgerichtet, irgendwann selbstständig und unabhängig zu werden. Autonomie bedeutet Kontrolle und wenn wir etwas kontrollieren können, bekommen wir ein Gefühl von Sicherheit.
Das Bedürfnis nach Autonomie steht dem Bedürfnis nach Bindung jedoch direkt gegenüber und wir sind ein Leben lang damit beauftragt, ein Gleichgewicht zwischen diesen beiden Bedürfnissen herzustellen.

Je nach Beschaffenheit unseres Temperaments und je nachdem, wie unsere Eltern auf die Befriedigung der beiden Bedürfnisse Bindung und Autonomie eingegangen sind, verknüpft unser Gehirn...

...Bindung mit „angenehm und schön".
...Bindung mit „unangenehm und einengend".

Erfährt ein Kind auf die Forderung nach Autonomie Ablehnung oder sogar den Verlust von Bindung kann dies, je nach Temperament, dazu führen, dass es aus Angst den Wunsch nach Eigenbestimmtheit und Autonomie komplett ablegt und sich von der Bezugsperson abhängig macht. Solche Menschen stellen sich dann auch im späteren Verlauf ihres Lebens verstärkt in den Dienst anderer Personen und verlieren immer mehr den Zugang zu ihren eigenen Bedürfnissen. Dies kann dazu führen, dass durch den Mangel an eigenständigen Erfahrungen dem *inneren Kind* immer mehr das

Gefühl der Selbstwirksamkeit[5] fehlt und es regelrecht „Todesangst“ bei dem Gedanken empfindet, verlassen zu werden.

Andere Kinder wiederum empfinden die Einschränkung der Autonomie als so unangenehm, dass sie sich im späteren Verlauf auf Kosten ihres Bindungsbedürfnisses für Autonomie und Freiheit entscheiden. Partnerschaften empfinden sie dann als einengend, als Gefängnis, aus dem sie ausbrechen müssen. Ihr *inneres Kind* trägt dann die Verknüpfung in sich *„Beziehungen bedeuten den Verlust meiner Freiheit“*.

Das Bedürfnis nach Selbstwertschutz und Selbstwerterhöhung

Es ist ein grundlegendes Bedürfnis von Menschen, uns selbst als „wertvoll“ wahrzunehmen und unser eigenes Wertempfinden kontinuierlich zu erhöhen und zu schützen. So ist auch jede negative Selbsteinschätzung mit unangenehmen Empfindungen verknüpft. Bei Personen mit depressiver oder sozial unsicherer Symptomatik ist die Selbstwahrnehmung Hauptbestandteil der Erkrankung.

Unseren Selbstwert entwickeln wir in frühen Jahren auf Grundlage der Rückmeldung unserer Außenwelt. Wachsen wir in einer Umgebung auf, die uns wertschätzt und lobt, unsere Stärken und Talente

---

5 Unter Selbstwirksamkeit (self-efficacy beliefs) versteht man die Überzeugung einer Person, schwierige Situationen und Herausforderungen aus eigener Kraft erfolgreich bewältigen zu können.

sieht und fördert, dann wertschätzen wir uns auch irgendwann selbst. Unser Selbstwert ist ein Spiegel der Wertschätzung unserer Außenwelt. Die Wertschätzung von außen wird also irgendwann zur Selbstwertschätzung in unserem Innersten.
Schon im Säuglingsalter bekommen wir durch das Verhalten der Außenwelt gespiegelt, ob wir „gut" sind oder nicht. Lächelt eine Mutter ihr Baby beispielsweise häufig an, signalisiert sie ihm, dass sie sich freut, dass es auf der Welt ist, und dass es angenommen wird. Wachsen wir jedoch in einer Umgebung auf, die uns häufig kritisiert, zurückweist oder ablehnt, so tun wir das mit hoher Wahrscheinlichkeit irgendwann auch mit uns selbst.

Die starke Verletzung unseres Selbstwertbedürfnisses wird dann automatisch auch mit dem Bindungsbedürfnis verknüpft: *„Menschen, die ich liebe, lehnen mich ab"*.

Auch das Koppeln des (Selbst-)Wertes an bestimmte äußere Bedingungen, wie das Aussehen oder das Erbringen von Leistung, kann langfristig dazu führen, dass die Befriedigung anderer Bedürfnisse zu kurz kommt und im weiteren Leben zu Problemen führt.

Wenn wir also als Kind vor allem dann Anerkennung, Zuwendung und Aufmerksamkeit bekommen haben, wenn wir brav, angepasst und fleißig waren, dann werden wir ganz automatisch dieses Verhalten mit positiven Konsequenzen für unseren Selbstwert in Verbindung bringen und immer wieder in unserem Leben zur Selbstwertstabilisierung anwenden wollen.

Das Bedürfnis nach Lustgewinn und Unlustvermeidung

Wir Menschen haben ein angeborenes Bedürfnis danach angenehme, erfreuliche und lustvolle Gefühle in uns zu empfinden. Also positives inneres Erleben zu generieren (Lustgewinn) und unangenehme Erfahrungen oder Reize, wie körperliche und emotionale Schmerzen, in uns zu vermeiden (Unlustvermeidung).

Wir bewerten dabei die Situationen, in denen wir uns gerade befinden, ganz automatisch und meist unbewusst als „gut" oder „schlecht". Was wir dabei genau als angenehm oder unangenehm bewerten, ist individuell und hängt sowohl von unserem Temperament, unseren persönlichen Erfahrungen und auch von unserem aktuellen körperlichen und mentalen Zustand ab.

Die Lustgewinnung und Unlustvermeidung steht im Säuglingsalter in einem engen Zusammenhang mit unserem Bindungsbedürfnis. Die Empfindungen eines Säuglings unterteilen sich in den ersten Monaten ausschließlich in Lust- und Unlustgefühle wie Hunger versus Sättigung oder Schmerz versus Wohlbefinden. Die Aufgabe der Bezugsperson ist es also, anhand von Gestik und Mimik die Signale des Säuglings zu deuten und auf die Bedürfnisse entsprechend einzugehen. Dadurch entsteht Bindung.

Im Kleinkindalter ist das Bedürfnis nach Lustgewinn und Unlustvermeidung hingegen stark mit dem Autonomiebedürfnis verbunden. Kinder testen ihre Grenzen aus und streben nach Lustbefriedigung: Spielen, Spaß haben oder Süßigkeiten essen. Wird das Kind zu stark

in seinem Lust- und Autonomieempfinden verletzt, kann es sein, dass es irgendwann „genussfeindliche" Regeln und zwanghaftes Verhalten entwickelt.
Wird ein Kind hingegen in seinem Lustempfinden zu sehr verwöhnt könnte es Schwierigkeiten bekommen, als Erwachsener seine Gelüste zu bremsen. Denn auf unserem Weg des Erwachsenwerdens müssen wir auch Fähigkeiten wie Frustrationstoleranz, Belohnungsaufschub und Triebverzicht lernen.

Bekommen wir zudem in unserer Kindheit ausreichend Gelegenheiten, im Alltag Positives zu empfinden, entwickelt sich in unserem *inneren Kind* ein Gefühl der Leichtigkeit und der inneren Zufriedenheit. Wir bewerten das Leben dann als „schön", fühlen uns sicher und frei und sind dem Leben grundsätzlich positiv zugewandt. Wenn wir hingegen als Kind zu häufig unangenehmen Situationen ausgesetzt sind, die wir aushalten müssen, kann dies dazu führen, dass unser *inneres Kind* im späteren Leben eine allgemeine Passivität und Lebensunlust entwickelt.

Zusammenfassend können wir also sagen, dass wir für unsere ganzheitliche Gesundheit dafür sorgen müssen, dass all unsere Grundbedürfnisse, also sowohl die körperlichen als auch die seelischen, gleichermaßen befriedigt werden.

Information für die Landkarte deines inneren Kindes:

Du kannst nun in deine Landkarte deines inneren Kindes mögliche nicht befriedigte Bedürfnisse notieren. Diese ungestillten Bedürfnisse machen einen Teil dessen aus, was dein inneres Kind insgesamt geprägt und geformt hat.

Eigenschaften meines inneren Kindes

- Abhängig
- Unsicher
- Traurig

Ursachen der Verletzungen meines inneren Kindes

- Verlust
- Überbehütung
- Fordernde Eltern
- Falsche Modelle

Nicht befriedigte Bedürfnisse meines inneren Kindes

- Bindung
- Autonomie
- Lustgewinn
- Unlustvermeidung
- Selbstwertschutz

Als Nächstes geht es um die Frage, wie sich die Bedürfnisbefriedigung in deiner Kindheit auf dein *inneres Kind* ausgewirkt hat. Denn je nachdem, welche Erfahrungen du diesbezüglich in deiner Kindheit gemacht hast, hat dein *inneres Kind* genau in diesen Bereichen sogenannte »Grundannahmen« und »Glaubenssätze« entwickelt. Und genau diese wollen wir uns nun genauer anschauen.

Die Grundannahmen deines inneren Kindes

Grundannahmen sind, wie der Name schon vermuten lässt, tief verankerte Annahmen und Überzeugungen, die dein *inneres Kind*

1. über sich selbst
2. über die Welt
3. über zwischenmenschliche Beziehungen

abgespeichert hat und zweifelsfrei als „richtig“ empfindet. Die Grundannahmen unseres *inneren Kindes* wirken heute wie eine Art Wahrnehmungsfilter in uns und können als Basis unseres „inneren Systems” gesehen werden. Wir denken, fühlen und handeln nach diesen Grundannahmen. Wir bewerten Geschehnisse nach ihnen und ordnen Ereignisse in dieses bestehende Glaubenssystem ein. Ausgehend von unserem inneren System gestalten wir unser komplettes Leben im Außen.

Wie entstehen Grundannahmen?

Die meisten unserer Grundannahmen entstehen in unserer Kindheit. Wir übernehmen sie unbewusst entweder aus direkten Übermittlungen unserer Außenwelt („*Das Leben ist kein Ponyhof!*") oder aufgrund unserer eigenen persönlichen Erfahrungen.

Am Beispiel meines ehemaligen Patienten Maxim, den ich dir bereits vorgestellt habe, lässt sich dies gut verdeutlichen. Egal, wie streng und fordernd sein Vater zu ihm war, Kinder lieben ihre Eltern grundsätzlich bedingungslos, so auch Maxim. Er blickte zu seinem Vater auf und sehnte sich wie alle Kinder nach dessen Anerkennung. Diese Anerkennung erhielt er vor allem dann, wenn er die nötige Leistung erbrachte. Gleichzeitig erfuhr er bei mangelnder Leistung Zurückweisung und Kritik. Dies löste starken emotionalen Schmerz und vor allem Angst vor Ablehnung aus. Maxims *inneres Kind* hat diese beiden gleichzeitig aufkommenden Faktoren miteinander verknüpft und folgende Glaubenssätze für sich entwickelt:

„Wenn ich gute Leistung erbringe, bekomme ich Anerkennung, Aufmerksamkeit und Zuneigung."

„Bei schlechter Leistung werde ich von Menschen, die ich liebe, abgelehnt."

Die dazugehörige Grundannahme könnte also lauten:

„Ich muss mir Liebe erst verdienen."

Dies waren die Erfahrungen, die Maxim in der Kindheit mit seinem Vater gemacht hat und da diese Erfahrungen sehr intensiv und von hoher Bedeutung für ihn waren, hat sein *inneres Kind* sie nicht als vereinzelte Ereignisse abgespeichert, sondern als grundsätzliche und allgemeingültige Wahrheit in sein Denken, Handeln und Fühlen übertragen. Sein *inneres Kind* „denkt", beziehungsweise „glaubt" ganz fest daran, dass es am wertvollsten und liebenswertesten ist, wenn es Leistung erbringt, und Maxim hat diese Annahme für sein weiteres Leben übernommen.

Warum fällt es so schwer, sich von Grundannahmen zu lösen?

Wie bereits erwähnt sind wir, wenn wir auf die Welt kommen, zu hundert Prozent von der Fürsorge unserer Eltern abhängig. Unser Überleben hängt also von ihrer Bindung zu uns ab.
Die Natur hat sich für das Zustandekommen dieser wichtigen Bindung für beide Seiten auch etwas einfallen lassen. Das Bindungshormon Oxytocin sorgt in der ersten Zeit nicht nur dafür, dass eine Mutter trotz der schmerzhaften Geburt und dem wochenlangen Schlafmangel noch immer für ihr Baby sorgen möchte, auch das Kind ist automatisch und von Anfang an in der Lage, sich an seine Umwelt bestmöglich anzupassen, um so die Wahrscheinlichkeit einer Annahme zu erhöhen.

Eine Anpassung an unsere Außenwelt ist in den ersten Lebensjahren überlebensnotwendig und sorgt dafür, dass wir...

> ...die Wahrscheinlichkeit einer Ablehnung minimieren.
> ...die Wahrscheinlichkeit einer Annahme maximieren.

Die Ausbildung von Grundannahmen und Glaubenssätzen kann als eine solche Anpassung verstanden werden. Sie sorgen dafür, dass die Welt um uns herum verstehbar ist und wir Ereignisse durch sie sinnvoll einordnen können. Sie geben uns und der Welt, in der wir leben, eine Struktur und schenken uns Orientierung im Leben. Aber vor allem sorgen sie dafür, dass wir auf Basis dieser Grundannahmen Richtlinien für unser eigenes Handeln generieren, die in der Umgebung, in der wir groß werden, für maximale Bedürfnisbefriedigung sorgen. Glaubensmuster sind sozusagen die „Hilfsmittel" des *inneren Kindes,* mit dem es sich das (Über-)Leben erleichtert. Und deshalb sind sie in unserem *inneren Kind* auch mit einer sehr hohen Wichtigkeit verbunden.

Dazu kommt, dass wir als Kind in der Regel mehrere Jahre in genau diesem Umfeld, mit genau diesen Eltern und unter genau diesen Bedingungen zusammenleben. Das heißt, wir „erfahren" die Prägung unserer Grundannahmen im Laufe unserer Kindheit so häufig, dass unser *inneres Kind* Unmengen an sogenannten „Referenzwerten" für diesen Glaubenssatz sammelt. Denn ein strenger Vater fordert von seinem Kind nicht nur einmal gute Leistung, sondern immer und immer wieder bis zum Schulabschluss und darüber hinaus. Je häufiger und intensiver wir eine Erfahrung machen, desto tiefer wird sie von unserem *inneren Kind* als Wahrheit abgespeichert und desto stärker hält unser *inneres Kind* an ihr fest.

Die Frage nach der Hartnäckigkeit mancher Grundannahmen und Glaubenssätze könnte also mit folgenden drei Faktoren beschrieben werden:

1. Grundannahmen haben für unser *inneres Kind* eine hohe Wichtigkeit, da sie mit der Befriedigung von grundlegenden Bedürfnissen und somit mit seinem Überleben verknüpft sind.

2. Grundannahmen sind auch heute noch in unserem *inneren Kind* mit sehr starken Emotionen verbunden. Deshalb fühlen sie sich „real" an.

3. Die meisten Grundannahmen sind mit sehr vielen einzelnen Erfahrungen, also den Referenzwerten verknüpft, die diese Grundannahmen immer wieder bestätigen.

Wie genau sorgen Glaubenssätze für die Befriedigung unserer Grundbedürfnisse?

Die Glaubenssätze unseres *inneren Kindes* beinhalten meistens etwas „Absolutistisches", wie beispielsweise die Wörter *„immer"*, *„nie"*, *„jedes Mal"*, und folgen einem Wenn-dann-Schema:

- Immer wenn ich ..., dann bekomme ich ...
- Nur wenn ich nie ..., dann vermeide ich ...

Am Beispiel meines Patienten Maxim würden die Glaubenssätze also lauten:

> *„Immer, wenn ich gute Leistungen nach Hause bringe, dann bekomme ich Anerkennung und Zuneigung von Papa."*
>
> *„Nur, wenn ich nie schlechte Leistungen nach Hause bringe, dann vermeide ich Ablehnung und Kritik."*

Wie du siehst beziehen sich die Grundannahme direkt auf die Befriedigung oder den Erhalt der Grundbedürfnisse (in Maxims Fall also auf die Bedürfnisse nach Bindung und Selbstwertschutz). Grundannahmen haben vor allem ein Ziel, nämlich bei Bedarf ein Verhalten in uns zu aktivieren, das den Schutz und Erhalt der Grundbedürfnisse maximieren soll. Ist ein einzelnes Grundbedürfnis in Gefahr, so verändert es automatisch die Motivationslage des Menschen. Das heißt, der Fokus und die Wahrnehmung der Person werden verstärkt auf die Befriedigung dieses Bedürfnisses gelenkt und die Person bekommt (unbewusste) Impulse, wie sie sich verhalten soll, um eine zeitnahe Bedürfnisbefriedigung einleiten zu können. Diesen Mechanismus kann man ganz gut am Grundbedürfnis »Essen« verdeutlichen. Nimmt der Körper einen Mangel an Nährstoffen oder Energie wahr, beginnt er, vereinzelte Signale an das Bewusstsein zu senden. Das können zum einen erste körperliche

Signale sein, wie die Kontraktionen der Magenwände, da sich der Magen langsam leert, aber zum anderen werden auch erste Gedanken wie *„Ich könnte langsam etwas essen"* eingeleitet. Diese Gedanken können hier ebenfalls als Werkzeuge des Organismus angesehen werden, die eine Verhaltensaufforderung bezwecken. Ignoriert die Person diese Aufforderung, fängt der Körper an, die Signale immer weiter zu verstärken:

- **Auf körperlicher Ebene:**
  Magenknurren, Schwindel, verschärfter Geruchs- und Geschmackssinn
- **Auf mentaler Ebene:**
  Verschärfter Fokus und Gedankenkreisen auf das Thema »Essen«
- **Auf emotionaler Ebene:**
  Aggression, Gereiztheit, Anspannung

Mit der Zeit werden also die Signale immer unangenehmer und präsenter. Wir können sie immer schwerer ignorieren. Der Körper begibt sich immer mehr in den Überlebensmodus.
Faszinierend, oder?
Das bedeutet: Alles, was der Körper mit den mentalen, emotionalen und körperlichen Signalen erreichen will ist, in dir ein Verhalten auszulösen, das dich deine Bedürfnisse befriedigen lässt.
Wir können grundsätzlichen zwischen zwei Verhaltensrichtungen unterscheiden: Einmal zwischen dem Annäherungsverhalten, das quasi für die aktive Bedürfnisbefriedigung steht, und dann dem Vermeidungsverhalten, das dem Schutz und Erhalt unserer Grundbedürfnisse dient.

Das heißt, im Annäherungsverhalten gehen wir hin zu etwas, das uns befriedigt. Wir werden quasi „gezogen“ von unserem Organismus, der nach angenehmen Gefühlen wie beispielsweise Freude, Lust, Spaß, Liebe, Befriedigung, Wohlergehen und Zufriedenheit strebt. Im Vermeidungsverhalten hingegen werden wir von unserem Organismus „weggedrückt“, um unangenehme Empfindungen wie zum Beispiel Schmerz, Angst, Ekel oder Trauer zu vermeiden. Unsere Motivationsgrundlage ist hier also weg von etwas zu gehen, das unser Organismus nicht mag.

Kein Verhalten ist besser oder schlechter als das andere und beide Systeme sind in der Regel immer gleichzeitig aktiv. Wir können jedoch sagen, dass, wenn jemand überwiegend im „Vermeidungsmodus” agiert, also gar nicht mehr „aktiv“ nach der Befriedigung seiner Bedürfnisse strebt, sondern nur noch resignativ versucht, das noch Vorhandene zu schützen, er aufgrund der mangelnden Bedürfnisbefriedigung wohl wenig Wohlergehen empfindet.

Der Glaubenssatz mit seinem dazugehörigen Annäherungs- und Vermeidungsverhalten kann also als ein Überlebenssystem des *inneren Kindes* gesehen werden. Ein komplexes System, welches auf Basis vergangener Erfahrungen angelegt wurde.

Glaubenssätze streben nach Bestätigung

Zur Erinnerung: Die Glaubenssätze unseres *inneren Kindes* sind immer noch die Basis unseres inneren Systems. Sie haben damals das Überleben des Kindes in seiner Umgebung gesichert und wurden daraufhin vom *inneren Kind* als „überlebenswichtig" gespeichert. Und so ist es heute immer noch: Unser *inneres Kind* „glaubt" immer noch ganz fest daran, dass diese Glaubenssätze überlebenswichtig für uns sind und hält deshalb an ihnen fest.

Im weiteren Verlauf des Lebens drängt uns unser *inneres Kind* immer wieder dazu, Situationen aufzusuchen, in denen es dieses Überlebenssystem wiederholen kann. Denn die Glaubenssätze unseres *inneren Kindes* wirken wie ein Wahrnehmungsfilter auf uns. Du kannst dir das vorstellen wie eine farbige Brille, die wir aufhaben, mit der wir dann unbewusst das Leben um uns herum in der Farbe unserer Brille interpretieren, sodass die Glaubenssätze unseres *inneren Kindes* immer wieder bestätigt werden.

Durch die Brille unserer Glaubenssätze gehen wir in Situationen mit einer entsprechenden Erwartungshaltung hinein. Diese Erwartungshaltung wiederum beeinflusst unbewusst unser Verhalten, also die Art und Weise, wie wir uns in dieser Situation anderen gegenüber zeigen. Unsere Außenwelt reagiert wiederum entsprechend ihrer eigenen Brille auf unser Verhalten. Und dieses Verhalten interpretieren wir wieder und so weiter.

Ein Beispiel:
Angenommen, wir haben ein unsicheres *inneres Kind* in uns, das den Glaubenssatz in sich trägt: *„Ich bin nicht liebenswert."* Wenn wir nun auf eine Party eingeladen werden (Situation), dann wird unser *inneres Kind* die Erwartungshaltung entwickeln: *„Die anderen werden mich mit Sicherheit doof finden und mich ausschließen."* Aufgrund dieser Erwartungshaltung werden wir uns natürlich unwohl und unsicher auf dieser Party fühlen (Gefühl). Also setzen wir uns dort irgendwo in eine Ecke und holen, um nicht aufzufallen und uns von unserem unangenehmen Gefühl abzulenken, unser Handy heraus (Verhalten). Die anderen Gäste jedoch deuten unser Verhalten nicht als Unsicherheit, sondern vielleicht als Desinteresse oder sogar als Arroganz (Interpretation unserer Außenwelt). Je nachdem, durch welche Brille unsere Außenwelt unser Verhalten dann interpretiert kann es sein, dass sie sich daraufhin von uns abwendet (Verhalten der Außenwelt). Dieses Abwenden führt dann nicht nur dazu, dass wir uns in dem Moment schlecht und ausgegrenzt fühlen (Bestätigung der Erwartungshaltung), sondern auch, dass die Annahme *„Ich bin nicht liebenswert."* unseres *inneren Kindes* wieder bestätigt wird (Bestätigung unseres Glaubenssatzes).

Unser *inneres Kind* meint in seiner Annahme (*„Ich bin nicht liebenswert."*) und in seiner Erwartung (*„Die anderen lehnen mich ab."*) bestätigt worden zu sein. Jedoch nur, weil es die

Situation entsprechend seiner Brille interpretiert. Tatsächlich hätten die anderen Gästen vielleicht sogar gerne Kontakt aufgenommen, haben sich aber nicht getraut, weil sie das abweisende Verhalten als Desinteresse gedeutet haben.

Eine andere Person mit einem weniger verletzten *inneren Kind* und damit einem positiveren Glaubenssatz („*Ich komme immer gut an. Andere Menschen mögen mich.*") und einer offeneren Erwartungshaltung („*Das wird ein super Abend. Ich lerne bestimmt tolle Menschen kennen.*") wird auf dieser Party auch ein ganz anderes Verhalten an den Tag legen. Sie geht eher offen auf die anderen Gäste zu und hat kein Problem damit, eine Unterhaltung anzufangen. Dadurch löst sie zwangsläufig eine andere Reaktion in der Außenwelt aus. Die anderen Gäste erwidern die offene Art womöglich und gehen gerne auf ein Gespräch ein. So wird der Glaubenssatz „*Ich bin ein liebenswerter Mensch.*" bestätigt und festigt sich.

Wir erzeugen also durch die Glaubenssätze und Erwartungshaltungen unseres *inneren Kindes* ein Verhalten und gleichzeitig eine Reaktion in unserer Umwelt, die die Glaubenssätze unseres *inneren Kindes* immer wieder bestätigen. In der Psychologie nennen wir dieses Phänomen auch »selbsterfüllende Prophezeiung«.

Unser *inneres Kind* sammelt durch solche Situationen natürlich auch immer mehr Referenzwerte für sein Glaubenssystem und fühlt sich dadurch immer mehr in seinen Annahmen bestätigt.

Warum tut unser *inneres Kind* das? Warum bringt es uns immer wieder in dieselben Situationen und Verhaltensmuster, auch wenn wir dadurch Leid erfahren?

Für unser *inneres Kind* existiert vor allem nur ein primäres Ziel im Leben: Überleben! Dabei möchte es dieses Ziel mit dem geringsten Aufwand und so effizient wie möglich erreichen. Und dazu leitet es aus den intensivsten und/oder häufigsten Erfahrungen, die es sammelt, sogenannte „Überlebensregeln" ab. *„So funktioniert die Welt – und mit diesem Verhalten funktioniere ich in dieser Welt am besten."* Aus diesen Überlebensregeln erstellt es dann ganz viele Automatismen, die es dann ohne viel Aufwand oder großes Überlegen auf andere Situationen und Menschen in seinem Leben übertragen kann.

Das heißt, unser *inneres Kind* stützt sich in der Bildung seiner Annahmen auf wenige vereinzelte Erfahrungswerte, die jedoch so elementar, intensiv und wichtig für es waren, dass sie zur Ausbildung der Überlebensregeln und Verhaltensautomatismen geführt haben.

Im Laufe unseres Lebens machen wir dann natürlich auch neue Erfahrungen. Diese werden jedoch meist von unserem *inneren Kind* als nicht relevant eingestuft. Ganz nach dem Motto:
„Ich habe mir über die Jahre ein funktionierendes Überlebenssystem aufgebaut, ich brauche kein neues!"

So verhielt sich auch Maxim. Der Glaubenssatz *„Wenn ich Leistung erbringe, dann werde ich angenommen und* *bekomme Anerkennung und Zuneigung*" hat Maxim sicher durch seine Kindheit navigiert. Sein *inneres Kind* ist zufrieden mit dem System und behält dies entsprechend bei. Dass dieses alte Überlebenssystem Maxim dazu bringt, dass er heute viel zu viel arbeitet, sich dadurch völlig übernimmt und zu wenig Zeit für seine Familie findet, interessiert sein *inneres Kind* recht wenig, solange sein Überleben, also das primäre Ziel, gesichert wird.

Wann blockieren uns die Glaubenssätze unseres inneren Kindes?

Die Glaubenssätze unseres *inneren Kindes* stehen uns genau dann im Weg, wenn sie dafür sorgen, dass wir ein bestimmtes Verhalten zeigen, das uns aber schadet oder auch ein bestimmtes Verhalten heute nicht ausüben, welches uns aber unseren eigentlichen Zielen und unseren aktuellen Bedürfnissen als Erwachsener näher bringen würde. Dies ist meist dann der Fall, wenn unser *inneres Kind* immer noch ein Selbstbild aus alten Kindertagen, in denen wir noch unwissend, abhängig und hilflos waren, gespeichert hat. Wir müssen wissen, dass unser *inneres Kind* viel Zeit dafür braucht, um seine Glaubenssätze, bezogen auf unsere heutigen Kompetenzen und Möglichkeiten, zu aktualisieren. Fakt ist, wir sind nicht mehr die hilflosen Kinder von damals, sondern mittlerweile unabhängige Erwachsene, die über mehr persönliche, soziale und gesellschaftliche Möglichkeiten verfügen als noch zu Kindertagen. Die meisten alten Glaubenssätze, die früher auch hilfreich, effizient und schützend

waren, sind heute meistens überholt und nicht mehr notwendig. Das weiß unser *inneres Kind* aber noch nicht. Also „beschützt" es sich und damit uns selbst weiterhin.
Frag dich einmal selbst:

- Gibt es bestimmte Verhaltensmuster, die dich daran hindern, deine eigentlichen Ziele im Leben zu erreichen und dennoch schaffst du es nicht, sie zu verändern, sondern verhältst dich immer wieder gleich?

- Gibt es in deinem Leben Situationen, Umstände oder Menschen, die dir eigentlich nicht guttun, die dir „im Weg stehen" oder dir sogar schaden, aber dennoch fühlt es sich so an, als würdest du diese Situationen, diese Umstände oder Personen immer wieder wie magnetisch anziehen?

Ganz genau das sind Beispiele dafür, wie stark dein *inneres Kind* noch an seinen alten Glaubenssätzen festhält. Du kannst in solchen Momenten auf der rationalen Ebene, also mit deinem Verstand, so viel verstehen und analysieren wie du magst. Du kannst dir auch ganz fest vornehmen, es das nächste Mal anders zu machen, aber wenn dein *inneres Kind* immer noch an seinen alten Grundannahmen festhält, dann hast du auf der rationalen Ebene kaum eine Chance. Und deshalb bringen auch all die gutgemeinten Empfehlungen wie „denk positiv" oder „dreh einfach deine Glaubenssätze um" leider rein gar nichts.

Es gibt mittlerweile viele Methoden, die dir dabei helfen sollen, alte

Glaubenssätze einfach durch neue zu ersetzen. Meistens bekommt man noch eine Schritt-für-Schritt-Anleitung dazu, wie zum Beispiel:

1. Erkenne deinen alten Glaubenssatz.
2. Suche nach Beweisen in deinem Leben, die den alten Glaubenssatz widerlegen.
3. Formuliere einen neuen, für dich hilfreichen Glaubenssatz.

Aus *„Ich bin wertlos und keiner liebt mich."* soll dann ein *„Ich bin wertvoll und liebe mich so, wie ich bin."* formuliert werden.
Dazu möchte ich dir unbedingt eine Geschichte aus meiner Ausbildungszeit erzählen.

> Ich weiß noch, als ich genau so eine Schritt-für-Schritt-Anleitung meinem damaligen sozialphobischen Patienten Philipp, 22 Jahre alt, vorlegte. Er lebte damals alleine und isoliert in einer Einzimmerwohnung und war sehr unzufrieden mit seinen Lebensumständen. Tief verankerte Glaubenssätze von Philipp waren:
> *„Ich bin nicht liebenswert."*, *„Keiner mag mich!"* und *„Ich werde niemals eine Freundin haben."*
> Ich bat ihn, bis zur nächsten Sitzung eine Tabelle mit drei Spalten anzulegen: In die erste sollte er eine Woche lang Situationen eintragen, die unangenehme Gefühle in ihm auslösen, daneben die damit einhergehenden belastenden Glaubenssätze und in die dritte Spalte sollte er dann für sich neue und positive Glaubenssätze formulieren und eintragen.

Ich weiß noch als wäre es gestern gewesen, wie Philipp in der nächsten Sitzung zu mir kam, mir das ausgefüllte Blatt reichte und meinte: „Das Problem, Frau Jankowski ist, dass ich den neuen positiven Glaubenssätzen nicht glaube. Ich fühle sie einfach nicht. Egal, wie oft ich sie mir sage, ich fühle sie nicht.“ Ich spürte, wie es ihm nach dieser Übung emotional noch schlechter ging.
Diesen Moment werde ich nie in meinem Leben vergessen. Es war mir so unangenehm, ihn in diese Situation gebracht zu haben. Denn auch, wenn seine alten Glaubenssätze nicht der Wahrheit entsprachen und Philipp sich dessen auch bewusst war, änderte unser Gedankenexperiment nichts an der Tatsache, dass Philipp in den alten Glaubensmustern fühlte.

Das heißt also, nur weil wir etwas rational wissen, fühlen wir es noch lange nicht.
Und genau das ist der Punkt: Wenn unser *inneres Kind* im Herzen an etwas glaubt und aus Angst an einem Glaubenssatz festhält, dann helfen einfache „Gedankentricks“ nicht.
Denn was auf emotionaler Grundlage entstanden ist, muss auch mit Hilfe von Emotionen bearbeitet werden.

Es ist nicht ganz leicht, unserem *inneren Kind* bewusst zu machen, dass die Überzeugungen und Annahmen, die es seit seiner Kindheit in sich trägt, nicht die absolute Realität darstellen, sondern lediglich Erfahrungen widerspiegeln, die wir als Kind gemacht haben. Denn für unser *inneres Kind* fühlen sich diese Erfahrungen so intensiv an, dass es kaum vorstellbar ist, dass nicht alle Menschen diese Empfindungen mit ihm teilen. Aber genau so ist es. Wir sehen die Welt nicht so, wie sie ist, sondern so, wie unser *inneres Kind* glaubt, dass sie ist.

Einige meiner PatientInnen kamen in die Therapie mit dem festen Glaubenssatz „immer stark" sein zu müssen. Andere wiederum mit der Annahme, dass es das Beste sei, sich „ruhig und angepasst" zu verhalten. Diese zwei Glaubenssätze könnten unterschiedlicher nicht sein und doch war jeder meiner PatientInnen so sehr von der Annahme seines *inneren Kindes* überzeugt, dass ihr ganzes Leben danach ausgerichtet war: Ihre ganze Art und Weise, wie sie ihre Beziehungen führten, die Auswahl ihrer Freunde, ihre Berufswahl oder auch, für welche Aktivitäten sie sich in ihrer Freizeit interessierten.

Noch einmal: Keiner dieser Glaubenssätze entspricht der objektivierbaren Realität. Die Realität ist nüchtern. Sie ist einfach. Erst wir als Individuum mit der Brille unseres *inneren Kindes* messen den Dingen eine gewisse Bedeutung zu und generieren eine subjektive Wahrheit. Die subjektive Wahrheit ist das, was wir als (persönliche) Realität wahrnehmen. Wir können sagen, dass genauso viele subjektive Wahrheiten existieren, wie es auch Menschen gibt.

Um die Grundannahmen deines *inneren Kindes* zu finden, habe ich dir im Folgenden eine Liste mit den häufigsten Grundannahmen passend zu den einzelnen Grundbedürfnissen aufgelistet. Lies dir jede Aussage genau durch und spüre dabei in dich hinein. Sobald eine Aussage auf die Grundannahmen deines *inneren Kindes* zutrifft wirst du ein bestimmtes Gefühl im Körper wahrnehmen können. Ein vertrautes, zustimmendes Gefühl und womöglich entsteht sogar ein Gedanke wie: „Ja, das stimmt, so ist es!“

Grundannahmen bezogen auf Beziehungen und Bindung:

In Beziehungen wird man immer verletzt.
Beziehungen sind schmerzhaft.
Ich bin nicht liebenswert.
Ich muss erst etwas leisten, um liebenswert zu sein.
Ich bin es nicht wert, dass andere ...
Ich nerve andere.
Ich bin anderen Menschen egal.
Ich enttäusche andere.
Ich bin unerwünscht.
Ich falle zur Last.
Ich werde enttäuscht.
Ich werde nicht geliebt.
Ich werde verlassen.
Ich bin alleine.
Andere sind nicht ehrlich zu mir.
Ich kann anderen nicht vertrauen.
Ich werde benutzt.
Ich muss mich um andere kümmern.
Ich muss für andere da sein.
Die Bedürfnisse anderer sind wichtiger als meine.
Meine Bedürfnisse sind wichtiger als die der anderen.

Mein Leben ist wichtiger als das der anderen.
Ich bin wichtiger als andere.
Ich bin stärker als andere.
Beziehungen schränken mich ein.
Beziehungen fallen mir zur Last.
Es ist mir egal, ob andere mich verlassen.
Es ist mir egal, was andere von mir denken.
Ich brauche andere nicht.
Ich brauche niemanden.

Grundannahmen bezogen auf Autonomie und Kontrolle:

Ich kann das nicht alleine.
Ich schaffe das nicht alleine.
Ich gehe in dieser Welt unter.
Ich brauche Hilfe.
Ich bin abhängig.
Ich bin schwach.
Ich bin anderen unterlegen.
Andere sind stärker als ich.
Andere sind klüger als ich.
Ich kann viele Sachen nicht.
Ich bin unfähig.
Ich mag es nicht, alleine zu sein.
Alleine fühle ich mich unsicher.
Hauptsache nicht alleine sein.

Grundannahmen bezogen auf Selbstwert:

Ich kann nichts wirklich gut.
Ich mache alles falsch.
Ich bin nicht so klug.
Ich bin nicht schön.
Ich bin hässlich.
Ich mag meinen Körper nicht.
Ich bin nicht wichtig.
Ich bin nichts wert.
Ich bin dumm.
Ich bin ein Versager.
Ich bin nicht gewollt.
Ich bin unbeliebt.
Ich bin nicht liebenswert.
Ich bin erst etwas wert, wenn ...
Ich falle anderen zur Last.
Andere denken schlecht über mich.
Ich bin wertlos.
Ich bin schlecht.

Grundannahmen bezogen auf Lustgewinn und Unlustvermeidung:

Das Leben ist kein Ponyhof.
Das Leben ist kein Wunschkonzert.
Das Leben ist hart.

Das Leben ist ein Kampf.

Ich muss immer kämpfen.

Arbeit geht vor.

Spaß zu haben ist nicht wichtig.

Nur wer hart arbeitet, erreicht was in seinem Leben.

Erst die Arbeit, dann das Vergnügen.

Spaß ist mir wichtig.

Spaß ist das Wichtigste in meinem Leben.

Spaß steht über allem.

Ich liebe das Leben.

Das Leben ist mir positiv zugewandt.

Ich liebe es, mich auszuleben.

Das Leben muss man genießen.

Man muss auch mal albern sein.

Grundannahmen bezogen auf das Leben im Allgemeinen:

Die Welt ist ein grausamer Ort.

Die Welt ist schlecht.

Menschen sind böse.

Ich habe immer Pech.

Ich bin ein Opfer.

Im Leben hat man keinen Einfluss auf das, was passiert.

Das Leben ist ein Kampf.

Das Leben ist mir positiv zugewandt.

Ich habe Glück im Leben.

Ich habe tiefes Vertrauen in das Leben.
Ich gestalte mein Leben selbst.
Ich bin selbst für mein Leben verantwortlich.
Man bekommt vom Leben genau das, was man verdient.
Wenn man Gutes gibt, bekommt man Gutes zurück.

Information für die Landkarte deines inneren Kindes:

Nachdem du dir in Ruhe die verschiedenen Grundannahmen durchgelesen hast, trage alle Annahmen, die dir vertraut vorkamen oder bei denen du sogar überzeugt zustimmen konntest, in den nächsten Punkt der Landkarte deines inneren Kindes ein. Sollten dir noch weitere eingefallen sein, trage diese gern auch mit ein.

Eigenschaften meines inneren Kindes

- Abhängig
- Unsicher
- Traurig

Ursachen der Verletzungen meines inneren Kindes

- Verlust
- Überbehütung
- Fordernde Eltern
- Falsche Modelle

Nicht befriedigte Bedürfnisse meines inneren Kindes

- Bindung
- Autonomie
- Lustgewinn
- Unlustvermeidung
- Selbstwertschutz

Grundannahmen meines inneren Kindes

- Ich bin nicht liebenswert
- Ich schaffe es nicht alleine
- Die Welt ist gefährlich

Der innere Kritiker

Wer oder was ist der innere Kritiker?

Der *innere Kritiker* ist eine Stimme in unserem Kopf, die fordernd und kritisierend mit uns spricht und uns zu einem ganz bestimmten Verhalten auffordern möchte. Vielleicht kennst du sie schon. Sie spricht gerne in Formulierungen wie:

- *„Du musst ...“*
- *„Du solltest ...“*
- *„Du kannst ... nicht“*

Bei manchen Menschen kann der *innere Kritiker* sogar richtig beleidigend und verletzend sein:

- *„Dich mag eh keiner!“*
- *„Die anderen lachen dich aus!“*
- *„Du kannst eh nichts!“*.

Es handelt sich bei diesen Stimmen um ursprünglich verbale oder nonverbale Erfahrungen, die in irgendeiner Weise für die Grundbedürfnisse unseres *inneren Kindes* relevant waren. Meist sind das Stimmen aus unserer Außenwelt, die ein Verhalten von uns forderten oder uns mit ihren Aussagen in ein Verhalten brachten, das für die Befriedigung oder den Schutz unserer Grundbedürfnisse sorgte:

„Wenn du lieb und brav bist, dann darfst du spielen gehen.“

Wenn wir nun beispielsweise mit fordernden, kritisierenden Eltern aufgewachsen sind, wenn wir anspruchsvolle Lehrer hatten, wenn wir von unseren Mitschülern ausgelacht, beleidigt oder ausgegrenzt wurden, dann entwickelt sich auf Grundlage genau dieser schmerzhaften Erfahrungen unser *innerer Kritiker.*

Was in den ersten Monaten in unserem Leben noch nonverbal kommuniziert wird, wird irgendwann durch die verbale Sprache ersetzt. Etwa ab dem zweiten Lebensjahr beginnen Kinder zu sprechen und lernen mit Hilfe von Wörtern und Begriffen für präzisere Bedürfnisbefriedigung zu sorgen. Die Bedürfnisbefriedigung mit Hilfe der Sprache fängt als einfaches Kommunikationsmedium, zunächst nur mit der Außenwelt, an:

> *„Mama, gib", „mag nicht mehr", „muss Pipi", „will spielen."*
> (Kind, ca. 2 Jahre alt, Kommunikation nach außen)

Das Kind wird also mit dem Erlernen der Sprache fähig, seinen Bezugspersonen die eigenen Bedürfnisse immer präziser mitzuteilen. Aber auch die Außenwelt kann dem Kind nun durch die Sprache immer mehr Bedingungen für seine Bedürfnisbefriedigung mitteilen:

- „Erst aufräumen, dann spielen."
- „Erst Teller leer essen, dann gibt es Nachtisch."
- „Wenn du weiter so schreist, bekommst du gar nichts mehr."

Das Kind beginnt also, bestimmte Verhaltensweisen nicht nur mit positiven oder negativen Konsequenzen, sondern auch mit Sprache zu verbinden.

Mit den Jahren entwickelt das Kind dann ebenfalls eine Stimme für seine Innenwelt, die ebenfalls als Kommunikationsmedium für eine bessere Bedürfnisbefriedigung sorgen soll. Das Kind spricht dann nicht mehr nur mit seiner Außenwelt, sondern nun auch mit sich selbst. Wie es jedoch mit sich selbst kommuniziert, hängt vor allem von den bisherigen Erfahrungen mit seiner Außenwelt ab:

> *„Schnell aufräumen, bevor Papa nach Hause kommt, sonst gibts Ärger."*
> (Kind, ca. 7 Jahre alt, Kommunikation nach innen)

Schon hier können wir Ansätze eines *inneren Kritikers* erkennen, der durch seine Stimme im Kind ein Verhalten hervorruft, das auf eine Bedürfnisbefriedigung abzielt. In diesem Fall die Vermeidung von Ärger oder den Gewinn von Lob.

Wir können den *inneren Kritiker* also als eine Art „Zwischenzentrale" ansehen, die im Überlebenssystem unseres *inneren Kindes* auf Basis

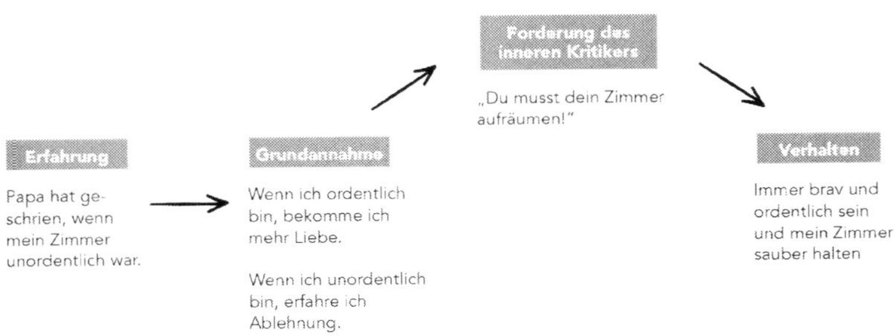

An dieser Stelle möchte ich erwähnen, dass Erziehung und Sozialisation natürlich wichtig für die Entwicklung und den Schutz des Kindes sind. Diese Dinge sollen hier nicht als „schädlich für das Kind“ dargestellt werden. Es geht lediglich um eine neutrale Beschreibung der Entwicklung aller „inneren Stimmen“, die im Laufe unseres Lebens in uns entstehen. Den Begriff des *inneren Kritikers* verwende ich somit auch für interne Stimmen, die nicht direkt eine „Kritik“ aussprechen, sondern auch einfach Forderungen kundtun und damit ein bestimmtes Verhalten „antreiben“. Im Sinne einer liebevollen Erziehung, die auch mal unbequem für das Kind und die Eltern sein kann, dient die Stimme also auch einem übergeordneten Zweck, der für das Kind jetzt und auch im späteren Leben bedeutsam ist.

Viele psychologische Konzepte trennen diese Begrifflichkeit und unterteilen beispielsweise den *inneren Kritiker* vom *inneren Antreiber.* Ich tue das bewusst nicht. Warum?

Weil es meiner Meinung nach immer dieselbe Stimme ist, die einfach nur unterschiedliche Ausprägungen annehmen kann. Und egal, in welcher Ausprägung sie gerade „aktiv“ ist, sie verfolgt immer dieselbe Absicht, nämlich durch das innere Zuhören ein Verhalten zu mobilisieren, das ein Bedürfnis entweder schützt oder befriedigt. Sie löst also entweder ein Annäherungsverhalten oder ein Vermeidungsverhalten aus.

Wir können also sagen, dass der *innere Antreiber* eine „sanfte“ Ausprägung des *inneren Kritikers* ist. Und wir haben alle, je nach subjektiven Lebensbereichen, einen härteren oder einen eher sanftmütigen *inneren Kritiker* in uns. Bei manchen Menschen ist er in Bezug auf ihr Aussehen und Schönheit beispielsweise sehr laut, fordernd und kritisierend; bezogen auf Leistung scheint seine Stimme dagegen eher leise oder gar nicht vorhanden zu sein. Bei einer anderen Person kann es genau umgekehrt sein. Es hängt nur davon ab, was in der Vergangenheit bei der jeweiligen Person für die höchste Bedürfnisbefriedigung gesorgt hat.

Der *innere Kritiker* ist in seinem Ursprung also nicht „böse". Im Gegenteil: Durch seine Forderungen und seine Kommandos hat er immer für den Schutz oder die Befriedigung der Grundbedürfnisse gesorgt.
Und wir können sagen, dass je „härter" er heute mit einem redet, desto nötiger und dringlicher waren damals die Ausführungen seines Kommandos.
Ein Kind, das mit körperlicher Gewalt rechnen muss, wenn es sein Zimmer nicht aufräumt, braucht gewiss für seinen eigenen Schutz einen lauteren und härteren *inneren Kritiker* als ein Kind, das lediglich etwas getadelt wird.

Es gibt also verschiedene Stufen des *inneren Kritikers*, je nachdem, wie wichtig er für das Überleben des Kindes war. Ich möchte dir drei unterschiedliche Stufen anhand von Beispielen verdeutlichen:

Stufe 1

Ein leiser, trotzdem leicht fordernder Kritiker.
Meist bei Personen, die in einer liebevollen und sicheren Familie aufgewachsen sind und deren Grundbedürfnisse nie in Gefahr waren.

> *„Oje! Ich muss echt mal wieder aufräumen. Hier sieht es aus wie im Schweinestall."*

Stufe 2

Ein fordernder Kritiker.
Meist bei Personen, die in einer wertenden Familie aufgewachsen sind und bei denen es eindeutig mehr Anerkennung und Wertschätzung für gute Leistungen gab.

> *„Wenn ich bei diesem Vorstellungsgespräch versage, dann weiß ich nicht mehr weiter. Ich muss jetzt alles geben! Was sollen die Leute von mir denken, wenn ich nicht mal diesen Job bekomme? Sie denken bestimmt, ich schaffe gar nichts!"*

Stufe 3

Ein lauter Kritiker.
Meist bei Personen, die in einer stark fordernden und/oder vernachlässigenden und kritisierenden Familie aufgewachsen sind. Grundbedürfnisse nach Sicherheit, Bindung und Selbstwert waren für das Kind konstant in Gefahr.

„Ich bin einfach so dumm. Ich kriege gar nichts auf die Reihe. Jetzt habe ich es schon wieder nicht geschafft, die Aufgabe pünktlich abzugeben. Ich werde bestimmt bald gefeuert. Der Chef mag mich sowieso nicht. Keiner mag mich!"

Wir sehen, der *innere Kritiker* kann verschiedene Ausprägungen haben. Doch nicht nur sein „Ton", also wie er fordert, kann variieren. Auch, was er von dir möchte ist wichtig zu erkennen. Dafür können wir den „Charakter" des *inneren Kritikers* in drei verschiedene Typen einordnen:

1. Der *leistungsfordernde Kritiker*
2. Der *emotional fordernde Kritiker*
3. Der *strafende Kritiker*

Der leistungsfordernde Kritiker

Der *leistungsfordernde Kritiker* stellt hohe Ansprüche an die eigene Person, bezogen auf das Erbringen von Leistungen in der Schule, im Studium, im Beruf oder auch im Privaten:

- „Du darfst dich erst entspannen, wenn die Arbeit fertig ist."
- „Du musst immer die/der Beste sein."
- „Wenn es nicht perfekt ist, ist es nichts wert."

Der *leistungsfordernde Kritiker* ist auch gerne aktiv, wenn es um Aussehen, Figur und Gewicht geht:

- „Wenn du nicht schlank bleibst, wird dich dein Freund verlassen."
- „Wenn du nicht viele Muskeln hast, werden andere dich nicht für männlich halten."

Wenn die Anforderungen des *leistungsfordernden Kritikers* nicht erfüllt werden, entsteht das Gefühl, ein Versager und somit wertlos zu sein.
In der Biografie von Personen, die unter solch einem *inneren Kritiker* leiden, findet man oft Bezugspersonen, die sehr hohe Leistungen von ihnen forderten. Sie hatten viele Ansprüche und vermittelten hohe Standards. Gute Leistungen waren oft selbstverständlich, es gab selten Lob und vermehrt Kritik bei geringerem Erfolg.

Der emotional fordernde Kritiker

Der *emotional fordernde Kritiker* richtet seine Forderungen auf die Art und Weise, wie du dich in ganz bestimmten, meist sozialen, Situationen verhalten solltest. Ganz typisch für diesen *inneren Kritiker* ist die Forderung, immer für andere da sein zu müssen, die eigenen Bedürfnisse hintenan zu stellen und keine Kritik zu äußern. Betroffene müssen sich immer um das Wohl der anderen sorgen und stets nett und zuvorkommend sein:

- „Stelle deine Bedürfnisse nicht in den Vordergrund, das ist egoistisch."
- „Sei die perfekte Mutter für deine Kinder."

- „Kümmere dich um deine Eltern."
- „Was denkst du eigentlich, wer du bist?!"

Der *emotional fordernde Kritiker* ist auch dafür verantwortlich, dass es einem schwerfällt, „Nein" zu sagen oder Grenzen zu setzen. Wenn eine Person diesem *inneren Kritiker* nicht gerecht wird, entstehen in der Regel starke Schuldgefühle.
Personen, die eine emotional fordernde Stimme in sich tragen, hatten oft Eltern, die an psychischen Erkrankungen wie Depressionen oder auch körperlichen Erkrankungen litten. Sie mussten schon früh für andere Verantwortung übernehmen und besonders für deren Stimmung und Wohlergehen sorgen. Manchmal zogen sich auch andere Familienmitglieder aufgrund von Überforderung zurück. Dann war das Kind plötzlich für das Wohl der Mutter/ des Vaters allein verantwortlich.

Der *emotional fordernde Kritiker* kann sich auch bilden, wenn sich die Eltern trennen und das Kind zwischen den Eltern steht. Frust und Kummer über die gescheiterte Ehe werden möglicherweise an dem Kind ausgelassen und das Kind kommt dabei schnell in die Rolle eines Beraters, Trösters oder Vermittlers. Dies ist aber keine Rolle, die seinem Alter und seiner Stellung in der Familie angemessen ist. Da das Kind das aber nicht besser weiß denkt es, dass diese Rolle „selbstverständlich" ist, füllt sie aus und behält sie bei.

Ein weiterer möglicher Ursprung eines *emotional fordernden Kritikers* sind Familien, in denen dem Kind indirekt vermittelt wurde, dass es wichtig sei, „die Fassade" nach außen hin zu wahren. Die Nachbarn sollten bloß nicht mitbekommen, wie es „innen“ aussieht. Es war verboten über Probleme oder Unstimmigkeiten zu sprechen. Dazu zählt auch, Gefühle von Ärger, Zorn und Wut zurückzuhalten und lediglich Freude, Glück und Zuwendung zu zeigen. Typisch für dieses Verhalten sind Familien, denen Prestige und Ansehen sehr wichtig ist.

Typische Sätze aus dieser Kindheit sind:

- „So etwas gehört sich nicht.“
- „So was macht man nicht.“
- „Reiß dich zusammen.“
- „Sei nicht so egoistisch.“
- „Was sollen die anderen denken?!“

Der strafende Kritiker

Der *strafende Kritiker* stellt weniger Ansprüche oder Forderungen an die eigene Person, vielmehr handelt es sich hierbei um eine innere Stimme, die die eigene Person abwertet. Meist sind das generalisierte Botschaften wie zum Beispiel:

> *„Du wirst nie ...“* oder *„Du warst schon immer ...“*
> (Dieser Ausführung folgen meist negative Attribute wie „hässlich“, „dumm“, „schlecht“)

Er sagt auch Dinge wie:

> *„Wenn jemand dich richtig kennenlernt, wird er sich von dir abwenden."*
> *„Es wäre besser, wenn du nie geboren wärst."*

Mobbingerfahrungen in der Schule, Abwertungen von Mitschülern, Eltern oder Lehrern sowie Hänseleien von Gleichaltrigen führen oft dazu, dass die Stimme in Form dieses *inneren Kritikers* internalisiert und gegen sich selbst verwendet wird.

Bei dieser Form des *inneren Kritikers* wird nicht einmal mehr Verhalten angetrieben, das für Bedürfnisbefriedigung sorgen soll, also Annäherungsverhalten, wie bei den anderen zwei Kritikern. Hier wird nur noch Vermeidungsverhalten ausgelöst, das weiteren Verletzungen der Grundbedürfnisse vorbeugen soll.

Die *inneren Kritiker* können in jedem von uns unterschiedlich stark vertreten sein. So gibt es beispielsweise Personen, bei denen im Alltag vor allem der *strafende Kritiker* vorherrscht, während sich der *leistungs-* oder der *emotional fordernde Kritiker* mehr zurückhält. Auch das Maß der generellen Präsenz unseres *inneren Kritikers* kann sich in einzelnen Lebensbereichen unterscheiden: Einige Menschen leiden möglicherweise den ganzen Tag über unter den Forderungen ihres *inneren Kritikers,* während er sich bei anderen nur hin und wieder oder in ganz speziellen Situationen zu Wort meldet.

Warum hält sich der innere Kritiker so hartnäckig?

Ähnlich wie bei den Grundannahmen und Glaubenssätzen unseres *inneren Kindes* verhält es sich auch mit dem *inneren Kritiker*. Indem wir als Kind dieser Stimme Glauben schenkten, sicherten wir unser Überleben. Sie brachte uns dazu, uns an die vorgegebene Außenwelt anzupassen und so die höchste Befriedigung unserer Grundbedürfnisse sicherzustellen.
Ein Kind, das zum Beispiel mit vernachlässigenden oder gewalttätigen Familienmitgliedern aufwächst, wird schnell lernen, sich den Forderungen dieser Familienmitglieder nicht zu widersetzen, sondern sich ihnen anzupassen. Da das Überleben von genau dieser Anpassung abhängt, werden die Forderungen von außen irgendwann zu den Forderungen der eigenen inneren Stimme (der Stimme des *inneren Kritikers* also) und gewährleisten so eine noch schnellere und effizientere Anpassung.

Als Kind glauben wir unserer Außenwelt alles. Ihr Wort ist Gesetz. Wir zweifeln nicht an ihren Aussagen. Sie berühren uns emotional und lösen Empfindungen in uns aus, von denen wir uns als Kind nicht distanzieren können. Das liegt unter anderem daran, dass wir dazu kognitiv einfach noch nicht in der Lage sind. Wir können Informationen noch gar nicht ohne fremde Hilfe reflektieren, analysieren, anders bewerten oder infrage stellen.

Gibt es einen Osterhasen, der an Ostern Geschenke verteilt? Eine Zahnfee, die nachts Geld unter das Kissen legt und einen Weihnachtsmann, der durch den Schornstein kommt?

Ja! Wenn unsere Eltern uns das so sagen, dann wird das auch so sein. Ohne Zweifel!

Was für uns als Kind die Stimme unserer Außenwelt war, an die wir uns angepasst haben, ist für unser inneres Kind heute die Stimme unserer Innenwelt.

So, wie wir damals unseren Eltern und Lehrern alles geglaubt und auf sie reagiert haben, so glaubt und reagiert unser *inneres Kind* heute immer noch auf den *inneren Kritiker*: Nämlich emotional! Das heißt, wir sind zwar heute fähig, Forderungen und Aussagen unseres *inneren Kritikers* auf rationaler Ebene zu hinterfragen, das bedeutet aber noch lange nicht, dass unser *inneres Kind* sich von ihnen auch auf emotionaler Ebene distanzieren kann. Die Aussagen und Forderungen des *inneren Kritikers* sind neuronal mit Erfahrungen und intensiven Gefühlen verbunden. Die Argumente unseres rationalen Verstandes jedoch nicht.

Sicher, wir sind mittlerweile erwachsen geworden. Unser Gehirn hat sich entwickelt, wir haben Erfahrungen gesammelt und sind kognitiv gereift. Wenn uns heute die Außenwelt etwas mitteilt, dann glauben wir ihr nicht automatisch, sondern wir denken über die erhaltenen Informationen nach und können den Wahrheitsgehalt erst einmal abwägen. Egal, ob es sich um Aussagen unserer Eltern, der Medien oder von Freunden handelt, wir sind mittlerweile in der Lage, diese Aussagen zu hinterfragen, sie zu reflektieren, rational zu beurteilen und mit unseren gesammelten Erfahrungen zu vergleichen.

Alles, was also von außen in unser Inneres eindringt, wird zunächst von uns gewissenhaft gefiltert, denn wir leben heute vor allem durch unseren Verstand. Unser *inneres Kind* jedoch lebt immer noch durch unser Herz.

Und hier ist auch schon das Problem:
Auch wenn unser Verstand uns im Alltag eine große Hilfe ist, treffen wir dennoch über neunzig Prozent unserer Entscheidungen aus dem Herzen unseres *inneren Kindes* heraus.
Wenn du also beispielsweise einen *inneren Kritiker* in dir trägst, der immer wieder von dir fordert: „Du musst noch besser werden!" und ein Freund dir mit den Worten: „Quatsch, das brauchst du nicht, du bist gut so, wie du bist!" gut zureden möchte, dann wirst du wahrscheinlich rational nachvollziehen können, was dein Freund dir sagen möchte, und wahrscheinlich würdest du ihm dasselbe mitteilen. Wenn dein *inneres Kind* jedoch tief im Inneren daran glaubt, nur liebenswert zu sein, wenn es entsprechende Leistung erbringt, dann wird es den Worten des *inneren Kritikers* immer mehr Glauben schenken als den Worten des Freundes.

Information für die Landkarte deines inneren Kindes:

Trage nun im nächsten Punkt die wichtigsten und häufigsten Aussagen deines inneren Kritikers ein. Achte dabei vor allem auf die Aussagen, die dich zu einem bestimmten Verhalten verleiten, welches deinen heutigen Bedürfnissen im Wege steht.

Eigenschaften meines inneren Kindes

- Abhängig
- Unsicher
- Traurig

Ursachen der Verletzungen meines inneren Kindes

- Verlust
- Überbehütung
- Fordernde Eltern
- Falsche Modelle

Nicht befriedigte Bedürfnisse meines inneren Kindes

- Bindung
- Autonomie
- Lustgewinn
- Unlustvermeidung
- Selbstwertschutz

Grundannahmen meines inneren Kindes

- Ich bin nicht liebenswert
- Ich schaffe es nicht alleine
- Die Welt ist gefährlich

Die Stimme des inneren Kritikers

- Du bist nicht gut genug
- Du musst noch mehr tun
- Du bist nicht wichtig
- Andere lehnen dich ab

Die Triggersituationen deines inneren Kindes

In den vorherigen Kapiteln haben wir uns damit beschäftigt, dass für eine gesunde Persönlichkeitsentwicklung die Bedürfnisbefriedigung auf psychischer Ebene von zentraler Bedeutung ist. Wir haben dabei gelernt, dass, wenn in bestimmten Bereichen unseres Lebens die Grundbedürfnisse nicht ausreichend befriedigt werden, unser *inneres Kind* sogenannte Grundannahmen für sich entwickelt. Diese Grundannahmen sollen dann gemeinsam mit der Stimme des *inneren Kritikers* dabei helfen, sich an die Außenwelt anzupassen und die eigenen Bedürfnisse bestmöglich zu schützen oder zu befriedigen.

In Situationen, in denen die Grundbedürfnisse jedoch des Öfteren verletzt wurden, entstand in unserem *inneren Kind* ein (chronisches) Mangelempfinden, das immer noch sehr starken Einfluss auf unser heutiges Leben nehmen kann. Denn sobald wir gegenwärtig in eine Situation geraten, die der damaligen verletzenden Situation aus der Kindheit sehr ähnlich ist, ist die Wahrscheinlichkeit groß, dass unser *inneres Kind* sich „erneut“ so sehr bedroht fühlt, dass es sowohl auf der emotionalen und gedanklichen, als auch auf der Handlungsebene die Führung übernimmt.

Solche auslösenden Situationen werden in der Psychologie als »Triggersituationen« bezeichnet. Sie kommen meist in Interaktionen mit anderen Menschen vor und wenn sich unser *inneres Kind* folgendermaßen fühlt:

- zurückgewiesen
- allein gelassen
- unter Druck gesetzt
- eingeengt
- kritisiert
- gekränkt

Wir fühlen uns in solchen Momenten plötzlich wie ausgewechselt. Es schießen unangenehme Gefühle und Empfindungen durch unseren Körper, die ganz bestimmte Gedanken und Reaktionen auslösen. Reaktionen, die unser Gegenüber wahrscheinlich überhaupt nicht einordnen kann oder sie als „übertrieben" bewertet. Wir reagieren in diesen Momenten nicht wie rational denkende Erwachsene, sondern wie irrational fühlende kleine Kinder. Meistens hält so eine emotionale Reaktion einige Zeit an und trübt dabei unsere ganze Wahrnehmung. In diesen Momenten nehmen wir die Welt um uns herum verstärkt subjektiv wahr und es fällt uns schwer, die Situation objektiv und „von außen" zu betrachten. Sobald die intensiven Gefühle jedoch nachlassen, sind wir oft selbst von uns überrascht oder sogar schockiert und bereuen unsere Handlungen im Nachhinein, da sie unserem eigentlichen Vorhaben meist im Wege stehen.

> Anja berichtete beispielsweise, dass, wenn ihr Freund sie während eines Streites anschrie, sie wie ein kleines Mädchen vor ihm erstarre. Sie schaue ihn in solchen Momenten einfach nur mit großen Augen an, hielt die Situation so gut es ging aus und flüchtete anschließend in ein anderes Zimmer, um zu weinen. Anja wird in solchen

Momenten getriggert, ihr *inneres Kind* wird aktiviert und Anja fühlt sich wie das kleine Mädchen von damals, das machtlos und hilflos vor ihrem großen, aggressiven Vater stand. Anstatt sich wie eine erwachsene Frau zu wehren, sich zu verteidigen und ihrem Freund Grenzen zu setzen, reagiert Anja wie damals in ihrer Kindheit: hilflos. Sie berichtete mir, dass sie ihre Reaktion im Nachhinein immer sehr bereue und ihr anschließend viele Dinge und Argumente einfallen würden, die sie ihrem Freund hätte sagen können. In den akuten Situationen bringe sie jedoch kein Wort heraus.

Wir können sagen, dass unser *inneres Kind* in solchen Triggersituationen seine Grundbedürfnisse nach Bindung, Autonomie, Selbstwert und Lustgewinn wieder bedroht sieht und deshalb auf dieselbe emotionale Art und Weise reagiert, die es sich damals als Kind zum Schutz angeeignet hat.

Natürlich ist es ganz normal, auf schmerzhafte Situationen emotional zu reagieren. Jedoch unterscheiden sich das Ausmaß, die Dauer und die Intensität der aktivierten Gefühle deutlich, wenn unser *inneres Kind* genau in diesen Bereichen noch zusätzlich verletzende Erfahrungen in sich trägt.

Im Folgenden möchte ich dir einige Gefühle vorstellen, die bei unserem *inneren Kind* in solchen Triggersituationen aktiviert werden können. Du kannst auch hier wieder beim Lesen in dich hinein spüren und schauen, ob dein *inneres Kind* auf eines dieser Emotionen reagiert.

Verlassenheit

Einige *innere Kinder* haben große Angst davor, von nahestehenden Personen verlassen zu werden. Dabei wird das Gefühl als besonders bedrohlich für sie wahrgenommen und kann sogar in Panik münden. Die Verlustangst kann sich sowohl auf den aktuellen Partner als auch auf Freundschaften oder Familienmitglieder beziehen.

Innere Kinder, die besondere Angst vor diesem Gefühl haben, wurden in ihrer Kindheit womöglich in einer Situation, die für das Kind zur damaligen Zeit als lebensbedrohlich wahrgenommen wurde, von ihren Eltern oder wichtigen Bezugspersonen alleine gelassen. Viele haben aber auch die Erfahrung gemacht, dass eine nahestehende Person plötzlich gegangen ist oder die Familie verlassen hat. Beispielsweise durch eine Scheidung, eine Trennung oder auch durch einen plötzlichen Tod.

Ausgeschlossen sein

Manche *innere Kinder* tragen ein Gefühl von Isolation in sich. Das Gefühl, anders zu sein als andere und nirgendwo richtig dazuzugehören. Diese Personen fühlen sich auch in der Gesellschaft anderer nicht wirklich zugehörig und immer isoliert. In der Biografie finden sich bei den Betroffenen häufig schmerzhafte Erfahrungen von Ausgrenzung in der Schule oder Mobbing durch Gleichaltrige. Viele Betroffene fühlten sich schon als Kind wie „Außenseiter", weil sie beispielsweise einer ethnischen Minderheit oder strenggläubigen Konfession angehörten. Auch häufige Umzüge können dazu führen, dass das Kind immer wieder aus bestehenden Freundschaften herausgerissen wurde und in der neuen Umgebung nur schwer Anschluss fand.

Misstrauen

Manche *innere Kinder,* tragen ein permanentes Gefühl von Misstrauen in sich. Sie sind sehr empfindsam und begegnen anderen Menschen zunächst mit Vorsicht und einem gewissen Abstand. Sie vertrauen nur langsam, stellen Beziehungen permanent in Frage und fühlen sich schnell bedroht. Diese Menschen sind in ihrer Kindheit oft in einer unsicheren, instabilen oder gefährlichen Umgebung aufgewachsen und/oder haben die Erfahrung von Missbrauch oder ebenfalls Mobbing gemacht.

Scham und Minderwertigkeit

Einige *innere Kinder* kämpfen mit den Gefühlen von Scham und Minderwertigkeit. Sie halten sich selbst für schlecht, unzulänglich, nicht kompetent genug oder nicht liebenswert. In der Vergangenheit und besonders in der Kindheit wurden diese Personen häufig kritisiert oder waren Opfer abwertender Äußerungen, Ausgrenzungen oder demütigender Taten nahestehender Personen oder Gleichaltriger. Sie reagieren heute immer noch sehr empfindsam auf Kritik und Zurückweisung, versuchen nach außen hin nicht negativ aufzufallen und sind sehr darauf bedacht, negative Bewertungen zu vermeiden.

Emotionale Entbehrung

Einige Menschen berichten, dass in ihrer Kindheit „eigentlich alles in Ordnung“ war. Sie können sich an keine schmerzhaften Ereignisse erinnern. Dennoch tragen sie ein Gefühl von „Leere“ in sich. Ein Gefühl, anderen Menschen nicht wirklich wichtig zu sein und in Beziehungen von ihrem Gegenüber „nie genug“ zu bekommen. Bei näherer Betrachtung berichten sie von einer Kindheit, in der die Eltern zwar anwesend, jedoch emotional nicht verfügbar waren. Das heißt, es hat ihnen zwar im Außen an nichts gefehlt, jedoch haben sie in ihrem „Inneren“ zu wenig emotionale Nähe und Liebe erfahren. Durch die mangelnde emotionale Fürsorge entwickelte das *innere Kind* das Empfinden *„nicht wichtig“* und *„nicht liebenswert“* zu sein.

Wut

Wenn bei unserem *inneren Kind* das Gefühl von Wut im Vordergrund steht, entladen sich Gefühle meist sehr stark, plötzlich und manchmal unvorhersehbar. Während wir Zorn und Ärger in den meisten Fällen noch gut zurückhalten können, ist Wut in der Regel nur schwer kontrollierbar. Meist wird unser *inneres Kind* wütend, wenn es sich ausgeliefert fühlt, wenn es das Gefühl hat, in einer Situation festzustecken, machtlos zu sein und nichts tun zu können. Die Wut des *inneren Kindes* hat also auch immer etwas mit dem Gefühl der Ohnmacht zu tun. Ein Gefühl, das in der Kindheit vorherrschend sein kann. Vor allem bei Kindern, die in ihrem Umfeld viel Ungerechtigkeit erfahren haben, in Situationen oft allein gelassen wurden und mit ihren Gefühlen und Bedürfnissen auf sich selbst gestellt waren, kann sich Wut zu einem vorherrschenden Gefühl entwickeln.

Trotz

Trotz ist ein Gefühl das sich zeigt, wenn unser *inneres Kind* eigentlich ärgerlich oder zornig ist, den Ärger aber nicht offen herauslassen kann. Andere Menschen nehmen diesen Ärger meist trotzdem deutlich wahr, da die Person sich „bockig" verhält und ihren Ärger passiv an der Umgebung auslässt. *Innere Kinder,* die mit Trotz reagieren, tragen das Gefühl in sich, von anderen Menschen in ihrer eigenen Autonomie, Selbstständigkeit oder Wichtigkeit nicht anerkannt zu werden. Sie haben das Gefühl, „nicht ernst" genommen zu werden und teilen dies dann passiv mit. Meist ist dies darauf zurückzuführen, dass sie sich auch in ihrer Kindheit von ihren Eltern, Geschwistern oder Mitschülern ungerecht behandelt, nicht gesehen oder nicht ernst genommen gefühlt haben.

Impulsivität

Innere Kinder, die impulsiv handeln, versuchen ihre aktuellen Bedürfnisse zu befriedigen, ohne dabei Rücksicht auf ihre Umgebung oder mögliche negative Konsequenzen zu nehmen. Das kann sich zum Beispiel als Erwachsener in Drogen- und Alkoholkonsum, Kaufsucht, Essanfällen oder in ungeplantem und ungeschütztem Sex zeigen. Im Mittelpunkt steht dabei der Drang nach sofortiger Bedürfnisbefriedigung. Personen mit impulsiven *inneren Kindern* haben in ihrer Kindheit oft nur wenige Grenzen gesetzt bekommen. Das kann unterschiedliche Gründe gehabt haben. Manche wurden auf diese Weise verwöhnt und verhätschelt, andere jedoch vernachlässigt. Bei der Vernachlässigung sind die Eltern auf die Gefühle und Bedürfnisse des Kindes nicht adäquat eingegangen und haben so ihrem Kind ein Gefühl von Wertlosigkeit vermittelt. Im Gegensatz dazu konnte ein Kind bei einer Überfürsorge nicht lernen mit Verzicht, Enttäuschungen und Frustration umzugehen.

Was passiert mit uns, wenn unser inneres Kind aktiv ist?

Wie bereits erwähnt, spüren wir meist intensive, schwer kontrollierbare Gefühle, die sich blitzartig in unserem ganzen Körper ausbreiten, wenn unser *inneres Kind* aktiviert wird. Wir bekommen starke körperliche Empfindungen und intensive, dominierende, meist irrationale Gedanken. Ein weiteres Indiz für ein aktiviertes *inneres Kind* ist, dass wir uns plötzlich auf eine Art und Weise verhalten, die wir eigentlich gar nicht gut finden. Oft ist es ein typisches Verhalten, das wir aus unserer Kindheit kennen. Wir fühlen uns plötzlich wie ausgewechselt und im wahrsten Sinne des Wortes verhalten wir uns kindisch. Das Verhalten wird zudem in den meisten Fällen später bereut. Wir schämen oder ärgern uns über uns selbst und können auch nicht richtig nachvollziehen, was „in uns gefahren" ist. Besonders, da dieses Verhalten für uns jetzt, wo wir erwachsen sind, negative Konsequenzen nach sich zieht, uns im Wege steht und dadurch schädlich für uns ist.

Information für die Landkarte deines inneren Kindes:

Trage nun als erstes Situationen in deine Landkarte ein, in denen du spürst, dass dein inneres Kind aktiv wird und du in ein Verhalten kommst, das dich wie fremdgesteuert fühlen lässt (deine Triggersituationen). Im zweiten Schritt kannst du anschließend einen weiteren Baustein deiner Landkarte hinzufügen und die von den Triggern ausgelösten Gefühle eintragen. Dieses Mal erweiterst du also deine Landkarte um gleich zwei neue Felder: Triggersituationen und die Emotionen, die in deinem inneren Kind durch sie ausgelöst werden.

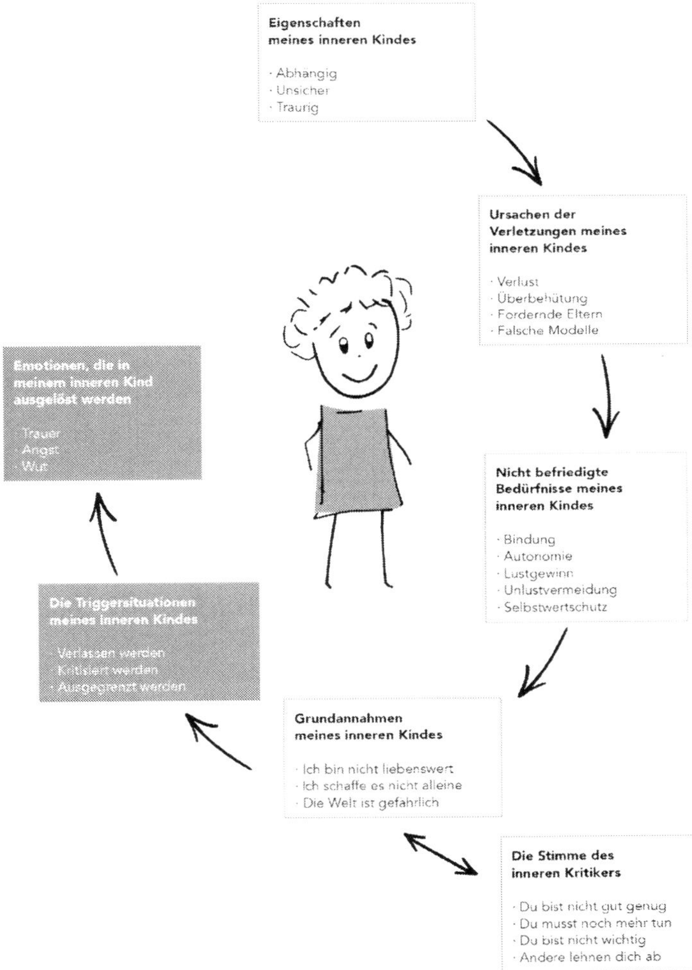
Eigenschaften meines inneren Kindes
· Abhängig
· Unsicher
· Traurig
Ursachen der Verletzungen meines inneren Kindes
· Verlust
· Überbehütung
· Fordernde Eltern
· Falsche Modelle
Nicht befriedigte Bedürfnisse meines inneren Kindes
· Bindung
· Autonomie
· Lustgewinn
· Unlustvermeidung
· Selbstwertschutz
Grundannahmen meines inneren Kindes
· Ich bin nicht liebenswert
· Ich schaffe es nicht alleine
· Die Welt ist gefährlich
Die Stimme des inneren Kritikers
· Du bist nicht gut genug
· Du musst noch mehr tun
· Du bist nicht wichtig
· Andere lehnen dich ab
Die Triggersituationen meines inneren Kindes
· Verlassen werden
· Kritisiert werden
· Ausgegrenzt werden
Emotionen, die in meinem inneren Kind ausgelöst werden
· Trauer
· Angst
· Wut

Die Schutzstrategien deines inneren Kindes

Im Folgenden sprechen wir über die Schutzstrategien des *inneren Kindes* und wie diese sich in unserem heutigen Erwachsenenleben auswirken.

Wie bereits erwähnt gibt es Personen, die in ihrer Kindheit unter sehr kritischen und fordernden Eltern gelitten haben. Andere Menschen wurden von ihren Eltern eher vernachlässigt und wieder andere machten die Erfahrung, so sehr eingeengt und überbehütet zu werden, dass für sie eine selbstständige und selbstsichere Persönlichkeitsentwicklung fast unmöglich war.
All diese unterschiedlichen Erfahrungen mit den Bezugspersonen prägen die Entwicklung des *inneren Kindes,* denn in all diesen Fällen wurde mindestens ein Grundbedürfnis des Kindes verletzt.

Was passiert nun also mit einem Kind, dessen Grundbedürfnisse nicht erfüllt werden, weil es in einer Umgebung aufwächst, die schmerzhaft, gefährlich oder einengend ist?

Zunächst einmal entwickelt es, wie bereits beschrieben, über die Befriedigung seiner Bedürfnisse Grundannahmen über sich selbst und seine Außenwelt. Diese Grundannahmen werden dann mit einem bestimmten Verhalten gekoppelt, das einen bestmöglichen Schutz oder eine bestmögliche Erhöhung der Grundbedürfnisse für das Kind gewährleistet. Dieses Verhalten nennen wir »Bewältigungsverhalten« oder auch »Schutzstrategien«.

Schutzstrategien sind also Strategien, die sich das Kind aneignet, um sich vor Verletzungen, Kränkungen und Gefahren aus seiner Umgebung zu schützen. Diese Strategien entstehen automatisch und unbewusst aus dem Überlebensmechanismus heraus und helfen dem Kind, seine Grundbedürfnisse so gut es geht zu wahren und auch für die Zukunft sicherzustellen.
Welche Strategien das Kind genau entwickelt, hängt von seinem Temperament, der jeweiligen Umgebung und der Gefahr oder der Bedrohung ab, in der es sich befindet.

Wir können grob zwischen drei Schutzstrategien unterscheiden:

1. Unterwerfung
2. Vermeidung
3. Überkompensation

Unterwerfung

Bei der Schutzstrategie Unterwerfung verhält sich das Kind genau so, wie seine Umwelt es von ihm verlangt. Es hält eigene Bedürfnisse und Gefühle zurück, da es wiederholt die Erfahrung gemacht hat, dass auf die Äußerung seiner Bedürfnisse mit Ablehnung, Kritik oder Beschämung reagiert wurde. Um seine Grundbedürfnisse nach beispielsweise Bindung und Selbstwert zu schützen, passt es sich also vollkommen den Wünschen der Außenwelt an und sorgt in erster Linie dafür, von seiner Umwelt nicht abgelehnt oder kritisiert zu werden.

Einige Kinder wurden auch von ihren Eltern bewusst dahingehend erzogen, immer brav und gehorsam zu sein, für Harmonie zu sorgen und Streitigkeiten zu vermeiden. Hier wurde das gezeigte Verhalten dann unmittelbar mit Aufmerksamkeit, Lob und Zuneigung belohnt: *„Du bist aber ein braves Kind!“*. Dies wiederum führte zur Befriedigung der Grundbedürfnisse.

Personen, die ein unterwürfiges *inneres Kind* in sich tragen, kümmern sich also in erster Linie um die Bedürfnisse ihrer Mitmenschen und weniger um die eigenen. Sie lassen zu, dass ihre Mitmenschen nicht immer gut mit ihnen umgehen und handeln aufgrund von Forderungen, Erwartungen oder Wünschen anderer. Sie verhalten sich in privaten, sexuellen oder anderen sozialen Beziehungen ähnlich wie ihr Gegenüber und spüren dabei meist ganz genau, dass sie das eigentlich nicht wollen und dass es sie nicht glücklich macht. Viele Personen, die diese Schutzstrategie anwenden, machen sich zudem regelrecht abhängig von anderen.

Unterwürfige Menschen verhalten sich meist nach folgenden Mustern:

- Sie holen sich häufig Ratschläge oder Bestätigungen von ihrer Umgebung, bevor sie alltägliche Entscheidungen treffen.
- Sie sind bei der Organisation wichtiger Lebensbereiche wie zum Beispiel Geldangelegenheiten, Kindererziehung etc. von anderen Personen abhängig.
- Es fällt ihnen schwer, ihrem Gegenüber zu widersprechen.
- Es fällt ihnen schwer, an Aufgaben zu arbeiten oder sie zu Ende zu bringen, wenn ihnen keiner dabei hilft.

- Sie übernehmen oft freiwillig unangenehme Aufgaben, um die Zuwendung ihrer Mitmenschen aufrechtzuerhalten.
- Sie fühlen sich im Allgemeinen unwohl, wenn sie alleine sind.
- Wenn eine enge Beziehung endet, brauchen sie schnell einen neuen Menschen, auf den sie sich verlassen können.
- Sie grübeln viel und haben Angst davor, alleine gelassen zu werden und niemanden zu haben, der sich um sie kümmert.

Meine Patientin Anja eignete sich als Kind die Schutzstrategie Unterwerfung an, da sie sich so vor ihrem dominanten Vater am besten schützen konnte. Anja hat durch ihren Vater die traurige Erfahrung gemacht, dass ihre Bedürfnisse und ihre Gefühle abgelehnt, missachtet und sogar belächelt wurden. Durch ihre Mutter hat sie erfahren, dass sie keinen Schutz bekommt und auf sich alleine gestellt ist. Um weiteren Schmerz als Kind zu vermeiden hat Anja also gelernt, ihre Bedürfnisse und Gefühle zu unterdrücken und sich den „Launen“ ihres Vaters anzupassen. Die Kränkungen, Verletzungen und Ängste aus Anjas Kindheit sitzen so tief, dass Anjas *inneres Kind* die Erfahrung mit ihren Eltern auf alle anderen Menschen übertragen hat. Anja berichtete, dass sie heute immer noch mehr auf die Bedürfnisse und Gefühle anderer achte als auf ihre eigenen. Sie versuche immer noch, es allen „recht zu machen“ und berichtete, dass sie es selbst bei fremden Personen nicht schaffe, Grenzen zu ziehen oder „Nein“ zu sagen. Auch könne sie nur schwer ihre Bedürfnisse und ihre Gefühle äußern, selbst bei ihren Freunden. Dies war auch der Grund, warum es ihr so schwer fiel sich aus einer für sie selbst schädlichen Beziehung zu lösen.

Wir sehen also in dem Beispiel von Anja, dass - obwohl es sich schon lange nicht mehr um ihren aggressiven Vater oder um ihre vernachlässigende Mutter handelt - ihr *inneres Kind* immer noch die alten Bewältigungsstrategien der Unterwerfung in sich trägt und Anja sich deshalb entsprechend verhält. Und dieses „alte Verhalten" hindert Anja daran im Hier und Jetzt ein glückliches und erfülltes Leben für sich aufzubauen.

Vermeidung

Wenn sich unser *inneres Kind* durch Vermeidung schützen wollte, dann hat es gelernt, schwierigen oder unangenehmen Dingen aus dem Weg zu gehen und sich ihnen nicht zu stellen. Das können im Außen beispielsweise Leistungsanforderungen, Konflikte oder bestimmte Personen sein. Aber auch im Innen können negative Gefühle oder unangenehme Gedanken durch bestimmten Strategien, wie z. B. Bagatellisieren oder Grübeln vermieden werden.

Wenn wir als Erwachsener diese Schutzstrategie anwenden, dann gehen wir auch heute noch unangenehmen Aufgaben, Situationen oder Menschen aus dem Weg. Wir stellen uns ihnen nicht „wie Erwachsene", sondern vermeiden sie. Wir erscheinen nicht zu

wichtigen Terminen, sagen Besprechungen lieber ab oder öffnen wichtige Briefe nicht.
Unangenehme Erinnerungen, Gedanken und Gefühle können wir in unserem Inneren mit der Hilfe von Fernsehen, YouTube, Handy, Internet, Computerspielen, Shopping, exzessiven Sport oder dem Hausputz vermeiden. Wir lenken uns also von unserer Innenwelt durch die Außenwelt ab.
Solch übermäßiger Konsum von Medien und Ablenkung sind klassische Vermeidungsstrategien. Dazu zählt aber auch der Konsum von Drogen, Alkohol, Pornos, Beruhigungsmitteln oder Essen. Eben alles, was das bewusste oder unbewusste Erleben von Schmerzen fernhält.

Doch wir besitzen auch in unserer Innenwelt ein sehr mächtiges internes Hilfsmittel, mit dem wir unangenehme Emotionen weniger stark empfinden können. Die Rede ist hier von unserem Verstand und bestimmten kognitiven Prozessen wie Analysieren, Bagatellisieren, Rationalisieren oder Grübeln, welche nachweislich das Empfinden unangenehmer Emotionen reduzieren können. Und wenn unser *inneres Kind* erst einmal entdeckt hat, dass es mit Hilfe dieser gedanklichen Strategien seine Gefühle vermeiden und seinen Schmerz verdrängen kann, dann wird es diese Taktik auch anwenden. Das Problem dabei ist aber, dass dieses Vorgehen zwar kurzfristige Entlastung bringt, denn wer gerade denkt, der fühlt nicht. Langfristig wird dies jedoch dazu führen, dass unser *inneres Kind* anfängt sich in der Welt der Gedanken vor der Welt seiner Emotionen zu verstecken.

Viele PatientInnen kamen zu mir in die Therapie, obwohl sie sich schon lange mit dem Thema Psychologie und ihren spezifischen Problemen befassten. Einige hatten schon mehrere Jahre unterschiedliche Therapien hinter sich, um so ihr eigenes, für sie schädliches Verhalten zu verstehen und zu bekämpfen. Dadurch entwickelten sie zwar rational ein wirklich ausgereiftes Verständnis für ihre Gefühle und auch ein logisches System für das daraus resultierende Verhalten, aber durchbrechen konnten sie es deshalb immer noch nicht. Je mehr sie sich mit dem Thema kognitiv befassten, desto mehr entfernten sie sich sogar von der emotionalen Ebene ihres Problems. Also von der entscheidenden Ebene, auf der die wahre Problemlösung nur stattfinden konnte. Sie wussten zwar, dass sie ihr Problem nicht ignorieren konnten, vermieden aber den emotionalen Umgang damit. Vielmehr brachte die Schutzstrategie ihres *inneren Kindes* sie dazu, mittels Intellekt und Analyse, ewig um das Problem herum zu denken und weiterhin in alten Verhaltensmustern zu verharren. Dadurch mussten sie immer wieder Rückschläge darin, in ihrem Vorhaben endlich etwas zu ändern, erfahren, was auf Dauer zu Resignation führte.

Das Beispiel so zahlreicher PatientInnen zeigt uns, dass uns das einfache Anwenden einer Vermeidungsstrategie daran hindern kann, wirkliche Fortschritte zu machen. Und das, obwohl wir uns mit unseren Themen offensichtlich beschäftigen. Dies kann für Betroffene besonders ermüdend sein, da sie „so viel tun“ um endlich glücklich zu werden, und ihr Ziel trotzdem nicht erreichen. Denn wir dürfen nicht vergessen: Wendet unser *inneres Kind* eine Schutzstrategie an, so bemerken wir das in den meisten Fällen nicht bewusst und können auch nicht verstehen, warum sich keine Änderung einstellen will.

Überkompensation

Im Vergleich zu den anderen Schutzstrategien ist die Überkompensation gar nicht so einfach zu bestimmen. Das liegt daran, dass Personen sich bei dieser Form der Strategie meist sehr gut und sicher fühlen. Sie leiden im Alltag nicht direkt unter ihrem Verhalten, im Gegenteil. Sie spüren eher zu einem späteren Zeitpunkt die negativen Folgen ihres Verhaltens und bringen diese dann nicht zwangsläufig mit der früheren Situation in Verbindung.

Diese Schutzstrategie ist vor allem dadurch charakterisiert, sich gegenteilig zu seiner eigentlichen Empfindung zu verhalten. So kann eine Person, die in ihrem Verhalten gerade sehr laut und überheblich wirkt, in ihrem Inneren eigentlich eine starke Unsicherheit verspüren. Oder eine Person, die sich womöglich aggressiv und abwertend gegenüber anderen verhält, lebt eigentlich selbst in der ständigen Angst, abgelehnt und abgewertet zu werden. Auch Personen, die nach außen hin sehr ordentlich, strukturiert und vielleicht sogar perfektionistisch wirken, können im Inneren ein großes Chaos verspüren.

Überkompensation hat also viele Gesichter. Deshalb hier noch einige Beispiele zur Verdeutlichung:

Narzisstische Überheblichkeit

Innere Kinder, die in der Vergangenheit oft kritisiert oder abgelehnt wurden, entwickeln eine überkompensatorische Schutzstrategie, in der sie sich großartig darstellen, sich selbst auf- und andere abwerten. Dabei überschätzen sie oft ihre eigenen Fähigkeiten und übertreiben ihre Erfolge. *Innere Kinder* mit narzisstischer Überheblichkeit streben nach ständiger Bewunderung, da ihr Selbstwertgefühl von der positiven Wertschätzung anderer abhängt. Auf Versagen oder Kritik reagieren sie sehr empfindlich und können mit starker Wut oder Verachtung gegenüber anderen reagieren. Sie benehmen sich so, als seien sie klüger, weiser, erfolgreicher und im Allgemeinen besser als andere Menschen. So ein Verhalten kann von der Umwelt einerseits als anziehend, attraktiv oder inspirierend empfunden werden, andererseits auch als arrogant und respektlos.

Aufmerksamkeitssuchendes Verhalten

Mit der Suche nach Aufmerksamkeit ist gemeint, dass das *innere Kind* durch permanentes in Szene setzen seine Bedürfnisse nach Selbstwerterhöhung, Anerkennung, Wertschätzung und letztendlich nach Bindung befriedigen möchte. Personen, die ein aufmerksamkeitssuchendes *inneres Kind* in sich tragen, drücken Emotionen oft übertrieben und dramatisch aus. Sie drängen sich in den Mittelpunkt, müssen bei allem dabei sein und wirken dadurch sehr laut, forsch und auf andere distanzlos. Außerdem kleiden sie sich oft unangemessen, verführerisch oder provokant und wollen andere mit ihrem Aussehen beeindrucken. Solche Personen können es dann nur schwer ertragen keine Aufmerksamkeit zu bekommen, da ihr *inneres Kind* dann sofort das Gefühl der Wertlosigkeit empfindet.

Zwanghafte Kontrolle

Manche *inneren Kinder*, die sehr unsicher sind, wollen ihre Unsicherheit bekämpfen, indem sie versuchen ihre Außenwelt zu kontrollieren. Um dieses Gefühl der Kontrolle zu erhalten, fokussieren sie sich auf Regeln, Zeitpläne und Vorschriften und verlieren sich dabei oft in Details. Sie planen alles im Voraus und wollen auch keine Änderungen berücksichtigen. Aufgrund ihres Kontrollbedürfnisses fällt es ihnen schwer Dinge abzugeben, zu delegieren oder um Hilfe zu bitten, wodurch sie oft in Zeitdruck geraten. Auf Freunde und Bekannte kann ihre Strukturiertheit und ihr Ordnungsdrang oft frustrierend wirken, da diese den hohen Ansprüchen der Person selten gerecht werden können. Der Mittelpunkt ihres Lebens ist vor allem ihre Arbeit. Dabei werden Erholungsphasen, Freizeitaktivitäten oder intime Beziehungen meist vernachlässigt.

Paranoide Kontrolle

Wenn *innere Kinder* sehr misstrauisch anderen Menschen gegenüber sind und das grundlegende Gefühl haben, dass die Welt ein gefährlicher Ort für sie sei, spricht man von einer paranoiden Wahrnehmung. Diese Personen vermuten hinter fast allen Handlungen ihrer Mitmenschen böse Absichten und sind stets auf Angriffe vorbereitet. Ihre Unsicherheit bewältigen sie, indem sie die anderen Menschen kontrollieren, ihnen Vorwürfe machen, sie testen und ihnen grundsätzlich nicht glauben. Diese *inneren Kinder* tragen Grundannahmen in sich, wie:

- *„Alle Menschen sind böse."*
- *„Die Welt ist ein gefährlicher Ort."*
- *„Anderen Menschen sollte man besser nicht trauen."*

Aggressivität

Überkompensation kann sich auch in aggressivem Verhalten wie durch den gezielten Einsatz von körperlicher Gewalt oder verbaler Einschüchterung zeigen. Betroffene Personen tragen oft viel Wut in sich und zeigen ihre Missachtung gegenüber anderen und auch gegenüber dem Staat oder dem Gesetz, indem sie Eigentum zerstören, andere belästigen oder bestehlen. Um ihre Ziele zu erreichen neigen sie dazu zu täuschen, andere Menschen auszunutzen, zu betrügen oder zu manipulieren. Es mangelt ihnen oft an Empathie für andere und Reue für das, was sie tun. Diese Schutzstrategie wird vor allem von *inneren Kindern* angewendet, die selbst in ihrer Kindheit Gewalterfahrungen gemacht haben und in einer gefährlichen, unsicheren und aggressiven Umgebung aufgewachsen sind.

Lügen und Manipulation

Manche Kinder haben gelernt, durch Lügen, Betrügen und gezielte Manipulation ihrer Umgebung ihre Grundbedürfnisse zu befriedigen. Das bloße Mitteilen ihrer Probleme und Bedürfnisse hat in ihrer Außenwelt keine befriedigende Reaktion auslösen können.

Oft sind diese Kinder in vernachlässigenden Verhältnissen aufgewachsen, in denen Manipulation die einzige Möglichkeit der Einflussnahme war. Manchmal gab es für das Kind aber auch falsche Modelle im direkten Umfeld, die betrügerisches und manipulatives Verhalten vorgelebt und sogar gefördert haben.

Wie wir sehen können gibt es eine große Anzahl an verschiedenen Strategien, die unser *inneres Kind* damals, passend zu seiner Außenwelt, für sich erschaffen haben kann. Ich bin immer wieder fasziniert von der Vielfalt und der Passgenauigkeit der Strategien. Denn jede einzelne ist in sich eine perfekte Fusion aus den individuellen Möglichkeiten des Kindes, seinem Temperament und den Gegebenheiten seiner Außenwelt.
Man muss sich einmal vorstellen, wie lange wohl ein Kind seine Außenwelt, seine Eltern und Bezugspersonen studiert haben muss; wie viele Verhaltensweisen es wohl vorher ausprobieren musste, um dann für sich die perfekte Strategie kreieren zu können, mit der es die maximale Befriedigung seiner Bedürfnisse gewährleistete. Das grenzt meiner Meinung nach an ein Wunder.

Dabei ist jede Strategie in sich perfekt und nicht übertragbar: Würde ein Kind mit Schutzstrategie A in eine andere Familie B gesteckt werden, würde diese Schutzstrategie nicht mehr den optimalen Nutzen für das Kind bringen können. Jede Strategie ist deshalb so individuell wie das Kind selbst.

Information für die Landkarte deines inneren Kindes:

Als letzten Punkt trage nun die Schutzstrategien deines inneren Kindes ein. Wie schon gesagt ist es nicht ganz leicht, diese zu identifizieren. Also versuche einmal, aus deiner Position herauszutreten und dein übliches Verhalten von außen zu beobachten. Was könnte eine Schutzstrategie sein, die dich vor einem emotionalen Schmerz schützt?

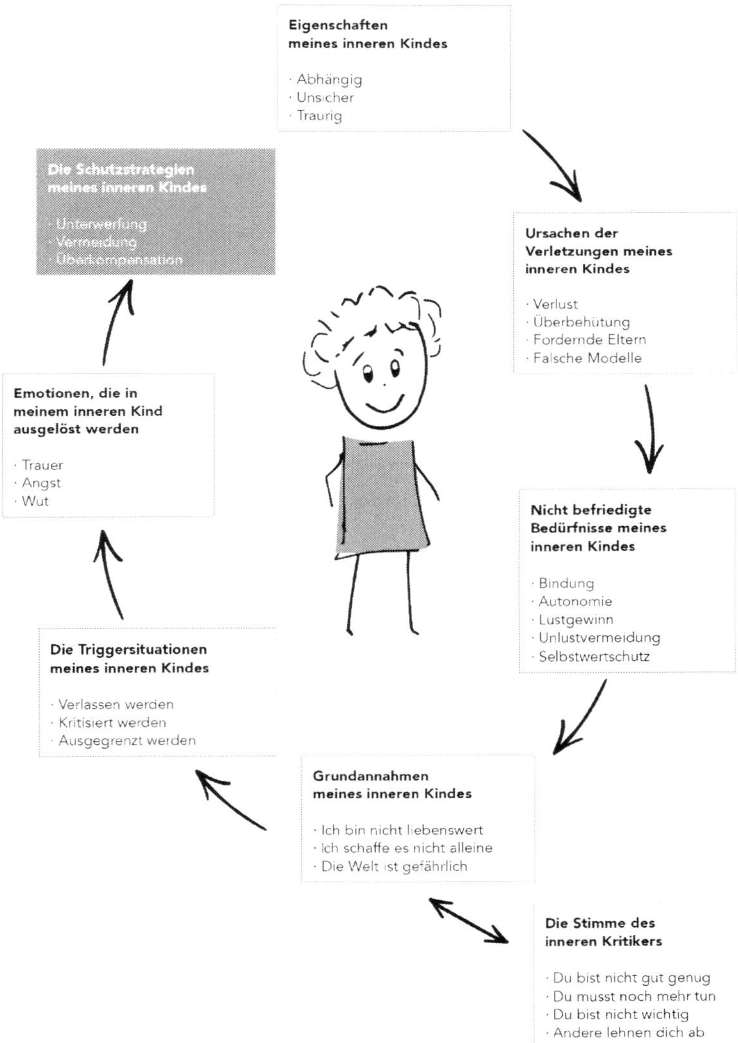
Eigenschaften meines inneren Kindes
· Abhängig
· Unsicher
· Traurig
Ursachen der Verletzungen meines inneren Kindes
· Verlust
· Überbehütung
· Fordernde Eltern
· Falsche Modelle
Nicht befriedigte Bedürfnisse meines inneren Kindes
· Bindung
· Autonomie
· Lustgewinn
· Unlustvermeidung
· Selbstwertschutz
Grundannahmen meines inneren Kindes
· Ich bin nicht liebenswert
· Ich schaffe es nicht alleine
· Die Welt ist gefährlich
Die Stimme des inneren Kritikers
· Du bist nicht gut genug
· Du musst noch mehr tun
· Du bist nicht wichtig
· Andere lehnen dich ab
Die Triggersituationen meines inneren Kindes
· Verlassen werden
· Kritisiert werden
· Ausgegrenzt werden
Emotionen, die in meinem inneren Kind ausgelöst werden
· Trauer
· Angst
· Wut
Die Schutzstrategien meines inneren Kindes
· Unterwerfung
· Vermeidung
· Überkompensation

Was ist das Problem an Schutzstrategien?

Vorab gesagt: Die Schutzstrategien an und für sich stellen kein Problem dar!
Schutzstrategien waren in der Kindheit absolut wichtig und für manche Kinder sogar überlebensnotwendig!

Sie haben uns geholfen, mit Schmerzen und Verletzungen umzugehen und uns dabei unterstützt, weiteren Gefahren und Kränkungen vorzubeugen. Sie haben dafür gesorgt, dass wir unsere Grundbedürfnisse schützen und damit unser Überleben sicherstellen konnten. Sie waren zur damaligen Zeit, unter den damaligen Bedingungen und bezogen auf die damalige Außenwelt, in der wir lebten, perfekt.

Mittlerweile hat sich jedoch so einiges in unserem Leben geändert: Wir sind erwachsen geworden, führen ein eigenständiges Leben, sind älter, reifer und weiser. Wir sind keine hilflosen, abhängigen Kinder mehr. Wir sterben nicht mehr, wenn unsere Eltern uns verlassen. Die Gesellschaft hat uns mit dem Älterwerden Türen geöffnet, die uns in der Kindheit noch verschlossen waren, und wir haben Fertigkeiten entwickelt, die uns ganz andere Optionen der Bedürfnisbefriedigung ermöglichen.

Wir leben heute also in einem anderen Leben, mit anderen Menschen, an anderen Orten und unter anderen Bedingungen. Wir haben mittlerweile ganz andere Handlungsmöglichkeiten und sind damit theoretisch auch dazu in der Lage, unsere Grundbedürfnisse auf den unterschiedlichsten Wegen zu befriedigen und sie bei Konflikten mit neuen Bewältigungsstrategien zu schützen. Theoretisch.

Praktisch sieht die Sache in bestimmten Situationen jedoch anders aus. Denn unser *inneres Kind* ist Kind geblieben und nicht mit uns erwachsen geworden. Es hängt in gewisser Hinsicht emotional noch in der Vergangenheit fest, während wir uns mit unserem Verstand weiterentwickelt haben. Seine prägendste Entwicklung erfolgte in unseren ersten Lebensjahren bis hin zu unserem Jugendalter. Hier fand quasi die entscheidende „Programmierung" unseres *inneren Kindes* statt und je älter wir wurden, desto länger brauchte unser *inneres Kind*, um sich emotional mit unseren neuen Erfahrungen „upzudaten".

Wir rennen im Leben mit unserem Kopf voraus und unser inneres Kind hinkt mit seinem Herzen hinterher.

Unser *inneres Kind* trägt also immer noch die alten Grundannahmen, Glaubenssätze und Schutzstrategien in sich und tut sich sehr schwer damit, diese „loszulassen" um stattdessen neue Erfahrungen, Glaubenssätze und Bewältigungsstrategien in sein System zu integrieren. Bei wenig intensiven oder recht ungefährlichen Situationen sind wir als Erwachsene ja auch prima dazu in der Lage, neue Verhaltensweisen auszuprobieren, über uns „hinauszuwachsen", uns neue Kompetenzen anzueignen und unsere Komfortzone zu verlassen. Dann gibt es aber wiederum Situationen, quasi die Triggersituationen unseres *inneren Kindes*, in denen dieses Anwenden von neuen Verhaltensweisen gar nicht gut funktioniert und wir der Emotionsflut und den Schutzstrategien unseres *inneren Kindes* machtlos ausgeliefert sind. Die Konsequenzen tragen dann natürlich wir als Erwachsene.

Das eigentliche Problem ist also, dass das, was uns früher in der Kindheit geholfen hat, uns heute als Erwachsene oft viel mehr im Weg steht.

Die Frage ist jetzt also: Wie erlösen wir uns, beziehungsweise unser *inneres Kind,* von den alten Emotionen und folglich von den alten Schutzstrategien? Wie bringen wir unserem *inneren Kind* bei, dass wir mittlerweile unter anderen Umständen leben, uns andere Möglichkeiten zur Verfügung stehen und wir die alten Bewältigungsstrategien so nicht mehr brauchen? Wie erklären wir unserem *inneren Kind,* dass die Grundannahmen und die Glaubenssätze lediglich die Erfahrungen unserer Kindheit widerspiegeln und nichts mehr mit unserem Leben im Hier und Jetzt zu tun haben?

Das ist tatsächlich gar nicht so einfach, denn so eine Prägung in unserem *inneren Kind* sitzt tief und ist mit starken Emotionen verbunden. Zudem neigt unser *inneres Kind* dazu sich immer wieder in Situationen zu begeben, die denen in der Kindheit ähnlich sind. Dies führt dazu, dass immer mehr „Beweise“ für seine Grundannahmen gesammelt und die alten Schutzstrategien klar gerechtfertigt werden.

Ein Teufelskreis!

Entscheidend für eine tiefe und lang anhaltende Veränderung der Prägungen unseres *inneren Kindes* ist deshalb die Arbeit auf emotionaler Ebene. Und das mit viel Liebe und Geduld. Denn auf der Kopfebene, also alleine durch „nachdenken und verstehen", verändern wir noch lange nichts in unserem emotionalen System. Das ist übrigens die Strategie, die viele Menschen am häufigsten anwenden: Sie versuchen durch „verstehen" ihr emotionales Problem lösen. So funktioniert das aber leider nicht.

Sein Problem zu verstehen kann ein erster Schritt in die richtige Richtung sein. Wenn wir aber an unseren Emotionen etwas ändern wollen müssen wir letztendlich auch durch unseren Emotionen gehen, denn

durch den Verstand ändert sich im Herzen nichts.

Veränderung im Unterbewusstsein, also auf der Ebene unseres *inneren Kindes*, braucht vor allem neues Erleben, neues Spüren und neue Erfahrungen. Erst durch das sinnliche Erleben bilden sich im Gehirn neue neuronale Nervenbahnen, die zu einer langfristigen Veränderung in unserem Inneren führen. Schließlich haben ja auch ganz viele und intensive Erfahrungen in unserer Kindheit unser *inneres Kind* geprägt und deshalb braucht es eben auch ganz viele neue und intensive Erfahrungen im Hier und Jetzt, um diese Prägung zu modifizieren.

Wir müssen uns das so vorstellen: Unser *inneres Kind* wird geprägt durch Gefühle, und Gefühle wiederum werden durch innere und äußere Erfahrungen ausgelöst. Möchten wir also, dass unser *inneres Kind* neue Gefühle in sich trägt, müssen wir ihm neue Erfahrungen schenken - und davon ganz schön viele. Wenn wir also in unserer Vergangenheit viele schmerzhafte und verletzende Erfahrungen gemacht haben, dann trägt unser *inneres Kind* heute wahrscheinlich noch viele Gefühle von Kränkung, Angst und Traurigkeit in sich. Wenn wir jetzt möchten, dass unser *inneres Kind* Gefühle von Liebe, Vertrauen und Freude empfindet, müssen wir anfangen ihm Erfahrungen zu schenken, die genau diese Gefühle in ihm auslösen. Denn wenn unser *inneres Kind* im Leben immer wieder die gleichen Erfahrungen macht und immer wieder mit den gleichen Gefühlen und dem gleichen Schmerz konfrontiert wird, dann ist es auch nur nachvollziehbar, dass es an seinen Grundannahmen festhält. Schließlich bestätigen sich diese ja immer wieder. Wenn wir wollen, dass unser *inneres Kind* diese Grundannahmen loslässt, sich für neue Welten und ein neues Leben öffnet, dann müssen wir ihm genau diese neuen Welten zeigen.

Im Klartext heißt das: Unser *inneres Kind* braucht eine neue Außenwelt, neue Stimmen, die zu ihm sprechen, und neue Gefühle, die es erfahren darf. Wir müssen unserem *inneren Kind* jetzt genau die Fürsorge, die Wärme und das Vertrauen schenken, die es braucht, um zu heilen. Und das alles mit viel Liebe und Geduld. Denn Liebe und Geduld wirken wie ein Pflaster auf den Wunden der Seele unseres *inneren Kindes*. Und genau dieses Pflaster braucht unser verletztes *inneres Kind* jetzt.

Dazu ein Beispiel aus dem Tierreich:

> Stell dir vor, du holst einen jungen Hund aus dem Tierheim zu dir nach Hause, der von seinem Vorbesitzer zuvor jahrelang geschlagen und misshandelt wurde. Der Hund wird aufgrund seiner Vergangenheit völlig verängstigt und traumatisiert sein. Er wird wahrscheinlich Menschen generell nicht mehr trauen und sich womöglich in der ersten Zeit bei dir Zuhause in der Ecke verstecken. Er wird die schmerzhaften Erfahrungen, die er mit seinem Vorbesitzer gemacht hat, nun auch auf andere Menschen übertragen. Schließlich möchte auch sein kleiner *innerer Welpe* sich vor weiteren Verletzungen schützen. Wenn du nun möchtest, dass dein neuer Hund dir vertraut und anfängt, sich bei dir wohl zu fühlen, dann bedarf es ganz viel Zeit und Geduld. Heilung findet nämlich nicht über Nacht statt. Dein Hund braucht nun viele neue positive und korrigierende Erfahrungen in Bezug auf Menschen! Er braucht nicht noch ein Herrchen oder Frauchen, das ihn klein macht, ihn verletzt oder ihn gefährdet, ihm noch mehr Druck und Leid zufügt. Das, was er jetzt braucht, ist eine sichere Umgebung, in der er sich wohlfühlen kann. Eine, in der er angenommen und geliebt wird, mit vielen Streicheleinheiten und Belohnungen, vielen Leckerlis und einem liebevollen Herrchen oder Frauchen, dem er vertrauen kann.

Adoptiere dein inneres Kind

Stell dir vor, wir übertragen jetzt das Beispiel mit dem Hündchen auf unser *inneres Kind.* Stell dir vor, wir adoptieren es. Wir adoptieren unser *inneres Kind.* Wir holen es da ab, wo es gerade steht, und nehmen es zu uns. Ab heute. Für immer. Und egal, was es alles in seiner Vergangenheit zuvor erfahren hat, welche schmerzhaften Erfahrungen es erleben musste und/oder wie die Außenwelt zu ihm war, ab heute wird alles anders. Ab heute ist unser *inneres Kind* in unserer bewussten Obhut. Es ist nun bei uns und braucht keine Angst mehr zu haben. Wir blicken mit Mitgefühl auf seine Vergangenheit und verstehen seine Wunden. Wir sehen seine Ängstlichkeit und erkennen seine Bedürfnisse. Wir lassen ihm Zeit, uns zu vertrauen und überschütten es währenddessen mit Liebe, Wertschätzung und bedingungsloser Annahme. Denn wir sind nicht mehr „die Anderen", wir sind wir. Wir sprechen zu ihm nicht mehr kritisierend und fordernd, sondern annehmend und verständnisvoll. Wir verhalten uns nicht mehr verletzend oder strafend, sondern liebevoll und mitfühlend. Wir schenken unserem *inneren Kind* ab heute eine Umgebung, in der es heilen darf.

Was ändert sich mit der Adoption?

Sobald wir unser *inneres Kind* in unsere Obhut nehmen, übernehmen wir Verantwortung. Verantwortung für unser körperliches und emotionales Wohlbefinden. Wir müssen lernen, uns von nun an selbst - angemessen und konsequent - um die Gefühle und Bedürfnisse unseres *inneren Kindes* zu kümmern. Unabhängig davon, wie unsere Eltern waren und wie sie sich um unsere Bedürfnisse in der Kindheit gekümmert haben. Wir können nicht sagen: Früher hat sich die Außenwelt schlecht um uns gekümmert, also tun wir dies heute auch mit uns.

Wir müssen verstehen, dass unser *inneres Kind* immer noch auf eine aktive Befriedigung seiner Grundbedürfnisse angewiesen ist. Daran hat sich nichts geändert! Nur, weil wir erwachsen geworden sind und unser Erscheinungsbild sich geändert hat, bedeutet das noch lange nicht, dass unsere Grundbedürfnisse weggefallen sind. Sie sind immer noch da und ihre Befriedigung ist immer noch die Voraussetzung für mentales Wohlbefinden und psychische Gesundheit. Das Einzige, was sich geändert hat ist, dass für die Befriedigung der Grundbedürfnisse unseres *inneren Kindes* nicht mehr unsere Eltern oder andere Menschen aus der Außenwelt verantwortlich sind, sondern einzig und alleine wir selbst!

Wir selbst sind nun die Außenwelt unseres inneren Kindes.

Wir sind heute das, was früher unsere Eltern für uns waren. Wir sind heute die Versorger und Erziehungsberechtigten unseres *inneren Kindes*. Wir haben nun die Sorgepflicht und tragen die Verantwortung. Wir müssen uns ab jetzt um die Bedürfnisse unseres *inneren Kindes* kümmern. Es macht kein anderer mehr für uns. Kein anderer ist jetzt mehr verantwortlich für die Gefühle und Bedürfnisse, die wir in uns tragen! Kein anderer ist für unser Glück und unser Wohlergehen zuständig. Weder unsere Eltern, noch unser Partner. Früher Ja, heute Nein. Ob wir wollen oder nicht. Und falls wir das noch nicht gut können, also falls uns das „Versorgen unseres *inneren Kindes*“ noch schwerfällt, dann müssen wir es nachträglich lernen. Das ist wichtig! Wir müssen Schritt für Schritt lernen, uns um die Gefühle und Bedürfnisse unseres *inneren Kindes* angemessen zu kümmern.

Und wie genau du es schaffst, dich angemessen um deine Innenwelt und um deine Bedürfnisse zu kümmern, deine Emotionen zu regulieren und dein mentales Wohlergehen sicherzustellen, erkläre ich dir im zweiten Teil des Buches.

Teil 2:

Tritt in Kontakt mit deinem inneren Kind

In Kontakt mit seinem *inneren Kind* zu treten bedeutet, in Kontakt mit seinen wahren Gefühlen und Bedürfnissen zu treten. Und dieser Kontakt kann für viele erst einmal irritierend, erschreckend oder sogar schmerzhaft sein. Ich kann mich noch gut an einige PatientInnen erinnern, die zu Beginn völlig überfordert mit dem Kontakt und dem Spüren ihrer wahren Gefühle und Bedürfnisse waren. Es kamen Wünsche, Träume und Sehnsüchte ans Licht, die lange Zeit im Verborgenen lagen und unterdrückt wurden. Aber ich kann dir sagen, es gibt gleichzeitig auch nichts Schöneres und Befreienderes, als sich selbst näher zu kommen. Es fühlt sich wie ein „Nach-Hause-Kommen" an, wie ein „Bei-sich-Ankommen". Und genau das ist unser Ziel im zweiten Teil des Buches.

Im ersten Teil half dir die *Landkarte deines inneren Kindes* dabei, das Überlebenssystem deines *inneren Kindes* besser zu verstehen. Du konntest dich durch sie in deiner Innenwelt orientieren, konntest Zusammenhänge zwischen dem Innen und Außen herstellen und ein Verständnis für dich - besser gesagt für die Welt deines *inneren Kindes* - entwickeln. Nun ist es an der Zeit, mit Hilfe dieser Landkarte den alten Weg zu verlassen und einen neuen Weg in deinem Leben zu beschreiten. Einen Weg ohne die Schutzstrategien deines *inneren Kindes.* Einen Weg ohne Vermeidung, Verdrängung und ohne Kampf. Einen Weg, der dich zurück zu dir nach Hause und zu deinem *inneren Kind* bringt. Es wird Zeit, den alten Verhaltensweisen, die dir so oft im Weg standen, den Rücken zu kehren und in eine Richtung zu blicken, in der du endlich deine wirklichen Ziele im Leben anvisieren kannst.

Um einen neuen Weg im Leben einzuschlagen, müssen wir uns jedoch erst einmal eingestehen, dass der alte Weg, so wie wir ihn bisher gegangen sind, uns unseren wahren Zielen nicht näher bringt. Wir müssen uns eingestehen, dass all die Strategien und Bewältigungsmechanismen unseres *inneren Kindes*, die uns früher halfen unser Leid zu lindern, unseren Schmerz zu bewältigen und unsere Bedürfnisse zu befriedigen, heute nicht mehr zielführend sind. Im Gegenteil, sie stehen uns vielmehr im Weg. Das ist wichtig! Denn erst die Erkenntnis, dass der alte Weg eine Sackgasse ist, lässt uns gewillt sein, ihn zu verlassen und einen neuen Weg einzuschlagen. Einem Weg, der - so unbekannt er auch sein mag - unser Leben und das unseres *inneren Kindes* für immer verändern kann. Und genau das schauen wir uns im nächsten Kapitel an: Einen neuen Weg - Einen neuen Pfad. Du darfst dich darauf freuen.

Ein neuer Pfad

Du kannst es dir so vorstellen: Wenn wir im Leben immer wieder auf die gleiche Art und Weise fühlen, denken und handeln, dann entstehen in unserem Gehirn sogenannte Nervenbahnen die, regelmäßig verwendet, irgendwann zu einem festen Nervenstrang werden. Wir können uns Nervenbahnen wie Trampelpfade in einem Wald vorstellen. Je häufiger wir einen bestimmten Trampelpfad betreten, desto mehr „stampfen" wir ihn ein, wodurch er nach und nach immer breiter und für uns angenehmer zu betreten wird. Irgendwann gewöhnen wir uns an diesen breiten, bequemen Pfad. Er wird uns immer vertrauter und wir können ihn bald blind überqueren, sodass wir ihn beim Betreten des Waldes ganz automatisch wählen. Er wird zu unserem „Hauptpfad". Verhängnisvoll wird es nur, wenn wir irgendwann ein neues Ziel vor Augen haben und dafür eine neue Richtung im Wald einschlagen müssen. Wir haben uns dann so sehr an den alten, breiten Pfad gewöhnt, dass es uns Angst macht einen neuen, unerschlossenen Weg zu gehen. Einen, den wir noch nicht kennen, den wir noch nicht geebnet haben und der uns somit noch nicht vertraut ist.

Aber es führt kein Weg daran vorbei: Um unser neues Ziel zu erreichen, müssen wir uns früher oder später dazu entschließen, den alten, gewohnten Weg zu verlassen und einen neuen Trampelpfad im Wald zu betreten. Und natürlich wird das erst einmal ungemütlich, aufwendig und anstrengend sein, denn der neue Weg ist noch bedeckt mit Laub, liegengebliebenen Ästen und Baumstämmen. Es wird eine Weile dauern, bis wir alle Hindernisse weggeräumt und einen neuen Pfad freigelegt haben. Aber die Mühe wird sich lohnen. Denn nach einer gewissen Zeit der Anstrengung und Umgewöhnung wird der neue Pfad immer klarer vor unseren Augen erscheinen. Die Zuversicht und das Vertrauen in die eigenen Fähigkeiten werden wachsen und ein bisher noch nicht erlebtes Gefühl von Stärke, Stolz und Wirksamkeit wird sich in uns manifestieren.

Freude wird sich ausbreiten. Freude darüber, dass wir diesen neuen Weg eigenständig erschaffen haben.

Die Optimierung dieses Pfades wird ab dann zu einem (Lebens-) Projekt werden und die Erschaffung des neuen Weges - im wahrsten Sinne des Wortes - zum Ziel. Das Tolle daran ist, dass ganz nebenbei der alte Pfad zuwachsen wird. Je seltener wir ihn benutzen, desto mehr wird der Wald ihn wieder in Beschlag nehmen. Pflanzen und Bäume werden den Raum wieder für sich beanspruchen und ihre Triebe in ihm ausbreiten. Der alte Pfad wird allmählich wieder eins mit dem Wald. Das Betreten wird zwar immer noch möglich sein, aber es wird sich irgendwann einfach nicht mehr gut anfühlen.

Um genau das zu erreichen, müssen wir nun den alten Pfad verlassen, unser Ziel anvisieren und den ersten Schritt auf den neuen, uns noch unbekannten Weg setzen. Diesen neuen Weg müssen wir ab heute immer wieder betreten, immer weiter frei machen, Stück für Stück ebnen und ihn immer mehr zu unserem „Hauptpfad" machen.

In unserem Fall bedeutet „einen neuen Weg zu gehen" künftig auf Triggersituationen des *inneren Kindes* anders zu reagieren als vorher. Auf dessen Gefühle in einer neuen Art und Weise einzugehen und zu lernen, die Bedürfnisse unseres *inneren Kindes* zu befriedigen, ohne dabei die eigenen, erwachsenen Bedürfnisse zu vernachlässigen. Den neuen Pfad zu gehen bedeutet aber auch, Verantwortung für sich und das Wohlergehen des *inneren Kindes* zu übernehmen, aktiv zu werden, sich einzusetzen und aufkommende Hindernisse und Herausforderungen in Kauf zu nehmen. Es bedeutet, Einsatz zu zeigen und nicht mehr gegen den Schmerz, gegen das Leid und gegen sich selbst zu kämpfen, sondern für seine Ziele, für seine Träume und für sein Leben einzustehen.

Wie sieht dieser neue Pfad konkret aus?

Damit du dich auf dem neuen Pfad gemeinsam mit deinem *inneren Kind* sicher orientieren kannst, habe ich dir im zweiten Teil des Buches einen Wegweiser erstellt. Er wird dir schrittweise dabei helfen, einen neuen Umgang mit deinem *inneren Kind* zu erlernen, eine tiefe Beziehung zu ihm aufzubauen und es letztendlich von seinen Schutzstrategien zu befreien. Auf der folgenden Grafik siehst du übersichtlich sechs aufeinanderfolgende Schritte, die dich ab heute sicher durch die Triggersituationen deines *inneren Kindes* navigieren werden.

Jeder einzelne Schritt wird von mir ausführlich und mit diversen Übungen vorgestellt, sodass du herausfinden kannst, welche Methoden für dich persönlich am hilfreichsten sind. Ich empfehle dir alle Übungen erst einmal auszuprobieren, die Schritte so oft es geht zu üben und daran zu denken, dass so ein neuer Trampelpfad nicht über Nacht entsteht. Es braucht seine Zeit, bis sich der neue Weg in dir verinnerlicht hat und die einzelnen Schritte für dich verständlich und problemlos umzusetzen sind. Sei auch gewarnt: Du wirst, vor allem am Anfang, immer wieder aus Gewohnheit dazu tendieren, den alten vertrauten Pfad zu nehmen und auf dieselbe Art und Weise auf die Triggersituationen deines *inneren Kindes* zu reagieren, wie sonst auch. Das ist absolut normal. Denn schließlich bist du diesen Weg über Jahre gegangen. Und die alten Schutzstrategien haben sich in der Vergangenheit auch viel zu oft bewährt, als dass dein *inneres Kind* sie jetzt einfach so loslassen würde. Aber gib nicht auf und lass den Kopf nicht hängen! Egal, wie oft du aus Angst oder Gewohnheit den alten Pfad wählen wirst und egal, wie oft du auf dem neuen Pfad über Hindernisse stolpern wirst - wichtig ist nur, nicht liegen zu bleiben, sondern aufzustehen und weiter zu machen! Fokussiere dich immer wieder auf dein Ziel und mache dir immer wieder bewusst, für wen und für was du den neuen Weg in deinem Leben gehen möchtest. Halte dir deine Vision stets vor Augen. Wenn du das machst, wenn du nicht aufgibst, sondern immer wieder den neuen Pfad wählst und ihn kontinuierlich beschreitest, dann wirst du schon bald Fortschritte bemerken. Die Übungen werden immer leichter, der neue Weg nach und nach klarer und du immer stärker. Du wirst merken, wie sich der Kontakt zwischen dir und deinem *inneren Kind* stetig verbessert. Du wirst merken, wie dein *inneres Kind* dir immer mehr vertraut und dadurch immer weniger nach seinen Schutzstrategien verlangt. Vielleicht wird sich bei der einen oder anderen Übung auch dein Verstand melden und dir so etwas sagen wie: „*Das ist doch doof, das brauch ich nicht.*“ oder: „*Das kann ich schon, ich lasse das mal aus.*“ oder auch: „*Ach, das funktioniert bei mir eh nicht!*“. Falls du das von ihm hörst, dann gebe ich dir einen guten Tipp: Mache diese Übung erst recht! Denn dein Verstand wird versuchen dich auszutricksen. Er wird versuchen dich daran zu hindern den neuen Pfad zu gehen und letztendlich deine persönliche Weiterentwicklung sabotieren. Du musst wissen: Unser Verstand ist sehr konservativ und mag nicht alle Veränderungen, aber dazu später mehr. Zunächst ist es nur wichtig, dass du dein Herz dem neuen Weg gegenüber öffnest, dich von mir an die Hand nehmen lässt und mit mir Schritt für Schritt deinen neuen Pfad gehst.

Ich wünsche dir jetzt ganz viel Spaß im zweiten Teil des Buches und eine gute Reise mit und zu deinem *inneren Kind.*

Schritt 1: Beruhige deinen Körper

Stell dir deine Innenwelt einmal bildlich wie ein Gewässer vor – wie einen wilden Fluss oder ein unruhiges Meer bei Nacht. Das tosende Wasser spült dich von einem Ufer ans andere. Es schleudert dich herum, es zieht dich, du siehst kein Land mehr und bist haltlos. Im Strudel des Meeres gefangen suchst du nach Orientierung, die dir jetzt nur noch die Sterne bieten können. Doch du siehst sie nicht, du weißt nicht mehr, wo oben und unten ist. Du fühlst dich vollkommen verloren.

Stell dir jetzt vor deinem geistigen Auge vor, wie sich der Sturm nach und nach legt und das Wasser sich immer mehr beruhigt. Du hörst nicht mehr die lauten Wellen, sondern mehr und mehr die Stille der Nacht und den sanften Wind, wie er langsam das Wasser glättet.
Dein Körper kommt immer mehr zur Ruhe und du in deine Kraft, sodass du schon bald fähig sein wirst, im nächtlichen Himmel die Sterne zu sehen.

Das Bild des Sturmes bei Nacht können wir symbolisch für eine Triggersituation unseres *inneren Kindes* nehmen. Dabei stehen die Sterne für die Gefühle und Bedürfnisse unseres *inneren Kindes* und das wilde Meer für unseren aktivierten, aufgeregten Körper. Die Sterne würden uns zwar Orientierung schenken, aber inmitten eines wilden Gewässers ist es fast unmöglich, sie zu erkennen. Und genauso verhält es sich mit unserem Körper und unserem *inneren Kind* auch. In einer Triggersituation müssen wir Zugang zu unserem *inneren Kind* bekommen, aber solange unser Körper unter intensiver Anspannung und hohem Stress steht, ist es uns fast unmöglich, eine Verbindung zu ihm herzustellen.

Aber warum reagiert unser Körper eigentlich so intensiv? Was passiert während einer Triggersituation mit uns?

Wie im ersten Teil des Buches beschrieben, fühlt sich unser *inneres*

Kind erneut bedroht, wenn es in Situationen gerät, die früheren verletzenden Situationen ähnlich sind. Es fühlt sich förmlich in die Kindheit zurückgeworfen und empfindet dieselben schmerzhaften, kränkenden oder ängstlichen Gefühle wie damals. Es interpretiert die aktuelle Situation als Bedrohung, alarmiert das gesamte innere System und möchte schnellstmöglich seine Schutzstrategien anwenden. Schließlich sind die Schutzstrategien seine (alten) Methoden, mit deren Hilfe es bis jetzt die aufkommende Emotionsflut erfolgreich regulieren konnte. Für uns als Erwachsene entsteht durch diese „Alarmierung" eine intensive körperliche Stressreaktion.

Zu der Stressreaktion gehört:

1. Erhöhung der Atemfrequenz, um mehr Sauerstoff in unsere Muskeln zu befördern
2. Anspannung der Muskeln, um besser fliehen oder kämpfen zu können
3. Erhöhung der Herzfrequenz, um eine bessere Durchblutung für die benötigten Muskeln zu gewährleisten

Durch diese körperliche Reaktion stellt uns unser Organismus Energie zur Verfügung, die uns dabei helfen soll, die gefährliche Situation bestmöglichst zu bewältigen und die Bedrohung schnellstmöglich abzuwehren. Dies ist prinzipiell auch super und die bereitgestellte Energie absolut notwendig, jedoch nur, wenn auch wirklich reale Gefahr vorherrscht. Also wenn wir wirklich bedroht werden, unser Leben in Gefahr ist oder wir unsere aktuellen Bedürfnisse im Hier und Jetzt schützen müssen. Bei einer Triggersituation handelt es sich allerdings vielmehr um eine „Fehlinterpretation" unseres *inneren Kindes*, da die Situation für uns nicht mehr in dem Maße gefährlich ist, wie sie es früher einmal war. Die körperliche Reaktion ist somit meist übertrieben und die Schutzstrategie gar nicht mehr notwendig, um die aktuelle Situation zu bewältigen. Das weiß unser *inneres Kind* aber (noch) nicht und schlägt quasi „Fehlalarm".

Um diese Fehlreaktion zu begradigen und wieder Zugang zu unserem *inneren Kind* zu bekommen, müssen wir uns erst einmal um die entstandene körperliche Stressreaktion kümmern und dafür sorgen, dass unser Körper sich auf genau diesen drei Ebenen wieder beruhigt:

1. Atmung
2. Muskelanspannung
3. Herzschlag

Denn je höher unsere Anspannung im Körper ist, desto schwerer fällt es uns, klare Gedanken zu fassen und kluge Handlungsentscheidungen zu treffen. Wir tendieren dann dazu, unüberlegt und meist direkt mit den Schutzstrategien unseres *inneren Kindes* zu reagieren, was wir in den allermeisten Fällen im Nachhinein bereuen.

Verschaffe dir Zeit

Unser erstes Ziel muss es also sein, uns Zeit zu verschaffen, um den Körper zu beruhigen, die Anspannung zu lösen und wieder einen

„klaren Verstand" zu bekommen. Dazu können wir uns eine imaginäre Anspannungsskala vorstellen, die von 0 bis 10 reicht. 0 steht dabei für „Ich bin völlig ruhig und entspannt" und 10 für „Meine emotionale Anspannung ist so stark, dass ich nicht mehr klar denken kann". Wir können sagen, dass ab einem Anspannungsgrad von 5 bis 6 unser *inneres Kind* bereits mit seinen Schutzstrategien in unser Bewusstsein vorrückt und wir ab einem Wert von 7 so gut wie keinen Einfluss mehr auf unser rationales Denken haben. Wir müssen unser Anspannungslevel also erst wieder auf einen Wert von unter 7 bringen, um wieder HerrIn der Lage, beziehungsweise unseres Verstandes, zu werden.

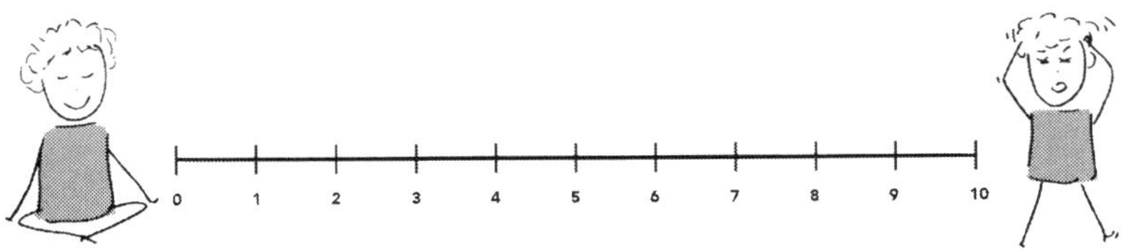

Wenn du also das nächste Mal bemerkst, dass du in eine Triggersituation deines *inneren Kindes* geraten bist, deine Anspannung stetig steigt und die Emotionen in dir so stark werden, dass du Gefahr läufst, die Kontrolle über dein Verhalten zu verlieren, dann versuche als erstes die Situation zu verlassen und deinen Körper mit einer der gleich vorgestellten Entspannungstechniken zu beruhigen. Verlasse dazu wenn möglich den Raum, geh nach draußen, auf eine Toilette oder eine Runde um den Block spazieren. Entschuldige dich bei deinem Gegenüber und teile ihm mit, dass du einen kurzen Moment für dich brauchst und gleich wieder zurückkommen wirst. Vertrau mir, auch wenn es vielleicht am Anfang ungewohnt erscheint, eine Situationen abrupt zu verlassen. Es ist so dennoch allemal besser, als auf eine Art und Weise zu reagieren, die du später vielleicht bereust. Am besten wäre es, wenn du dir zwischen dem Auslöser und deiner Reaktion, je nach Intensität der Anspannung, einen Zeitabstand von mindesten 10-30 Minuten einräumst. Stell sicher, dass dein emotionales System ausreichend „abgekühlt" und dein Anspannungslevel auf unter 7 gefallen ist, bevor du dich der Situation wieder stellst.

Im Folgenden findest du nun Übungen, mit denen du deinen Körper innerhalb kürzester Zeit entspannen kannst. Probiere am besten alle mal aus und schaue, welche Übung dir am meisten zusagt und welche deinen Körper am besten entspannt. Das Tolle an den Übungen ist: Sie wirken, ob wir nun daran glauben oder nicht. Die Schwierigkeit besteht jedoch darin, sich in Triggersituationen auch wirklich daran zu erinnern, sie anzuwenden. Übe deshalb am besten bereits vor den eigentlichen Triggersituationen und mache die Entspannungsübungen zu einem festen Bestandteil deines Lebens. Wir müssen nicht erst auf Triggersituation warten, um einen ruhigen, gelassenen Körper zu haben. Im Gegenteil: Je mehr wir die Übungen in unseren Alltag integrieren, desto entspannter werden unser Körper und unser Geist insgesamt werden. Und je entspannter unser Körper und unser Geist sind, desto ruhiger werden wir auch in den eigentlichen Triggersituationen reagieren.

Die Atementspannung

Bei der Atementspannung wird der Körper durch bewusstes Ein- und Ausatmen in einen Entspannungszustand versetzt.

Warum ist die Atementspannung so wertvoll?
Die meisten Vorgänge in unserem Körper können nicht willentlich von uns gesteuert werden. So wird auch die Atmung im unbewussten Zustand durch unser sogenanntes sympathisches Nervensystem ganz automatisch reguliert. Dieses System ist für die Aktivierung aller Prozesse in unserem Körper verantwortlich. Empfinden wir nun starke Emotionen oder Stress sorgt das sympathische Nervensystem dafür, dass unsere körperlichen Funktionen aktiviert werden und unser Organismus in Reaktionsbereitschaft gebracht wird. Dafür wird auch unsere Atemfrequenz hochgefahren. Das Tolle daran ist, dass wir diesem Mechanismus entgegenwirken können, nämlich durch bewusstes Atmen.

Sobald wir anfangen, bewusst zu atmen, aktivieren wir automatisch den Gegenspieler des sympathischen Nervensystems, den sogenannten Parasympathikus. Dieser ist für die Entspannungsprozesse in unserem Körper zuständig. Die Aktivierung unseres parasympathischen Systems signalisiert unserem Organismus, dass alles „okay“ ist und dass er die Aktivität wieder runterfahren und sich entspannen kann. Bewusstes, langsames Atmen aktiviert also unser „Entspannungssystem" und genau dies machen wir uns im Folgenden zunutze.

Anleitung für die Bauchatmung (1-3 Minuten)

- Setze dich aufrecht hin und stelle deine Füße parallel auf den Boden. Lege deine Hände locker in deinen Schoß oder wenn du magst auf deinen Bauch.
- Schließe nun sanft deine Augen.
- Atme zunächst zweimal bewusst tief durch die Nase ein und langsam durch den Mund wieder aus.
- Versuche anschließend - ohne Anstrengung - bewusst in den Bauch zu atmen und dabei zu spüren, wie sich deine Bauchdecke beim Einatmen sanft nach oben hebt und beim Ausatmen wieder senkt.
- Behalte die Bauchatmung noch für einige Atemzüge bei. Lass mit jedem Ausatmen die Schultern etwas tiefer sinken.

Anleitung für die 4-7-8 Atmung (1-3 Minuten)

- Schließe deine Augen und atme zunächst die restliche Luft aus deiner Lunge aus. Komme mit dem Ausatmen im Hier und Jetzt an.
- Atme nun durch die Nase ein und zähle dabei innerlich bis 4.
- Halte im zweiten Schritt die Luft an und zähle dabei langsam bis 7.
- Atme im dritten Schritt durch den Mund wieder aus und zähle dabei bis 8.
- Wiederhole die 4-7-8 Atmung für 1-3 Minuten.

Wichtig bei dieser Atemübung ist, dass das Luftanhalten ebenso wie das Ausatmen doppelt so lange dauert wie das Einatmen. Diese Faktoren sorgen dafür, dass die Sauerstoffaufnahme im Blut erhöht wird und der Sauerstoff zusätzlich länger durch unseren Körper zirkulieren kann. Gleichzeitig wird die Erregung im sympathischen Nervensystem verringert und unser Parasympathikus aktiviert. Unser Puls und unser Herzschlag werden ruhiger und wir schütten Neurotransmitter - sogenannte Acetylcholine aus - die uns zusätzlich dabei helfen, den Körper zu beruhigen.

Anleitung für die Ein 2, Aus 2-4-6-8-10 Methode (ca. 1 Minute)

- Einatmen bis 2
- Ausatmen bis 2
- Einatmen bis 2
- Ausatmen bis 4
- Einatmen bis 2
- Ausatmen bis 6
- Einatmen bis 2
- Ausatmen bis 8
- Einatmen bis 2
- Ausatmen bis 10

Bei dieser Variante der Atemübung bleiben wir mit unserer Einatmung konstant und erhöhen die Ausatmung mit jeder Runde langsam um 2 Zählzeiten.

Versuche im Alltag immer wieder bewusst „Atempausen“ einzulegen und die Atemübungen als feste Routine in dein Leben zu integrieren. Zum Beispiel während der Mittagspause, im Zug oder im Bus, auf dem Weg zur Arbeit oder wenn du einfach nur auf etwas wartest: In der Werbepause, vor einer roten Ampel oder vor der Mikrowelle. Du kannst die Atemübungen immer und überall machen und musst dich dazu weder hinlegen noch die Augen schließen. Entscheidend ist, dass du immer wieder vom unbewussten ins bewusste Atmen kommst. Und vertrau mir, so einfach diese Übungen auch erscheinen mögen, so wirksam sind sie.

Die Muskelentspannung

Eine weitere, sehr effiziente Methode, die uns dabei hilft, unseren Körper zu beruhigen, ist die progressive Muskelentspannung. Die meisten Menschen sind nicht nur während einer Triggersituation, sondern auch durch chronischen und andauernden Stress im Alltag buchstäblich „angespannt". Dabei bemerken sie nicht einmal, dass sie aufgrund des erhöhten Erregungsgrades sowohl im Nacken und den Schultern, als auch in den Beinen schon völlig verspannt sind, bis sie irgendwann an den betroffenen Stellen Schmerzen empfinden.

Körperliche Anspannung ist meist das Resultat von mentaler Anspannung und chronischem Stress. Die progressive Muskelentspannung ist eine sehr effiziente Technik, um genau diese unbewusste Anspannung der Muskeln wieder zu lösen und einen schnellen

Entspannungszustand einzuleiten. Eine lange Übungsversion der progressiven Muskelentspannung besteht darin, jede Muskelgruppe in systematischer Reihenfolge nacheinander anzuspannen und wieder zu entspannen. Die ganze Übung dauert ca. 10-15 Minuten und kann bis zu 50 Minuten ausgedehnt werden. Die lange Version empfehle ich aus tiefstem Herzen all denjenigen, die wirklich unter Daueranspannung, ständiger Angst oder chronischem Stress leiden. Hier in diesem Buch möchte ich lediglich eine kurze, aber dennoch sehr effektive Form der Muskelentspannung vorstellen, die vor allem in Triggersituationen angewendet werden kann, wenn es „mal schnell gehen muss". Dabei werden alle Muskelpartien gleichzeitig und parallel zur Atemtechnik angespannt und wieder entspannt. Die Kombination dieser beiden Elemente hat den Vorteil, dass - wenn sie einmal beherrscht wird - wir zu jeder Zeit und an jedem Ort mit nur wenigen tiefen Atemzügen entspannen können.

Schnelle Muskelentspannungsübung

- Atme bewusst und ganz tief in deinen Bauch ein und spanne dabei alle Muskeln deines Körpers gleichzeitig an.
- Verweile, während du die Luft anhältst, in dieser Position und spanne dabei deine Muskeln noch mehr an, so fest wie du kannst. Zähle dabei bis 5 oder noch länger.
- Atme nun ganz langsam, am besten doppelt so lange wie beim Einatmen, aus und löse dabei sanft die angespannten Muskeln.

Wenn du diese Übung ein paar Mal gemacht hast, wird dein Organismus automatisch das bewusste Atmen mit dem Entspannen der Muskeln in Verbindung bringen, sodass die Entspannung durch die bewusste Atmung immer mehr vertieft werden kann. Zusätzlich kann im nächsten Schritt auch ohne die Anspannung der Muskulatur eine Entspannung eingeleitet werden. Dazu reicht es aus sich mental vorzustellen, wie alle Muskeln im Hier und Jetzt ihre Anspannung lösen. Die Erinnerungsfähigkeit unseres Organismus wird diesen Zustand dann ganz natürlich einleiten.

Nun haben wir Techniken kennengelernt, die uns dabei helfen, die ersten zwei Stressreaktionen unseres Körpers direkt zu regulieren. Diese sind:

1. Die Erhöhung der Atmung
2. Die Anspannung der Muskeln

Mit Hilfe des bewussten Atmens und der schnellen Muskelentspannung sind wir fähig, in kürzester Zeit das Anspannungsniveau unseres Körpers zu senken und uns im nächsten Schritt um die dritte Stressreaktion unseres Körpers kümmern zu können: Die Erhöhung unserer Herzfrequenz. Dabei nutzen wir die Gelegenheit, uns mit der folgenden Methode auch direkt mit unserem *inneren Kind* zu verbinden.

Die Herzkohärenz

Atme in das Herz deines inneren Kindes

Sobald sich unser Körper ein wenig beruhigt hat, ist es wichtig, im nächsten Schritt, unserem *inneren Kind* ein eindeutiges Zeichen zu geben, dass wir da sind und dass es nicht mehr alleine ist. Dadurch übernehmen wir die Verantwortung für den Moment und die Kontrolle über die Situation. Wir erlösen unser *inneres Kind* von seiner Panik, seiner Angst und folglich von seinen Schutzstrategien. Dieser Schritt ist wichtig, damit wir fähig sind, auf die Situation in einer Art und Weise zu reagieren, die für uns als Erwachsene angemessen ist. Wir müssen uns also mit unserem *inneren Kind* verbinden. Und diese Verbindung schaffen wir am schnellsten und effektivsten durch unser Herz, denn unser Herz ist unser direktes Verbindungselement zu unserem *inneren Kind.* Hier ist quasi der „Sitz" unseres *inneren Kindes.* Unser Herzschlag ist unser erstes Lebenszeichen, mit ihm signalisieren wir unserer Außenwelt: „Ich bin hier und ich lebe!". Er ist die Voraussetzung unserer Existenz und die erste und letzte Energie, die Leben und Tod unterscheidet. In unserem Herzen wird unser Sein geboren und ebenfalls wieder genommen. Wann immer du dich also mit deinem Kern, deinem wahren Sein, deinem *inneren Kind* verbinden möchtest, tue es über dein Herz.

Im nähsten Schritt werden wir also nun eine sogenannte Herzkohärenz mit unserem *inneren Kind* herstellen. Herzkohärenz bedeutet, dass wir mit unserem Bewusstsein unsere Herzratenvariabilität so steuern, dass unser Herz zu Ruhe kommt und wieder harmonisch, in gleichmäßigen Abständen schlagen kann. Dadurch beruhigt sich nicht nur unser gesamter Körper, sondern parallel dazu auch unser *inneres Kind.*

Anleitung für die Herzkohärenz

Schließe zum Üben deine Augen und lege am besten deine Hand auf dein Herz. Falls das nicht geht, weil du gerade bei der Arbeit oder im Supermarkt bist, dann konzentriere dich mit deiner ganzen Aufmerksamkeit auf deine Herzregion und komme dort erst einmal an. Spüre die Wärme und das Leben um dein Herz herum. Spüre, wie dein Herz für dich schlägt. Höre ihm einfach ein paar Herzschläge lang zu und bedanke dich bei ihm für das Leben, das es dir schenkt.

Stelle dir nun als nächstes dein *inneres Kind* bildlich vor. Stelle dir richtig vor, wie dein *inneres Kind* direkt vor dir steht. Vielleicht weinend, vielleicht wütend oder traurig, weil es gerade an eine schmerzhafte Situation aus der Kindheit erinnert wurde.
Lenke nun deine Aufmerksamkeit auf die Herzregion deines *inneren Kindes.* Stelle dir wirklich den Herzschlag deines *inneren Kindes* vor und beobachte es einfach nur für einen Moment.
Gehe nun mit deiner Aufmerksamkeit wieder zu deinem Herzen und beobachte auch hier wieder einfach nur.
Wechsle nun mit deiner Aufmerksamkeit zwischen euren beiden Herzen hin und her und versuche dabei, euren Herzschlag immer mehr zu synchronisieren, also in den gleichen Takt zu bringen.

Dadurch verbindest du dich immer mehr mit deinem *inneren Kind*. Es ist jetzt mit dir, deinem Herzschlag und deinem Atem verbunden.

Werde dir bewusst, dass eure Herzen gleich sind. Dein Herz ist auch das Herz deines inneren Kindes.

Fange nun an, bewusst und langsam in dein Herz zu atmen, und stelle dir dabei vor, wie die Luft, die du einatmest, durch dein Herz auch direkt in das Herz deines *inneren Kindes* strömt und dort jede

Zelle mit Sauerstoff versorgt. Du kannst nun durch deinen Atem den Herzschlag deines *inneren Kindes* regulieren und förmlich dabei zuschauen, wie es sich mit jedem einzelnen Atemzug von dir mehr und mehr entspannt. Atme solange ganz ruhig in das Herz deines *inneren Kindes* hinein, bis du das Gefühl hast, dass es sich beruhigt hat und dass es ihm besser geht. Du musst nichts sagen, nichts denken und nichts weiter tun als einfach nur da zu sein und durch dein Herz in das Herz deines *inneren Kindes* zu atmen.

Wenn du die Übung bis hierhin beherrschst, dann kannst du noch einen Schritt weiter gehen und deinem *inneren Kind* mit jedem Atemzug zusätzlich ein wenig Liebe und Sicherheit mitschicken und dir beim Ausatmen vorstellen, wie alles Negative, Unsichere und Ängstliche aus deinem *inneren Kind* heraus getragen wird. Wenn du möchtest kannst du dir auch vorstellen, wie ein warmes, helles Licht von deinem Herzen ausgeht und dein *inneres Kind* liebevoll umhüllt.

Auch bei dieser Übung gilt, dass sie am besten wirkt, wenn du sie regelmäßig anwendest und übst. Versuche deshalb, sie fest in deinen Alltag zu integrieren und immer wieder in kurzen Momenten bewusst durch dein Herz in das Herz deines *inneren Kindes* zu atmen. Je öfter du die Herzkohärenz - auch und gerade im Alltag - mit deinem *inneren Kind* herstellst, desto mehr wird dein *inneres Kind* dir vertrauen und sich schneller in Triggersituationen beruhigen lassen.

Schritt 2: Nimm die Empfindungen deines inneren Kindes wertungsfrei wahr

Wenn wir nun Kontakt zu unserem *inneren Kind* aufgebaut und es einigermaßen beruhigt haben, ist es an der Zeit, uns im nächsten Schritt den Empfindungen und Gefühlen unseres *inneren Kindes* mitfühlend zuzuwenden. Hierfür verwenden wir das Konzept des »wertungsfreien Wahrnehmens«. Beim wertungsfreien Wahrnehmen lenken wir unsere Aufmerksamkeit bewusst auf alle Gefühle und Empfindungen unseres *inneren Kindes,* ohne sie dabei zu bewerten. Wir spüren einfach nur und beobachten das, was in diesem Moment in uns passiert. Es geht noch nicht darum, Bedürfnisse zu befriedigen, Emotionen zu regulieren oder für sich passende Verhaltensweisen auszuwählen, sondern einfach darum, unserem *inneren Kind* zu vermitteln, dass wir da sind, dass es mit seinen Empfindungen nicht alleine ist und wir seine Gefühle ernst nehmen.

Zudem bringen wir unserem *inneren Kind* eine neue Haltung gegenüber innerem Erleben bei. Wir dienen als Modell und zeigen, dass es nicht nötig ist, gegen Empfindungen anzukämpfen, um sie regulieren zu können. Wir zeigen ihm, dass Gefühle nicht gefährlich sind und dass sie - wenn wir ihnen genügend Raum geben - nicht ewig in uns weilen. Und genau diese Erfahrung ist es, die unser *inneres Kind* letztendlich von seinen Schutzstrategien befreit. Die Erfahrung, dass einige Gefühle zwar unangenehm sind, uns aber gar nichts tun, und dass sie auch ohne die Anwendung seiner Schutzstrategien kommen und wieder gehen. Indem wir also ruhig bleiben und uns allen Empfindungen gegenüber öffnen und sie nicht vermeiden, sondern annehmen, lernt auch unser *inneres Kind,* ruhig zu bleiben und sich zu öffnen. Indem wir die Angst vor Gefühlen verlieren, verliert auch unser *inneres Kind* seine Angst vor ihnen.

Anleitung für das wertungsfreie Wahrnehmen

Zum wertungsfreien Wahrnehmen aller Empfindungen deines *inneren Kindes* ist es wichtig, erst einmal in Kontakt mit ihm zu treten. Schließe dazu gerne deine Augen und gehe mit ihm in einen großen imaginären Raum, in dem es mit dir alleine sein darf. Atme dort ein paar Mal durch dein Herz in das Herz deines *inneren Kindes* und stelle eine Herzkohärenz zu ihm her. Sobald eure Herzen synchron schlagen, empfängst du es mit den Worten: „*Alles, was du jetzt empfindest, darf da sein!*". Öffne dich für den Moment und sage bewusst „*Ja*" zu allen Emotionen, Gedanken, Wünschen und Handlungsimpulsen, die dein *inneres Kind* dir jetzt mitteilen möchte.
Fange dann an, jede Empfindung, jedes Gefühl und jeden Gedanken einfach nur so wahrzunehmen, wie sie dir von deinem *inneren Kind* gezeigt werden. Sobald du eine Empfindung wahrnimmst, gehst du wie folgt vor:

1. **Beobachte die Empfindung**
   Registriere mit einem liebevollen Blick jede Empfindung, die in dir aufkommt. Du musst nichts weiter tun als wahrzunehmen, was dein *inneres Kind* dir zeigen möchte. Lass deine Aufmerksamkeit, wie in einem Fluss, von Empfindung

zu Empfindung fließen und beobachte einfach nur, was passiert.

2. **Benenne die Empfindung**
   Fange nun an die Empfindungen, die du registrierst, zu benennen. Handelt es sich um ein Gefühl, einen Gedanken oder um einen Handlungsdrang? Sprich es für dich und dein *inneres Kind* aus: *„Da ist Angst.“*, *„Hier ist der Gedanke, nicht wichtig zu sein.“*, *„Hier ist der Wunsch, zu fliehen.”*, etc.

3. **Beschreibe die Empfindung**
   Wo genau fühlst du die Empfindungen in deinem Körper? In der Brust, in der Herzgegend oder vielleicht mehr in den Schultern? Welche Größe, welche Formen und welche Farbe haben sie? Sind sie eher dunkel und schwer oder vielmehr verstreut und leuchtend?

Beobachte für einige Momente die Empfindungen und schaue was passiert, wenn du ihnen lang genug Raum gibst. Ändert sich vielleicht ihre Intensität oder gar ihre Darstellungsform? Wird aus der Wut vielleicht Trauer oder aus der Eifersucht vielleicht Angst?

Ziel beim wertungsfreien Wahrnehmen ist es, nicht gegen die Empfindungen unseres *inneren Kindes* anzukämpfen. Wir wollen sie nicht unterdrücken, vermeiden oder loswerden. Das ist nicht nötig, denn Gefühle tun uns nichts. Im Gegenteil, sie sind immer auf unserer Seite. Kein Gefühl ist falsch oder verboten. Keine Empfindung ist gefährlich oder unangebracht. Jede hat ihre Berechtigung und ist wichtig für unser Leben. Wir geben ihnen also Zeit für ihr Erscheinen und Raum für ihre Veränderung.

Schritt 3: Akzeptiere die Empfindungen deines inneren Kindes

Im ersten Teil des Buches habe ich beschrieben, dass das Nicht-Validieren der Gefühle und Empfindungen von Kindern ein Risikofaktor für spätere Emotionsregulationsschwierigkeiten darstellen kann. Wenn wir also Kindern vermitteln, dass ihre Gefühle unangebracht, schlecht oder falsch sind, fühlt sich das Kind auch in seinem Empfinden und in seinem Wesen insgesamt „falsch". Es wird folglich anfangen gegen seine Gefühle „anzukämpfen", weil es glaubt, dass diese nicht richtig sind. Solch ein „Kampf gegen die Gefühle" ist jedoch mit Anstrengung und sehr viel Stress verbunden und führt dazu, dass das Kind nicht lernt seine Emotionen richtig zu regulieren und die dahinterliegenden Bedürfnisse angemessen zu befriedigen. Wenn wir hingegen die Empfindungen und Gefühle, die ein Kind uns mitteilt, annehmen und dem Kind vermitteln, dass seine Gefühle nachvollziehbar, verständlich und richtig sind, dann fühlt sich auch das Kind in seinem Empfinden „richtig" und in seinem Wesen angenommen. Wir vermitteln ihm damit:

> *„Unangenehme Gefühle wie Wut, Neid, Angst und Trauer gehören zum Leben dazu. Sie sind Teil des menschlichen Daseins und es ist völlig normal, dass du sie empfindest; das tun wir alle hin und wieder."*

Wenn wir den Gefühlen unseres *inneren Kindes* freundlich und akzeptierend begegnen, wenn wir auch die unangenehmen Empfindungen mit unserem *inneren Kind* gemeinsam annehmen, dann signalisieren wir ihm spürbar, dass Gefühle nicht gefährlich sind und dass das Vermeiden nicht nötig ist. Akzeptanz bedeutet im Übrigen nicht, unangenehmes Empfinden auszuhalten oder ertragen zu müssen. Es bedeutet vielmehr, sich allen Empfindungen und Gefühlen so wie sie sind zu öffnen und sie als Teil unseres Lebens zu sehen.

Anleitung für die Akzeptanz der Empfindungen

Sobald du in Verbindung mit deinem *inneren Kind* getreten bist, die Empfindungen und Gefühle deines *inneren Kindes* wahrgenommen, benannt und beschrieben hast, geht es nun im nächsten Schritt darum, die Gefühle deines *inneren Kindes* so wie sie sind anzunehmen. Das kann erst einmal ungewohnt sein, denn wir sind natürlich daran gewöhnt, unangenehmes Empfinden direkt loswerden oder verändern zu wollen. Aber genau das wollen wir hier nicht. Unser Ziel ist Akzeptanz statt Kampf und Annahme statt Flucht! Das Schöne dabei ist, dass auch hier gilt: Übung macht den Meister. Und je häufiger wir die Erfahrung machen, unangenehme Empfindungen ertragen zu können, umso leichter wird es uns beim nächsten Mal fallen. Geh dazu nach folgenden Punkten vor:

1. **Setze dir Akzeptanz als Ziel**
   „Egal wie schwer es mir fallen wird, die unangenehmen Gefühle und Empfindungen meines inneren Kindes *anzunehmen, so werde ich alles dafür geben, diese Fertigkeit zu lernen!"*

2. **Werde dir darüber bewusst, warum du das machst**
   „Ich möchte mein inneres Kind *und somit auch mich selbst von alten Verhaltensweisen, die mir so oft im Wege stehen, befreien. Ich möchte einen neuen Umgang mit Gefühlen erlernen und mich endlich frei von alten Mustern machen. Ich möchte mir meine Wünsche erfüllen und meine Ziele im Leben erreichen. Dazu muss ich neue Wege im Leben gehen."*

3. **Ändere deine Einstellung gegenüber Gefühlen**
   „Egal wie unangenehm sich manche Gefühle anfühlen, sie tun mir nichts. Sie sind nicht schädlich. Im Gegenteil, sie haben ihren Sinn: Sie möchten mir helfen, sie gehören zu mir und sie haben ein Recht darauf, da zu sein."

4. **Werde dir darüber bewusst, wie stark du bist**
   „Ich habe in meinem Leben schon so vieles erlebt, so viel Schmerz getragen und so viele unangenehme Gefühle überstanden. Ich habe jedes Mal bewiesen, dass ich viel stärker bin und viel mehr in meinem Leben aushalten und bewerkstelligen kann, als ich anfangs dachte. Und dieses Mal werde ich das auch schaffen."

5. **Werde dir darüber bewusst, dass Gefühle vergänglich sind**
   „Egal wie unangenehm ein Gefühl ist, und egal, wie stark die

Empfindung in dem Moment scheint, sie geht vorbei. Es ist noch nie ein Gefühl für immer da geblieben. Gefühle kommen und gehen. Je mehr ich sie einfach da sein lasse und je mehr ich ihnen Raum gebe, umso eher werden sie wieder gehen können."

Schritt 4: Kommuniziere liebevoll und unterstützend mit deinem inneren Kind

Die Stimmen, die wir als Kind in den ersten Jahren am häufigsten gehört haben, waren die unserer Außenwelt. Es waren unsere Eltern, Geschwister und nahestehende Personen, die mit ihrer Sprache unmittelbaren und ungefilterten Einfluss auf unsere kindliche Empfindungswelt hatten.

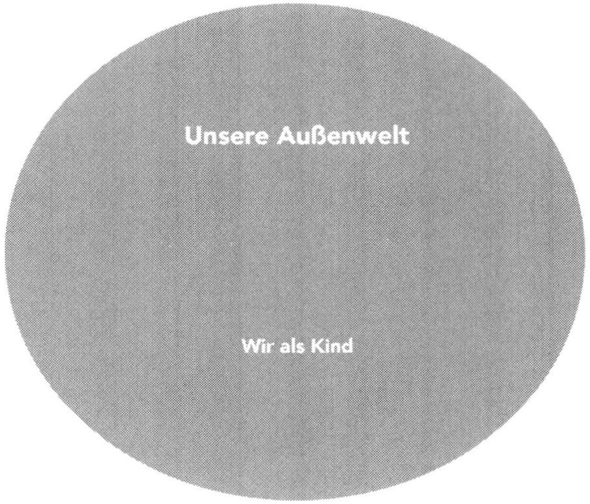

Da wir zur damaligen Zeit für einen bewussten inneren Monolog noch nicht über ausreichend kognitive Kompetenzen verfügten, konnte die Außenwelt durch ihre verbale und nonverbale Kommunikation unsere Gefühlswelt direkt steuern. Sie konnte uns mit ihren Worten trösten und aufmuntern, uns Hoffnung schenken und Mut machen. Sie konnte uns aber auch mit ihnen verletzen und kränken, uns verärgern oder traurig stimmen. Manche Worte sitzen in unserem *inneren Kind* sehr tief und sind immer noch mit starken Emotionen verbunden. Deshalb genügt oft schon ein bestimmtes Wort oder ein bestimmter Tonfall, um unser *inneres Kind* zu triggern und starke Gefühle auszulösen. Sprache hat also unsere gesamte Innenwelt langfristig geprägt und das tut sie immer noch. Jedoch sind es nicht mehr die Stimmen der Außenwelt, die unser *inneres Kind* heute am häufigsten hört, sondern es ist unsere eigene!

Wir haben über die Zeit eine „innere Stimme" entwickelt, die durchgehend mit unserem *inneren Kind* kommuniziert. Den ganzen Tag. Von morgens, wenn wir unsere Augen aufschlagen, bis wir am Abend einschlafen. Wir führen über den ganzen Tag hinweg einen inneren Monolog und somit einen direkten Dialog mit unserem *inneren Kind.* Unser *inneres Kind* hört uns genauso, wie es die Außenwelt hört, und die Wirkung auf das emotionale System ist dieselbe. Unser *inneres Kind* kann nicht unterscheiden, ob die Wörter und Sätze, die es „von oben" hört, von uns oder der Außenwelt stammen.

Du bist jetzt die Außenwelt deines inneren Kindes.

Wenn wir also in schwierigen Situationen anfangen, uns zu kritisieren, zu beschimpfen oder uns zu beschuldigen, dann setzen wir unser *inneres Kind* genauso unter Druck, als wenn eine fremde Person uns beschuldigen, kritisieren oder beschimpfen würde.

Wir sind nun die erste Stimme unseres *inneren Kindes.* Wir haben unser *inneres Kind* adoptiert, es zu uns genommen und haben ihm Obhut, Liebe und Fürsorge versprochen. Wir müssen in schwierigen Momenten für unser *inneres Kind* da sein, es beschützen, ihm einen sicheren Rahmen für seine Empfindungen geben und mit ihm genauso kommunizieren, wie wir es als Kind auch von unseren Eltern gebraucht hätten. Versetze dich dafür noch einmal in deine Kindheit und frage dich, was für eine Reaktion du dir damals von deinen Eltern gewünscht hättest, wenn du ängstlich, verletzt oder traurig zu ihnen gegangen bist. Hast du dir nicht auch gewünscht, dass sie dich in den Arm nehmen, dir sagen, dass alles gut wird, dir versichern, dass sie für dich da sind und du in Sicherheit bist? Durch so eine (liebevolle) Kommunikation geht unser Stressempfinden sofort zurück. Wir können uns beruhigen, unsere Anspannung lösen und uns langsam in den Armen unserer Eltern entspannen. Wenn sie uns hingegen bestraft, kritisiert oder beschuldigt haben, entwickelten wir in Momenten, in denen es uns sowieso schon nicht gut ging, nur noch zusätzlichen Stress und Druck sowie weitere belastende Gefühle wie Schuld und Scham.

Es ist also wichtig zu lernen, unterstützend und mitfühlend mit unserem *inneren Kind* zu sprechen und vor allem in schwierigen Situationen, in denen es aktiv, aufgewühlt und hilflos ist, für unser *inneres Kind* da zu sein. Wir müssen nun die liebevollen Eltern sein, die wir damals gebraucht hätten und die unser *inneres Kind* immer noch braucht.

Anleitung für eine liebevolle Kommunikation

Zunächst einmal ist es wichtig, unser *inneres Kind* in seiner Not zu erkennen und ihm genau in diesem Moment zur Seite zu stehen, ihm Anteilnahme und Mitgefühl zu schenken und ihm zu sagen: *„Ich bin bei dir"*. Sobald wir Mitgefühl mit unserem *inneren Kind* empfinden, sobald wir also wirklich genau das spüren, was unser *inneres Kind* spürt - und ich meine nicht „es zu verstehen", sondern wirklich „mit ihm zu fühlen" - erst dann werden wir in diesem Moment nachvollziehen können, was unser *inneres Kind* braucht. Um genau dieses Mitgefühl in uns aufsteigen zu lassen, können wir uns bildlich vorstellen, wie unser *inneres Kind* vor uns steht, sich uns zuwendet und wir einfach erstmal nur wahrnehmen, wie unser *inneres Kind* sich uns zeigt:

- Wie sieht sein Gesicht aus?
- Wie ist seine Körperhaltung?
- Weint es?
- Ist es zornig?
- Hat es vor irgendetwas Angst?
- Was steckt hinter diesem Gesichtsausdruck, was ist seine größte Befürchtung?

Mit dieser Art der Beobachtung können wir nun langsam das Gefühl von Anteilnahme und Mitgefühl in uns aufsteigen lassen. Sobald unser Herz mit den Empfindungen unseres *inneren Kindes* gefüllt ist, besteht der nächste Schritt darin, in eine verbale, nach innen gerichtete, wertschätzende Kommunikation zu gehen. Das heißt, du fängst an, zu dem Kind zu sprechen, das du im Geiste siehst - in einer unterstützenden und Mut machenden Art und Weise. Versetze dich dazu gerne in die Rolle einer liebevollen Mutter oder eines unterstützenden Vaters. Frage dich: *„Was hätte ich damals in so einer Situation für Worte gebraucht?"*. Ich empfehle hier auch wirklich, das *innere Kind* in der zweiten Person anzusprechen.

Um zu validieren:

„Es ist völlig in Ordnung und verständlich, dass Du so reagierst."

Um deine Anteilnahme zu zeigen:

„Ich spüre, dass dich die Situation gerade sehr verletzt hat, aber du bist nicht alleine damit, ich bin bei dir!"

Um dein *inneres Kind* zu ermutigen:

„Das kriegst du schon hin, da mache ich mir keine Sorgen. Du hast schon so vieles geschafft und ich bin die ganze Zeit bei dir!"

Du kannst je nach Bedarf dein *inneres Kind* auch in den Arm nehmen, seine Hände halten und es innerlich liebevoll anlächeln. Lege ihm zur Ermutigung deine Hand auf seine Schulter oder gebe ihm zum Schluss ein „High Five".

Auch wenn es am Anfang etwas ungewohnt sein mag, in der zweiten Person nach innen zu sprechen, so ist das eine der wichtigsten Schritte im Beziehungsaufbau zu deinem *inneren Kind.* Denke daran, dass dein *inneres Kind* nicht unterscheiden kann, ob es sich gerade um deine eigene Stimme oder um eine Stimme der Außenwelt handelt, die gerade zu ihm spricht. Sobald dein *inneres Kind* verstanden hat, dass es die Situation nicht mehr alleine bewerkstelligen muss, wird es seine Schutzstrategien nach und nach ablegen und die Verantwortung für die Problembewältigung dir überlassen können.

Schritt 5: Erkläre deinem inneren Kind seine Gefühle

Im nächsten Schritt geht es darum, deinem *inneren Kind* die Gefühle, die es empfindet, zu erklären und gemeinsam mit ihm die Situation zu analysieren.

Wenn eine Triggersituation unser *inneres Kind* aktiviert hat, dann steht unser *inneres Kind* und damit auch wir selbst erst einmal unter starkem Stress. Dieser Stress verhindert in dem Moment, dass wir klar und rational denken können. Unser Kopf ist durchflutet von alarmierenden Gedanken, Sorgen und Handlungsaufforderungen unseres *inneren Kindes*. Wir bewerten in dem Moment die Situation nicht objektiv und rational wie Erwachsene, sondern subjektiv, durch die Brille unseres *inneren Kindes*. Um jedoch kluge Entscheidungen zu treffen und passende Handlungsschritte zu wählen, müssen wir uns von den Gedanken unseres *inneren Kindes* distanzieren. Die vorher beschriebenen Schritte 1-4 helfen uns, die nötige Distanz zu den Gedanken und Handlungsimpulsen unseres *inneren Kindes* zu schaffen. Nachdem wir also unser *inneres Kind* über unseren Körper beruhigt haben, uns mit ihm verbunden und einen liebevollen Kontakt hergestellt haben, ist es im nächsten Schritt wichtig, gemeinsam mit ihm zu analysieren, woher diese plötzliche Emotionsflut kam und wie diese Situation objektiv eingeordnet werden kann. Denn erst, wenn unser *inneres Kind* verstanden hat, warum es gerade in dieser Situation so emotional reagiert hat, es darauf vertraut, dass wir diese nun gemeinsam gut bewältigen werden, wird es die negativen Emotionen loslassen und in einen Zustand des Vertrauens gehen können.

Anleitung zur Analyse der Emotionen

Benenne als erstes das Gefühl, das dein *inneres Kind* in dieser Situation empfindet und versuche anschließend, die folgenden zehn Fragen der Reihe nach zu beantworten:

1. Wie genau sah die Situation aus, die das Gefühl in deinem *inneren Kind* ausgelöst hat. Welche Wörter, Aussagen oder Handlungen haben die Gefühle in deinem *inneren Kind* aktiviert?

2. Welche Körperreaktionen, anderen Gefühle und Verhaltensimpulse wurden dadurch ausgelöst? Beschreibe noch einmal detailliert, wie du dich gefühlt hast und welche Reaktionen in deinem Körper ausgelöst wurden.

3. An welche Situation aus der Vergangenheit, deiner Kindheit oder Jugend wurde dein *inneres Kind* in dem Moment erinnert? Welche Situation aus der Vergangenheit war der heutigen ähnlich?

4. Welches Bedürfnis deines *inneren Kindes* wurde in der damaligen Situation verletzt (zum Beispiel das Bedürfnis nach Bindung, Autonomie, Selbstwert oder Lustgewinn/Unlustvermeidung)?

5. Mit welcher Schutzstrategie hat sich dein *inneres Kind* damals geschützt (zum Beispiel Vermeidung, Unterwerfung, Anpassung, Aggression oder Trotz)?

6. Was hätte sich dein *inneres Kind* in der damaligen Situation gewünscht. Was hätte es wirklich gebraucht (zum Beispiel Liebe, Annahme, Verständnis, Wertschätzung, Anerkennung, Geborgenheit und/oder Vertrauen)?

7. Wie würde dein *inneres Kind* auf die heutige Situation am liebsten reagieren (zum Beispiel Wegrennen, Angreifen, Ablenken, Ignorieren, Konsumieren oder Kompensieren)? Versuche sein Vorhaben genau zu beschreiben!

8. Wenn du nun nach dem Wunsch deines *inneren Kindes* handeln würdest, wie würde sich diese Reaktion langfristig auf dein Leben auswirken?

9. Würdest du mit der Ausführung der Schutzstrategie deines *inneren Kindes* sein wahres Bedürfnis befriedigen?

10. Was bräuchte dein *inneres Kind* in dem Moment wirklich?

Ich habe dir diese Fragen noch einmal hinten im Buch zum Ausfüllen bereitgestellt. Du kannst dir bei Bedarf ein paar Kopien ausdrucken und sie für den Ernstfall bereithalten. Zum Üben empfehle ich dir, einige Situationen aus der Vergangenheit zu nehmen und diese rückwirkend im angegebenen Fragestil zu bearbeiten. Sobald du die zehn Fragen durch das Üben verinnerlicht hast, wird dir die Analyse der Emotionen deines *inneren Kindes* zukünftig leichter fallen, in schwierigen Situationen immer besser gelingen und du kannst sie bei Bedarf automatisch einsetzen.

Schritt 6: Kümmere dich um die wahren Bedürfnisse deines inneren Kindes

Die Basis für ein glückliches und erfülltes Lebens ist es, sich um die wahren Bedürfnisse des *inneren Kindes* zu kümmern.

Ich fasse es noch einmal zusammen, weil die Erkenntnis so wichtig ist und uns anschließend zum nächsten Schritt führt: Als Kinder waren für die Befriedigung unserer Grundbedürfnisse noch unsere Eltern verantwortlich, denn wir waren ohne die Hilfe der Außenwelt noch nicht dazu in der Lage, uns um uns selbst zu kümmern. Da wir nun jedoch erwachsen sind und die Verantwortung für unser *inneres Kind* tragen, sind für die Befriedigung unserer Grundbedürfnisse einzig und alleine wir zuständig. Niemand sonst muss sich in erster Linie darum kümmern, dass es unserem Körper, unserem Geist und unserer Seele gut geht. Wir müssen nun selbst dafür sorgen, dass wir die Bedürfnisse unseres *inneren Kindes* erkennen und angemessen befriedigen können. Und das ist zunächst gar nicht so einfach, denn unser *inneres Kind* kennt seine Bedürfnisse oft selbst nicht. Es ist also eine Kunst, die auch Eltern erst lernen müssen, aus den vorherrschenden Bedingungen und den Signalen des Kindes sein aktuelles Bedürfnis abzuleiten. Wie im ersten Teil des Buches beschrieben, schreit ein Baby in den ersten Monaten einfach, sobald es sich unwohl fühlt. Es kann dieses „Unwohlsein" aber auch nicht weiter differenzieren und sich nicht detaillierter ausdrücken. Es spürt einfach nur anhand von Körperempfindungen wie Kälte, Bauchweh oder Müdigkeit, dass etwas nicht stimmt, und kann lediglich Laute von sich geben. Diese Laute sind seine Art der Kommunikation und die einzige Möglichkeit, sich der Welt mitzuteilen. Deshalb ist es die Aufgabe der Eltern herauszufinden, welches Bedürfnis hinter dem jeweiligen Laut in der entsprechenden Situation steckt. Im Laufe der Zeit wird die Kommunikation zwar zwischen dem Kind und seinen Eltern immer klarer und verständlicher, aber bis dahin ist es oftmals ein langer Weg.

Und genauso wie unsere Eltern müssen auch wir erst einmal lernen, die „Signale" unseres *inneren Kindes* richtig zu deuten und das dahinterliegende Bedürfnis abzuleiten. Wir müssen die Sprache unseres *inneren Kindes* lernen und eine gemeinsame Basis der Kommunikation erschaffen.

Was ist die Sprache unseres inneren Kindes?

Gefühle. Die Sprache unseres *inneres Kind* sind Gefühle. Jedesmal, wenn wir etwas fühlen, kommuniziert unser *inneres Kind* mit uns und teilt uns etwas über seine aktuelle Bedürfnislage mit. Deshalb ist es so unglaublich wichtig, Gefühle nicht zu vermeiden, sie nicht zu unterdrücken oder zu leugnen: Jedes Gefühl ist ein Informationsträger unseres *inneren Kindes* und sagt uns etwas über seine aktuelle Bedürfnislage. Wenn wir gegen unsere Gefühle kämpfen, kämpfen wir gegen unsere Bedürfnisse. Und wenn wir gegen unsere Bedürfnisse kämpfen, wird das früher oder später zu emotionalem Leid und gegebenenfalls zu weiteren psychischen Problemen führen. Wir müssen lernen, unserem *inneren Kind* zuzuhören, Gefühle richtig zu deuten und das dahinterliegende Bedürfnis zu erkennen, um es anschließend angemessen befriedigen zu können. Das ist die Voraussetzung für emotionale Gesundheit und mentales Wohlbefinden.

Gefühle richtig deuten

Wir können alle Gefühle, die wir von unserem *inneren Kind* erhalten, grob in zwei Kategorien unterteilen:

- **Angenehme Gefühle**
  Bei angenehmen Gefühlen (wie Freude, Spaß, Liebe, Lust, Zufriedenheit, Dankbarkeit, Stolz) signalisiert uns unser *inneres Kind*, dass es zufrieden ist und alle Bedürfnisse gerade in diesem Moment befriedigt werden. Unser *inneres Kind* fühlt sich wohl und sagt uns indirekt: *„Mach weiter so, bleib hier, tue das wieder. Ich mag das!"*

- **Unangenehme Gefühle**
  Unangenehme Gefühle hingegen (wie Angst, Wut, Trauer, Zorn, Ärger, Scham, Neid, Eifersucht) schickt uns unser *inneres Kind* dann, wenn ein Bedürfnis gerade bedroht oder verletzt wird und es uns dazu auffordern möchte, die Situation zu ändern. In verbaler Sprache ausgedrückt würde das in etwa so lauten: *„Das mag ich gar nicht, das tut weh, das verletzt mich, das macht mir Angst, bitte ändere etwas"*.

Ziel ist es also, die Sprache unseres *inneren Kindes* zu verstehen, die Botschaft unserer Gefühle richtig zu deuten und zu lernen, die dahinter liegenden Bedürfnisse angemessen zu befriedigen. Dafür können wir im Alltag immer wieder auf unsere aktuelle Gefühlslage blicken und uns nach unserem allgemeinen Befinden befragen. Empfinden wir neutrale oder sogar angenehme Gefühle können wir davon ausgehen, dass all unsere Bedürfnisse gerade befriedigt werden, es unserem *inneren Kind* gut geht und wir problemlos unseren Tag fortsetzen können.
Solange unsere Bedürfnisse befriedigt sind, fühlt sich unser *inneres Kind* gut und ist zufrieden. Unser Alltag ist geprägt von

Wohlbefinden. Wir verspüren über den Tag hinweg Energie und Kraft, empfinden Freude, Lust und Motivation. Wenn uns jemand nach unserem Befinden fragen würde, dann würde die Antwort lauten: „*Glücklich und zufrieden*".

Wenn wir jedoch beim Blick auf unsere aktuelle Gefühlslage Unbehagen empfinden, unangenehme oder gar schmerzhafte Emotionen aufkommen, unser *inneres Kind* uns Gefühle wie Trauer, Angst oder Wut schickt, dann können wir davon ausgehen, dass in irgendeinem Bereich unseres Lebens gerade ein Mangel herrscht. Irgendein bestimmtes Bedürfnis wird gerade verletzt oder kommt zu kurz. Durch die unangenehmen Gefühle möchte uns unser *inneres Kind* dazu bringen, dass wir uns diesem Bereich zuwenden, uns mit dem Mangel auseinandersetzen und etwas verändern. Sobald wir auf unsere Gefühle hören, den Mangel entdecken und auf die entsprechenden Bedürfnisse angemessen eingehen, wird sich in uns wieder ein Zustand des Wohlbefindens einstellen.
Tun wir dies nicht und missachten, unterdrücken oder ignorieren die negativen Empfindungen, die unser *inneres Kind* uns schickt, wird folglich unsere Bedürfnislage darunter leiden und unser emotionales und mentales System in Mitleidenschaft gezogen. Wir werden uns im Allgemeinen „nicht gut" fühlen, werden das Gefühl haben, „irgendwie unglücklich" zu sein. Wir werden uns energie-, kraft- und antriebslos fühlen und erschöpft und schwach sein. Das Leben wird zum Kampf und der Alltag zur Last. Wir verlieren die Freude am Leben und die Motivation für den Tag.

Um das zu verhindern, um ein Leben in Wohlergehen, Energie und positivem Empfinden zu erschaffen, ist es deshalb unumgänglich, unsere Gefühle zu unserem Freund zu machen und eine angemessene Bedürfnisbefriedigung zu unserer Lebensmission. Und dies ist tatsächlich eine lebenslange Mission, denn Bedürfnisse sind nichts Statisches: Sie ändern sich, sie befinden sich im stetigen Wandel und stehen immer wieder in neuem Verhältnis zueinander. Die Bedürfnisse nach Bindung, Autonomie, Lustgewinn/ Unlustvermeidung und einem stabilen Selbstwertempfinden bleiben zwar dieselben, verändern sich jedoch in ihrer aktuellen Dringlichkeit. Phasen, in denen das Bedürfnis nach Freiheit und Autonomie im Vordergrund steht, wechseln sich mit solchen, in denen das Bedürfnis nach Liebe und Verbindung dominiert, ab. Wichtig ist, dass wir die Veränderung unserer Bedürfnislage als etwas Natürliches anerkennen. Das Leben ist durchgehend im Wandel und so ist es mit unseren Bedürfnissen auch. Wenn wir also in der Vergangenheit eine Entscheidung getroffen haben, die zur damaligen Zeit ein bestimmtes Bedürfnis optimal befriedigt hat, dann ist es vollkommen in Ordnung, dass diese Entscheidung heute nicht mehr zur selben Befriedigung führt wie damals und eine Veränderung für unser Wohlbefinden nun vielleicht besser wäre.

Das wahre Bedürfnis

Viele Menschen befinden sich ihr Leben lang in einem andauernden Zustand der Vermeidung. Das heißt, sie legen überwiegend Verhaltensweisen an den Tag, mit denen sie negative Emotionen umgehen und schmerzhaftes Erleben verhindern können. So werden zum Beispiel bewusst Situationen vermieden, die negative Gefühle wie Angst, Trauer, Wut oder Zorn auslösen. Solche Vermeidungsstrategien führen natürlich dazu, dass das *innere Kind* kurzfristig vor unangenehmen Gefühlen bewahrt wird, aber leider werden so auch oft langfristige Ziele und tieferliegende Bedürfnisse gänzlich außer Acht gelassen. Denn negative Empfindungen nicht zu spüren bedeutet noch lange nicht, positive zu erschaffen. Ebenso führt die Vermeidung von Schmerz nicht zwangsläufig zu Wohlergehen. Um das zu erreichen bedarf es einer aktiven Bedürfnisbefriedigung.

Wir müssen uns also in Situationen, in denen uns unser *inneres Kind* unangenehme Emotionen schickt, fragen, welches wahre Bedürfnis eigentlich gerade hinter den Emotionen liegt und nicht nur versuchen die negativen Empfindungen so schnell wie möglich zu beseitigen:

- Wenn unser Chef uns zum Beispiel zu Unrecht kritisiert, dann ist das wahre Bedürfnis unseres *inneren Kindes* nicht, aus Angst die Kritik fraglos hinzunehmen, sondern mehr Wertschätzung und Gerechtigkeit uns gegenüber zu erfahren.

- Wenn wir bei einer Auseinandersetzung mit unserer Freundin aus Wut laut werden, dann ist das eigentliche Bedürfnis unseres *inneren Kindes* nicht, unsere Freundin zu verletzen, sondern ihr mitzuteilen, dass uns etwas gekränkt und verletzt hat, um anschließend wieder eine gesunde Verbindung zu ihr zu spüren.

- Wenn wir unseren Partner aus Eifersucht anschreien oder beleidigen, dann ist unser eigentliches Bedürfnis nicht, unseren

Partner von uns wegzudrücken, sondern ihm mitzuteilen, dass wir Angst haben, verlassen zu werden, um von ihm wieder ein Gefühl der Sicherheit zu bekommen.

Wir müssen also hinter die Gefühle unseres *inneren Kindes* blicken und uns fragen:

- Was braucht mein *inneres Kind* jetzt wirklich?
- Was wünscht sich mein *inneres Kind* in dieser Situation eigentlich?
- Was ist das wahre Bedürfnis hinter dem Gefühl?

Und genau das ist das Ziel: Das wahre Bedürfnis hinter dem Gefühl unseres *inneren Kindes* zu erkennen. Denn erst, wenn wir das richtige und wahre Bedürfnis erkennen und es schaffen, dieses zu befriedigen, kann sich wahre Zufriedenheit in uns einstellen. Wir müssen erkennen, dass unser *inneres Kind* hinter seiner Wut, seiner Angst und seinem Trotz eigentlich nur mehr Liebe, Wertschätzung, Anerkennung oder Geborgenheit braucht. Und um diese Bedürfnisse stillen zu können, bedarf es andere (aktive) Verhaltensweisen als die üblichen passiven wie Vermeidung und Rückzug, mit denen wir sonst Schmerzen umgehen.

Also, wie schaffen wir es hinter den dargebotenen Gefühlen die wahren Bedürfnisse unseres *inneren Kindes* richtig zu erkennen?

Der Blick hinter die Gefühle

Wir können uns Gefühle wie Postboten vorstellen, die kleine Päckchen mit einer Botschaft unseres *inneren Kindes* transportieren. Oft tendieren wir dazu, dem Postboten nicht die Tür zu öffnen, weil wir Angst vor dieser Botschaft haben. Wir verstecken uns vor ihm, rennen den ganzen Tag vor ihm weg, ignorieren seine Rufe und überhören sein Klopfen. Aber der Postbote bleibt hartnäckig. Er kommt immer wieder, läuft uns hinterher und fängt an, immer lauter zu klopfen. Schließlich möchte er seinen Job gut machen. Das führt dazu, dass die Angst vor dem Postboten unseren ganzen Tag bestimmt. Alles dreht sich nur darum, ihm nicht zu begegnen, ihn zu meiden. Aber die Wahrheit ist: Sobald wir die Tür aufmachen und der Postbote uns die Botschaft übermittelt hat, wird er sich glücklich und zufrieden umdrehen und wieder gehen. Er will nicht ewig bleiben, das hat er gar nicht vor. Er will einfach nur seinen Job machen und uns übermitteln, was es zu übermitteln gibt.

Und genauso verhält es sich mit unseren Gefühlen auch. Gefühle wollen nicht ewig bleiben. Sie wollen einfach nur gesehen werden, ihre Botschaft übermitteln, uns zeigen welches Bedürfnis gerade Aufmerksamkeit braucht. Und dann wieder gehen. Wenn wir jetzt wie im Beispiel des Postboten anfangen, Gefühle zu ignorieren, sie zu meiden und vor ihnen wegzulaufen, dann führt das nur dazu, dass sie immer präsenter in unserem Leben werden. Sie werden immer lauter, rufen immer stärker und ihre Vermeidung wird uns mehr und mehr Kraft kosten. Wenn wir uns hingegen den Gefühlen stellen und ihre Botschaft annehmen - so unangenehm sie für den Moment auch sein mögen - ersparen wir uns damit langfristig gesehen Energie und eröffnen uns die Chance auf ein wirklich befriedigendes Leben. Wir müssen also die Angst vor unangenehmen Gefühlen überwinden und sie nicht mehr als „Feinde" in unserem Körper ansehen, gegen die es anzukämpfen gilt, sondern als Verbündete, als Freunde, die durch ihre Botschaft für unser Wohlergehen sorgen möchten.

Ich habe dir im Folgenden eine kleine Auflistung einiger „unangenehmer" Gefühle, ihrer Funktionen sowie ihrer Bedeutung für die aktuelle Bedürfnislage unseres *inneren Kindes* zusammengestellt. Dabei ist ausnahmslos jedes Gefühl als Informationsträger unserer Bedürfnisse zu verstehen. Ich habe aber der Einfachheit halber nur die Gefühle gewählt, die auch eine Triggerfunktion für unser *inneres Kind* darstellen können. Schließlich sind vor allem sie diejenigen, die unser Leben als Erwachsene am meisten beeinflussen und lenken. Ein genauer Blick hinter diese Gefühle hilft uns zu verstehen, welche Bedeutung und Funktion sie für das Wohlbefinden unseres *inneren Kindes* haben. Die Auseinandersetzung mit den „schmerzhaftesten" Gefühlen unseres *inneren Kindes* und das Kümmern um die dahinterliegenden Bedürfnisse ist letztendlich der Schlüssel zu unserem persönlichen Wachstum. Lass uns deshalb mit dem Gefühl beginnen, welches unser *inneres Kind* und somit auch uns im Alltag am meisten lenkt: der Angst.

Angst

Angst ist ein überlebenswichtiges Gefühl, das wir mit allen Lebewesen auf der Erde teilen. Es hilft uns, Gefahren und Bedrohungen rechtzeitig zu erkennen und uns vor ihnen zu schützen. Unser *inneres Kind* empfindet vor allem dann Angst, wenn wichtige Ziele und Bedürfnisse von uns oder von nahestehenden Personen bedroht werden. Angst kann aber auch als ein ganzes „Warnsystem" unseres *inneren Kindes* verstanden werden. Denn unser *inneres Kind* speichert ebenfalls gefährliche und bedrohliche Situationen aus der Vergangenheit ab, um in Zukunft schneller darauf reagieren zu können. Das ist prinzipiell sehr gut, führt aber auch dazu, dass unser *inneres Kind* vor allem in Triggersituationen mit starker Angst reagiert, obwohl keine reale Gefahr mehr in der heutigen, aktuellen Situation besteht. Typische Gedanken, die unser *inneres Kind* uns in gefährlichen Situationen schickt, sind beispielsweise: *„Oh Gott - das schaffe ich nicht!", „Das geht nicht gut aus!"* , *„Das kriege ich nicht hin!".* Unser *inneres Kind* drückt die Angst dann auch in sehr starker körperlicher Erregung aus: Unsere Muskeln spannen sich an, wir bekommen eine schnelle und flache Atmung, wir schwitzen, unser Herz rast und unsere Wahrnehmung ist fixiert auf die angebliche Gefahr. Mit dieser körperlichen Reaktion möchte uns unser *inneres Kind* zum Handeln auffordern und durch die körperlichen Veränderungen dafür sorgen, dass wir die Gefahr so schnell es geht bewältigen können.

Wie gehen wir mit der Angst unseres *inneren Kindes* am besten um?

Wenn wir Angst bei unserem *inneren Kind* wahrnehmen ist eine genaue Einschätzung der Situation gefragt: Handelt es sich wirklich um eine gefährliche, lebensbedrohliche Situation im Hier und Jetzt oder hat unser *inneres Kind* lediglich sein Warnsystem angeschmissen, weil es gerade an eine gefährliche Situation aus der Vergangenheit erinnert wurde? Bei akuter Gefahr ist es natürlich sinnvoll, die Gefahr als solche zu erkennen und dementsprechend zu fliehen, sich Hilfe zu holen oder sich zu verteidigen. Das dahinterliegende Bedürfnis ist dann auf jeden Fall Sicherheit. Wenn wir aber bemerken, dass es sich lediglich um ein aktiviertes, überholtes Warnsystem unseres *inneren Kindes* handelt, sind Schritte 1-5 des zweiten Teils dieses Buches entscheidend. Also:

> Schritt 1: Die körperliche Erregung durch die Entspannungstechniken regulieren.
>
> Schritt 2: Die Angst wertungsfrei wahrnehmen.

Schritt 3: Die Angst als Empfindung annehmen und akzeptieren.

Schritt 4: Liebevoll und unterstützend mit unserem *inneren Kind* kommunizieren.

Schritt 5: Die Angst richtig analysieren und interpretieren.

Wir müssen unserem *inneren Kind* also mitfühlend und liebevoll begegnen und ihm vermitteln, dass keine reale Gefahr im Hier und Jetzt existiert und es lediglich an eine vergangene, gefährliche Situation erinnert wurde. Angst kann sich aber auch darauf beziehen, den Verlust eines anderen Bedürfnisses zu befürchten. Zum Beispiel die Angst davor, verlassen zu werden; die Angst, ausgelacht zu werden; die Angst davor, Status oder Ansehen zu verlieren. Hier ist es wichtig, das wahre Bedürfnis hinter der Angst zu erkennen und in einem inneren Dialog herauszufinden, was das *innere Kind* in dem Moment wirklich braucht. Handelt es sich um etwas, das problemlos zu befriedigen ist? Wenn ja: wie? Oder handelt es sich vielmehr um die Angst vor einem Verlust, die ihre Berechtigung hat (Krankheit, Arbeitslosigkeit, schwerer Schicksalsschlag, Verlust eines Angehörigen)? In so einem Fall muss mit viel Annahme und Akzeptanz gearbeitet werden. Das *innere Kind* braucht jetzt warme Worte und eine liebevolle Unterstützung.

Ärger und Wut

Unser *inneres Kind* empfindet Ärger, wenn uns jemand bei dem Erreichen wichtiger Ziele im Weg steht, unsere Ziele behindert oder gar zerstört. Auch wenn wir selbst oder jemand, der uns wichtig ist, angegriffen, verletzt oder beleidigt wird, löst das in unserem *inneren Kind* Ärger und Wut aus, was uns viel Energie zur Verfügung stellt. Diese bereitgestellte Energie führt dazu, dass sich unsere Muskeln anspannen, unsere Fäuste ballen und sich unser Kiefer zusammenpresst. Unsere Gedanken sind nur noch auf den „Feind" und auf die Ungerechtigkeit ausgerichtet. Unser *inneres Kind* würde am liebsten angreifen, sich verteidigen und seine Ziele und Bedürfnisse sofort beschützen. Gelingt es unserem *inneren Kind* nicht, die empfundene Ungerechtigkeit auszugleichen, kann es dazu kommen, dass sich Ärger und Wut in unserem *inneren Kind* anstaut und sich das über die Jahre hinweg auf viele weitere Lebensbereiche negativ auswirkt.

Wie gehen wir mit dem Ärger unseres *inneren Kindes* am besten um?

Wenn wir Ärger oder Wut bei unserem *inneren Kind* wahrnehmen ist es wichtig erst einmal einzuschätzen, was für ein Bedürfnis oder Ziel genau bedroht wird und ob es klug ist, die Energie, die wir in dem Moment zur Verfügung gestellt bekommen haben, auch wirklich in voller Höhe einzusetzen. Bei lebensgefährlichen Situationen wäre dies beispielsweise sinnvoll. In anderen Situationen, zum Beispiel bei einem Streit, wäre es klüger, den Ärger und die Wut vielleicht erst einmal nur dosiert nach außen zu tragen, um das eigene

Anliegen oder Bedürfnis zwar zu unterstreichen, aber keine weiteren negativen Konsequenzen zu verursachen. Dann gibt es Situationen, in denen unser *inneres Kind* zwar stark getriggert wird, die Höhe der Wut aber nicht mehr zur aktuellen Situation passt, sondern lediglich die alten Wunden unseres *inneren Kindes* widerspiegelt. Das ist häufig beim Thema Ablehnung und Kränkung der Fall. Bei so einer Einschätzung wäre es am besten, den Ärger und die Wut unseres *inneren Kindes* anzunehmen und zu lernen, sie mit den Schritten 1-5 des zweiten Teils des Buches zu regulieren.

Scham

Scham entsteht, wenn wir etwas Unangebrachtes oder Peinliches tun und unser *inneres Kind* daraufhin befürchtet, an sozialer Attraktivität zu verlieren oder gar von der Außenwelt abgelehnt zu werden. Scham tritt auch dann auf, wenn wir in der Öffentlichkeit von anderen gedemütigt oder bloßgestellt werden und somit unsere soziale Stellung verlieren könnten. Wir können uns aber auch für unsere Mitmenschen, Freunde oder ebenso für Familienmitglieder schämen. Sobald unser *inneres Kind* uns Schamgefühle schickt, wird unser Fokus auf unsere Schwächen gelenkt. Wir bekommen Gedanken wie: *„Ohje, hoffentlich hat das keiner gesehen"* oder *„Hoffentlich bemerkt das niemand"* und wir entwickeln ein starkes Bedürfnis danach, uns zurückzuziehen und sprichwörtlich „im Boden zu versinken". Auch die Körpersprache wie ein gesenkter Blick, zusammengezogene Schultern und verschränkte Beine zeigen deutlich das „In-sich-Zurückziehen", um noch weitere Blamagen oder Ablehnungen zu verhindern. Wenn wir als Kind häufig aufgrund von Dingen, für die wir nichts konnten, kritisiert, ausgelacht oder abgelehnt wurden, kann sich Scham als ein latentes Gefühl in unserem *inneren Kind* eingebrannt haben und heute folglich auf unser Selbstwert drücken.

Wie gehen wir mit der Scham unseres *inneren Kindes* am besten um?

Wenn unser *inneres Kind* beschämt ist müssen wir uns auch hier erst einmal wieder die Frage stellen, ob die Beschämung im Hier und Jetzt gerechtfertigt ist. Zum Beispiel, weil wir uns „zu weit aus dem Fenster gelehnt haben", „zu viel versprochen haben" oder uns über unseren eigentlichen Wert verkauft haben und nun Gefahr laufen, von den Mitmenschen abgewertet oder abgelehnt zu werden. In diesem Fall ist es sinnvoll, das Gefühl der Scham anzunehmen und das eigene Verhalten zu überdenken, um in Zukunft klüger und geschickter handeln zu können. Wenn uns hingegen jemand demütigt, unsere Intimitätsgrenze überschreitet oder uns bloßstellt kann es sein, dass unser *inneres Kind* dadurch getriggert wird und nun mit Scham reagiert. Wichtig ist aber, dass wir uns jetzt als Erwachsene verteidigen und dafür sorgen können in Zukunft gerechter behandelt zu werden. Wir sollten unser *inneres Kind* „an die Hand nehmen" und ihm diesmal den Rücken stärken. Unser *inneres Kind* konnte sich damals in der Kindheit vielleicht nicht verteidigen, weil es zu schwach war oder keine Möglichkeiten hatte sich zu positionieren. Vielleicht war auch keiner da, der es vor den Beschämungen der Außenwelt verteidigt hat. Aber nun können wir nachholen, was uns in der Kindheit gefehlt hat. Wir können unser *inneres Kind* jetzt verteidigen und beschützen und so dafür sorgen, dass sein inneres Schamgefühl wieder ausgeglichen wird. Das können wir durch eine veränderten Körperhaltung einleiten, indem wir uns beispielsweise aufrecht und mit erhobenem Haupt hinstellen, unsere Schultern nach hinten ziehen, unsere Brust rausstrecken und unserem Gegenüber direkt mitteilen, dass sein gezeigtes Verhalten so nicht in Ordnung ist.

Schuld

Schuld ist ein Gefühl, das unser *inneres Kind* empfindet, wenn es befürchtet, mit einem bestimmten Verhalten gegen eine Moralvorstellung verstoßen zu haben. Es geht somit davon aus, dass wir mehrere Handlungsoptionen gehabt und eine falsche gewählt haben. Durch das Gefühl von Schuld aktiviert unser *inneres Kind* in uns den Handlungsdrang, die Situation „wieder gut zu machen", sich zu ent-schuldigen und Sühne zu leisten. Damit möchte es, dass wir der Außenwelt signalisieren, dass wir die Regeln der Gemeinschaft verstanden haben, uns der Verstoß gegen die Regeln bewusst ist und wir einen Ausstoß aus der Gruppe vermeiden möchten. Schuld ist also eine Emotion, die dafür sorgt, dass Menschen sich in ihrem Leben an soziale Strukturen anpassen und in der Gesellschaft kein völliges Chaos ausbricht. Nun gibt es jedoch auch *innere Kinder,* die sich selbst „irrational" Schuld zuweisen und Schuld empfinden, obwohl sie eigentlich gar keine haben. Das passiert vor allem dann, wenn Kinder in der Vergangenheit viele Ohnmachts- und Hilflosigkeitserfahrungen machen mussten. In einer aggressiven, misshandelnden oder gewalttätigen Familie zum Beispiel geben sich Kinder bei mentaler

oder körperlicher Gewalterfahrung oft selbst die Schuld, um die Situation für sich verständlicher zu machen oder um einen geliebten Menschen nicht anklagen zu müssen. Sie sind noch nicht dazu in der Lage, die Situation richtig einzuschätzen. Da sie ihre Eltern lieben und eine Schuldzuweisung lebensbedrohlich für sie sein könnte, schützen sie sich, indem sie sich selbst die Schuld geben. Irrationale Schuld geht somit mit der irrationalen Vorstellung einher, dass man die Situation irgendwie hätte beeinflussen können. Und so unangenehm das Gefühl in dem Moment auch sein mag, es gibt dem Kind in einer hilflosen Situation ein Gefühl von Kontrolle.
Empfindet unser *inneres Kind* Schuld verspüren wir ein Gefühl von Enge in der Brust. Es ist, als hätten wir „einen Kloß im Hals". Wir erröten, lassen die Schultern hängen und senken den Kopf. Unsere Gedanken kreisen nur noch um die Wiedergutmachung unserer Schuld, wir degradieren uns in dem Moment selbst, suchen Beweise für unsere Fehler und befürchten die Ablehnung der Außenwelt. Unser *inneres Kind* schickt uns den Handlungsdrang, die eigene Schuld der Außenwelt sichtbar zu machen und ihr somit zu signalisieren, dass wir gewillt sind, die Konsequenzen für unsere Handlung zu tragen, unsere eigenen Bedürfnisse für die Bedürfnisse der Außenwelt zurückzustellen und uns somit selbst zu bestrafen.

Wie gehen wir mit den Schuldgefühlen unseres inneren Kindes um?

Grundsätzlich müssen wir auch hier erst einmal schauen, ob die Schuldgefühle, die unser *inneres Kind* empfindet, berechtigt oder vielmehr irrationalen Ursprungs sind. Wir können uns dafür folgende Fragen stellen:

- Habe ich gerade wirklich gegen ein moralisches Gebot verstoßen?
- Hatte ich Handlungsalternativen?
- Konnte ich die Konsequenzen vorhersehen?

Wenn die Schuldgefühle berechtigt sind ist es sinnvoll, die Tat „wieder gut zu machen", uns also zu entschuldigen und unserem Gegenüber deutlich zu zeigen, dass wir Leid empfinden und bereit sind die Konsequenzen für unser Verhalten zu tragen. Sobald uns verziehen wird, sollten wir dies auch annehmen, die Schuldgefühle loslassen und unsere Handlungen in Zukunft entsprechend korrigieren. Erkennen wir jedoch, dass die Schuldgefühle unberechtigt sind und wir keine Verantwortung für die Situation tragen, dann wurde unser *inneres Kind* wahrscheinlich getriggert. Falls dies der Fall ist, ist es an der Zeit, mit ihm in eine liebevolle und mitfühlenden Kommunikation zu gehen und ihm die Situation verständlich zu erklären. Durch liebevolle Worte können wir seinen Selbstwert stärken und es dadurch von seiner irrationalen Schuld befreien.

Neid

Sobald wir Neid auf etwas oder jemanden verspüren, ist dies ein Hinweis darauf, dass unser *inneres Kind* dieses Objekt, den Zustand oder die Eigenschaft auch gerne hätte und es somit in unserem Bedürfnisfeld liegt. Es ist wichtig, dieses Gefühl ernst zu nehmen und ihm Beachtung zu schenken. Da Neid zu empfinden jedoch in unserer Gesellschaft negativ konnotiert und als Schwäche bewertet wird, wird es von uns viel zu oft unterdrückt und bewusst vor anderen Personen verborgen. Dies kann dazu führen, dass sich das Gefühl in unserem *inneren Kind* anstaut und irgendwann unbewusst passiv aggressiv ausgelebt wird. So kann es vorkommen, dass wir uns der Person, die das gewünschte Objekt oder die gewünschte Eigenschaft besitzt, gegenüber gemein, degradierend oder unfair verhalten, ihr das gewünschte Objekt entreißen oder ihren Vorteil absichtlich ruinieren. Neid mobilisiert viel Energie in uns, die jedoch falsch genutzt in Zerstörung und Verlust münden kann. Denn wenn der Mangelzustand in unserem *inneren Kind* groß ist, dann kann der Neid uns „zerfressen" und unsere gesamte Wahrnehmung darauf ausrichten, den Vorteil des anderen zu vernichten oder das Objekt der Begierde an uns zu reißen.

Wie gehen wir mit dem Neid unseres *inneren Kindes* um?

Neid ist ein Gefühl, das auch vor uns selbst versteckt werden möchte. Wir wollen Neid nicht zugeben, möchten den Mangelzustand unseres *inneren Kindes* nicht anschauen und das Empfinden von Unzulänglichkeit vor uns selbst verbergen. Aber genau hier liegt eigentlich der Schlüssel. Erst, wenn wir unser *inneres Kind* in seinem Bedürfnis und auch in seinem Mangelzustand erkennen und annehmen, können wir kluge Handlungsschritte wählen. Wir müssen unser *inneres Kind* fragen, auf was genau es neidisch ist, was genau sein Wunsch und was sein wahres Bedürfnis ist. Die Antwort kann unter Umständen schmerzhaft sein, wenn sich der Neid auf etwas bezieht, das wir niemals erreichen oder im Hier und Jetzt nicht mehr ändern können. In dem Moment kann Schmerz und Trauer in unserem *inneren Kind* aufkommen, denn dann wird Verlust, Trauer und Mangel sichtbar. Dieses Gefühl gilt es dann anzunehmen und zu akzeptieren sowie unser *inneres Kind* liebevoll aufzufangen, es zu trösten und ihm zur Seite zu stehen. Es kann aber auch sein, dass unser *inneres Kind* ein Bedürfnis hat, das wir mit unserem eigenen aktuellen Verhalten durchaus stillen können. Dann ist es sinnvoll, einen Handlungsplan zu erstellen, Wege zu finden und Ziele zu setzen, mit denen das Objekt der Begierde oder der erstrebenswerte Zustand erreicht werden kann.

Eifersucht

Das Gefühl von Eifersucht entsteht, wenn unser *inneres Kind* eine Beziehung wahrnimmt, die es selbst gerne hätte oder es aufgrund dieser Beziehung die Angst entwickelt, ausgeschlossen oder gar abgelehnt zu werden. Durch diese Wahrnehmung mobilisiert unser *inneres Kind* in uns den Drang, uns noch stärker an die Bezugsperson zu binden. Dies tun wir, indem wir um die Person kämpfen, mehr für uns werben oder versuchen, den Konkurrenten zu beseitigen. Denn vor allem in der Kindheit, aber auch später im Erwachsenenalter, kann die Ablehnung einer Bezugsperson oder der Ausschluss aus einer Gruppe für das einzelne Individuum bedrohlich sein. Ähnlich wie beim Neid ist das Gefühl gesellschaftlich negativ konnotiert, was dazu führt, dass wir oft versuchen es zu verdrängen, zu überspielen oder gar zu leugnen. Eifersucht zeigt uns jedoch, dass uns eine Person wichtig ist und wir um sie kämpfen wollen. Wir haben Angst, aufgrund der Konkurrenz von ihr weniger gemocht zu werden oder sie gar zu verlieren. Wird die Eifersucht lange Zeit ignoriert kann es dazu kommen, dass Gefühle wie Wut, Hass, Hilflosigkeit, Scham und Ohnmacht folgen. Unsere Gedanken drehen sich nur noch darum wie wir es schaffen, die Bezugsperson noch näher an uns zu binden, die Beziehung zu ihr noch exklusiver zu gestalten oder den Konkurrenten zu beseitigen.

Wie gehen wir mit der Eifersucht unseres *inneren Kindes* um?

Wenn die Eifersucht gerechtfertigt ist, wenn die Beziehung tatsächlich gefährdet oder die Abwendung der Bezugsperson aufgrund einer Konkurrenz wahrscheinlich ist, dann kann es sinnvoll sein, sich erst einmal mit der Person zusammenzusetzen und über den aktuellen Stand der Beziehung zu sprechen. Es kann prinzipiell auch hilfreich sein, sich für die Person wieder attraktiver zu machen oder für mehr Zufriedenheit auf beiden Seiten der Beziehung zu sorgen. Dabei sollte man sein Gegenüber mit seinen Handlungen und Bemühungen nicht zu stark einengen und ihn zu keinem unerwünschten Verhalten drängen. Dies kann wiederum zur Verletzung des Autonomiebedürfnisses des anderen führen und letztendlich zur reaktiven „Flucht". Ist die Eifersucht unseres *inneren Kindes* jedoch unbegründet oder übertrieben, ist auch hier die liebevolle Kommunikation mit unserem *inneren Kind* und seine Emotionsregulation wichtig. Das heißt, zu versuchen die Eifersucht mit dem *inneren Kind* selbst und auch gerne im Austausch mit guten Freunden zu regulieren, ohne die bestehende Beziehung oder Partnerschaft damit zu belasten.

Einsamkeit

Unser *inneres Kind* empfindet Einsamkeit, wenn es sich mit anderen Menschen nicht verbunden fühlt. Grundsätzlich ist dieses Gefühl ein sehr wichtiges und sollte von uns auf keinen Fall ignoriert werden, denn wir Menschen sind soziale Wesen und nicht nur unser Überleben in den ersten Jahren der Kindheit, sondern auch unser mentales Wohlbefinden im Erwachsenenalter hängt maßgeblich von qualitativ hochwertigen sozialen Beziehungen ab. Sobald unser *inneres Kind* einsam ist, fordert es uns auf, Kontakt zu anderen Menschen zu suchen und Beziehungen zu knüpfen. Es schickt uns Gedanken wie *„Ich bin so alleine"*, *„Ich bin anders als die anderen"*, *„Ich bin ausgeschlossen und gehöre nirgendwo dazu"*. Die Suche nach Beziehungen, sozialen Kontakten und Freundschaften ist ein gesundes Verhalten, vor allem nach längeren Trauerphasen, nach verarbeiteten Trennungen oder nach längeren Phasen des Alleinseins. Jedoch sollte die Einsamkeit unseres *inneren Kindes* nicht mit einer möglichen grundsätzlichen Angst oder Unfähigkeit vor dem Alleinsein verwechselt werden.

Wie gehe ich am besten mit der Einsamkeit meines *inneren Kindes* um?

Wie bereits erwähnt ist es wichtig, auch dieses Gefühl ernst zu nehmen und - wenn keine befriedigenden Kontakte vorherrschen - aktiv für soziale Verbindungen zu sorgen. Dazu kannst du gute Freunde anrufen, etwas mit Familienmitgliedern oder Verwandten unternehmen sowie alte Kontakte wieder aufleben lassen. Du kannst aber auch neue Menschen kennenlernen, indem du dich mit deinen Interessen beschäftigst und einem passenden Verein beitrittst, zum Beispiel einem Sport-, Kunst-, Tanz- oder Gesangsverein. Engagiere dich ehrenamtlich und tritt einer Hilfsorganisation bei. Wenn du gerne reist, dann versuche es doch mal mit einer Single- oder Gruppenreise, dabei triffst du ebenfalls Menschen, die offen für neue Kontakte sind. Nutze auch das Internet, um neue Menschen kennenzulernen. Es gibt mittlerweile unzählige soziale Netzwerke: Melde dich bei Facebook, Spantacts, Meetup oder Xing an und tritt Gruppen bei, die zu deinen Interessen passen. Wenn du auf der Suche nach einem Partner bist, dann kannst du natürlich auch eine Dating-Plattform nutzen. Es gibt mittlerweile unzählige kostenlose Anbieter, die dir die Möglichkeit bieten, dich neu zu verlieben.

Falls jedoch, bezogen auf soziale Kontakte, regelmäßig Probleme und Konflikte auftreten, wenn sich regelmäßig Kontakte abwenden, Freundschaften aufgegeben oder Partnerschaften beendet werden, dann könnte dies an einem Mangel sozialer Fertigkeiten liegen. Hier wäre es ratsam, sich Hilfe in Form einer Therapie oder eines speziellen sozialen Kompetenz Trainings (SKT) zu holen. Falls du das Gefühl hast, dass sich hinter dem Gefühl der Einsamkeit vielmehr die Angst vor dem Alleinsein verbirgt, dann empfehle ich auch hier wieder, in einen Dialog mit dem *inneren Kind* zu gehen und herauszufinden, was das *innere Kind* in Zeiten des Alleinseins wirklich befürchtet. Meistens ist es die Angst vor bestimmten Erinnerungen, Gedanken oder weiteren unangenehmen Gefühlen wie Trauer, die unser *inneres Kind* versucht durch soziale Ablenkung nicht zu spüren. Hier ist die intensive Auseinandersetzung mit der entsprechenden Thematik nötig, um das *inneren Kind* dauerhaft von dieser Angst zu befreien.

Trauer

Sobald wir einen Verlust erleiden, trauert unser *inneres Kind.* Dabei kann es sich um die unterschiedlichsten Formen von Verlust handeln: Um den Abbruch von Beziehungen und Freundschaften, den Verlust von Ansehen, Wertschätzung oder Heimat, das Ende eines bestimmten Lebensabschnitts oder des Kontakts zu einer wichtigen Person in unserem Leben. Trauern bedeutet für unser *inneres Kind* Abschied zu nehmen und dieser Abschied ist wichtig, um sich von Vergangenem zu lösen und sich für Neues zu öffnen. Die körperlichen Reaktionen beim Trauern wie zum Beispiel weinen, hängende Schultern, gesenkter Blick, starre Mimik und die monotone Stimme, haben Signalcharakter für unser Umfeld und fordern unsere Mitmenschen auf, uns eine Zeit lang auf dem Trauerweg unterstützend zur Seite zu stehen. In der Trauerphase fühlt sich unser *inneres Kind* leer und niedergeschlagen, Gefühle von Sinnlosigkeit und Verzweiflung begleiten die Trauer. Später kann aber auch Wut und Entsetzen hinzukommen. Trauer durchläuft also mehrere Phasen und mündet letztendlich normalerweise in der Annahme und Akzeptanz des Verlustes.

Wie gehen wir mit der Trauer unseres *inneren Kindes* um?

Das Wichtigste bei der Trauer ist es, sie zuzulassen. Die meisten

Probleme entstehen nicht durch eine intensive Trauerphase, sondern vielmehr durch das Unterdrücken und Bekämpfen von Trauer. Merke dir: Trauern ist heilend! Wenn unser *inneres Kind* also traurig ist, dann sollten wir ihm Raum geben und es beim Trauern begleiten. Trauer kann aufkommen, wenn wir einen akuten Verlust erleiden, aber auch, wenn wir im Verlauf unseres Lebens einen schon längst vergangenen Verlust realisieren. So kann es vorkommen, dass bei unserem *inneren Kind* auch noch nach Jahren der Stille plötzlich eine intensive Trauerphase in Gang gesetzt wird. Dies kann passieren, wenn wir beispielsweise durch Gespräche mit Mitmenschen, eine Therapie, durch Filmszenen oder Bücher an traurige Aspekte der Vergangenheit erinnert werden oder diese gar plötzlich erst als solche erkennen. Auch hier gilt es, der Trauer Raum zu geben. Raum geben bedeutet, bewusst Zeit und eine passende Umgebung zu schaffen, in der die Emotionen unseres *inneren Kindes* fließen dürfen und so die Trauer (nachträglich) bewältigt werden kann. Diese Umgebung kann ein Rückzugsort sein, an dem man alleine mit sich ist, sich traurige Musik anmacht, einen (Abschieds-)Brief schreibt oder sich alte Fotos anschaut. Man kann aber auch im Kreise seiner Liebsten trauern. Mit Menschen, bei denen man sich einfach ausweinen kann und anschließend in den Arm genommen wird.

Nachdem wir in den letzten Abschnitten die Sprache der Gefühle kennengelernt und uns mit dem Umgang mit verschiedenen Emotionen befasst haben, können wir festhalten, dass unsere Gefühle immer ein Signal für uns sind und wahrgenommen werden wollen. Da wir dazu tendieren, gerade die schmerzhaften Gefühle zu unterdrücken, wollen wir uns im Folgenden dem Thema Schmerz zuwenden.

Die Hinwendung zum Schmerz

Der Schlüssel für mentales Wohlergehen ist also die kontinuierliche Befriedigung unserer Bedürfnisse. Dazu müssen wir einen regelmäßigen Blick auf das Befinden unseres *inneren Kindes* werfen und allen Gefühlen, die es uns täglich schickt, ausreichend Beachtung schenken. Sowohl den angenehmen, als auch den unangenehmen. Wir müssen die Angst vor unseren Gefühlen verlieren und sie nicht mehr als Feinde ansehen, die es zu bekämpfen gilt, sondern als Verbündete, die uns bei dem Erhalt unserer mentalen Gesundheit helfen wollen. Wir müssen aufhören unangenehme Gefühle zu vermeiden, sie zu verdrängen oder zu ignorieren, sondern lernen sie zu empfangen und ihnen Raum in unserem Leben zu geben. Wir müssen erkennen, dass Gefühle, so unangenehm sich manche von ihnen auch anfühlen mögen, lediglich ein Hilferuf unseres *inneren Kindes* darstellen. Wir müssen verstehen, dass sie uns niemals etwas Böses wollen, sondern das hinter ihnen immer eine gute Absicht steckt. Wir müssen unsere Sicht auf Gefühle im Allgemeinen verändern und verstehen, dass uns nur die Auseinandersetzung mit ihnen in einen tieferen Kontakt mit uns selbst, zu vollständiger mentaler Gesundheit und hin zu einem erfüllten Leben führt.

Gefühle als Signal verstehen

Mit Gefühlen ist es wie mit körperlichem Schmerz: Sobald wir uns verletzen schickt uns unser Körper „Schmerz" als Signal und möchte uns darauf hinweisen, dass etwas nicht stimmt. Schmerz ist also an sich etwas Gutes: Auch wenn er sich unangenehm anfühlt, möchte er mit seiner Präsenz indirekt dafür sorgen, dass es uns bald wieder besser geht. Schmerz muss sich somit auch unangenehm anfühlen, denn nur bei unangenehmen Empfinden sind wir gewillt, etwas zu ändern. Wenn Schmerz angenehm wäre, dann würden wir an dem Zustand nichts ändern wollen.

Schmerz hat also die Funktion, uns auf ein Problem aufmerksam zu machen und uns zu einem Verhalten zu motivieren, das dieses Problem lösen soll. Genau diese Funktion haben unangenehme Gefühle auch: Unser *inneres Kind* möchte uns durch das Vermitteln unangenehmer Gefühle auf einen Mangel hinweisen und uns dazu auffordern, uns um diesen Mangel zu kümmern. Es bittet uns quasi um Hilfe. Wenn wir diese unangenehmen Gefühle ignorieren schaden wir damit nicht nur uns selbst, sondern lassen auch unser *inneres Kind* mit seinem Leid alleine. Wir helfen ihm nicht, obwohl es uns darum bittet, und wir kümmern uns nicht um seine Bedürfnisse. Wenn wir die Gefühle hingegen zulassen, annehmen und verstehen, auf was uns unser *inneres Kind* hinweisen möchte, dann setzen wir damit ein Zeichen und zeigen, dass uns unser *inneres Kind* wichtig ist, wir Verantwortung übernehmen und dass wir uns wirklich um sein Wohlbefinden kümmern wollen, in guten wie in schlechten Zeiten. Durch die „Hinwendung zum Schmerz" zeigen wir bedingungslose Liebe, Annahme und Fürsorge. Denn unser *inneres Kind* muss nicht funktionieren, fehlerfrei oder perfekt sein, um unsere Aufmerksamkeit zu bekommen. Es muss keine Erwartungen erfüllen oder Vorstellungen entsprechen, um von uns geliebt und umsorgt zu werden. Unser *inneres Kind* ist richtig, so wie es ist. Mit all seinen Ängsten, Zweifeln und Unsicherheiten. Wir kümmern uns um seine Bedürfnisse ausnahmslos, bedingungslos. Und das jederzeit.

Und natürlich kann die Auseinandersetzung mit den schmerzhaften Empfindungen zunächst leidvoll sein. Es kann bedeuten, dieses Empfinden eine Zeit lang (er-)tragen zu müssen oder sogar bestimmte Aspekte des Schmerzes für immer in seinem Leben zu akzeptieren. Aber egal wie, die Hinwendung zum Schmerz ist ein wichtiger Schritt und ein Zeichen von Liebe für unser *inneres Kind*.

Wir verstehen jetzt, dass Gefühle, ob wohltuend oder schmerzlich, wichtige Informationsträger und die Sprache unseres *inneren Kindes* sind. Gerade „negative" Gefühle, die wir im Alltag häufig verdrängen, sind wichtig für uns, denn sie möchten uns auf einen bestehenden Mangel oder ein verletztes Bedürfnis unseres *inneren Kindes* hinweisen und sollten deshalb von uns mit besonderer Aufmerksamkeit empfangen werden. Doch allein mit der Annahme der Gefühle ist es noch nicht getan. Wir müssen auch lernen sie richtig zu deuten, sie zu regulieren und uns anschließend um das dahinter liegende, wahre Bedürfnis unseres *inneren Kindes* kümmern. Und genau das ist dein neuer Weg. Der neue Weg beginnt damit, das Vertrauen unseres *inneren Kindes* zu gewinnen und dafür zu sorgen, dass es in Triggersituationen nicht mehr nach seinen alten Schutzstrategien reagiert, sondern uns so sehr vertraut, dass es uns die Situation mit unseren neuen, konstruktiven Strategien bewältigen lässt. Wir wollen ab heute also einen Weg gehen, der nicht mehr auf der Grundlage von Angst und Vermeidung basiert, sondern auf Grundlage von aktiver Annahme, Zuwendung und Fürsorge. Denn nur so schaffen wir es, die Kontrolle über unser Leben zu gewinnen und einen neuen Weg zu beschreiten, auf dem unsere Bedürfnisse wirklich Befriedigung erfahren. Es ist deshalb so wichtig, die Anleitung für den neuen Pfad, die du im zweiten Teil des Buches von mir bekommen hast, immer wieder zur Hand zu nehmen und mit ihr zusammen so lange den neuen Weg zu gehen, bis er irgendwann genauso angenehm und vertraut für dich sein wird, wie der alte. Und das kann dauern. Denn wie schon gesagt: Ein neuer Trampelpfad entsteht nicht über Nacht, sondern durch stetiges Freimachen, kontinuierliches Ebnen und häufiges Begehen. Habe Geduld und führe dir dein Ziel immer wieder vor Augen.

Teil 3:

Selbstannahme, Selbstliebe und Selbstfürsorge

Im dritten und letzten Teil des Buches möchte ich auf die Themen Selbstliebe, Selbstannahme und Selbstfürsorge eingehen. Die Grundlage für eine kontinuierliche Befriedigung unserer körperlichen und mentalen Grundbedürfnisse ist, dass wir uns selbst als Mensch für wichtig erachten. Erst, wenn wir annehmen, dass wir mit unserem Körper und mit unserem Geist nicht weniger wichtig sind, als andere Menschen auch, als unsere Kinder, unsere Freunde und Partner, erst dann werden wir uns mit derselben fürsorglichen Aufmerksamkeit begegnen, wie den Mitmenschen, die wir lieben. Und erst, wenn uns unser Wohlergehen wirklich am Herzen liegt, werden wir in uns selbst genau die Liebe und die Energie investieren, der es bedarf, um glücklich zu sein.

Wir müssen also lernen, uns selbst wertzuschätzen, uns selbst zu achten und zu respektieren, um wirklich glücklich sein zu können. Aber warum fällt genau das einigen Menschen schwerer und anderen wiederum ganz leicht? Warum schaffen es einige, auf ihre Bedürfnisse zu achten und sich selbst aktiv um ihr Wohlergehen zu kümmern, während andere große Schwierigkeiten damit haben, überhaupt erst ihre Bedürfnisse wahrzunehmen, geschweige denn für sie einzustehen? Warum gelingt es einigen Menschen, sich selbst anzunehmen und zu akzeptieren so wie sie sind, während andere mit ständiger Selbstablehnung und Selbstkritik zu kämpfen haben?

Die Antwort liegt wieder einmal in der individuellen Lerngeschichte einer Person, also in den Erfahrungen, die sie im Laufe ihres Lebens gemacht hat. Denn sich selbst anzunehmen, sich selbst zu lieben und für sich selbst zu sorgen setzt eine bestimmte Haltung und gewisse Fertigkeiten voraus, die wir uns selbst gegenüber erbringen. Und diese Haltung ebenso wie die dazugehörigen Fertigkeiten, unsere Bedürfnisse wichtig zu nehmen und uns aktiv um das eigene Wohlergehen zu kümmern, werden uns von der Außenwelt vermittelt. Wir lernen sie modellhaft am Verhalten anderer und über Erziehungsprinzipien. Aber vor allem lernen wir sie über das Verhalten, das die Außenwelt uns damals als Kind entgegengebracht hat. Das heißt, die Art und Weise der Zuwendung, Fürsorge und Einstellung, die wir damals von der Außenwelt uns gegenüber erfahren haben, übernehmen wir heute für uns selbst.

So, wie die Außenwelt in der Kindheit mit uns umgegangen ist, so gehen wir heute noch mit uns selbst um.

Wenn wir also als Kind beobachten konnten, dass wir als Mensch mit Liebe und Wertschätzung überschüttet wurden, wenn wir beobachten konnten, dass wir umsorgt, beschützt und verteidigt wurden, wenn wir angenommen wurden, so wie wir sind und das Gefühl vermittelt bekommen haben, wichtig und wertvoll zu sein, dann tun wir dies im späteren Leben auch mit uns selbst. Selbstannahme, Selbstliebe und Selbstfürsorge wurde uns dann quasi vorgelebt. Wir hatten Modelle dafür und konnten den „Umgang mit uns selbst" von der Außenwelt imitieren. Unser *inneres Kind* ist in diesem Fall in Fülle und Liebe aufgewachsen und strebt danach, diese Fülle und Liebe in seinem Leben immer wieder herzustellen und zu reproduzieren.

Wenn wir jedoch in Kritik, Mangel und ständiger Ablehnung aufgewachsen sind, wenn sich die Außenwelt nicht gut um uns kümmern konnte und unsere Bedürfnisse nicht ausreichend beachtet hat, dann haben wir so etwas wie Selbstliebe und Selbstfürsorge nicht richtig beigebracht bekommen und können es deshalb (noch) nicht bei uns selbst ausleben. Wir hatten dann keine Modelle für fürsorgliches Verhalten uns selbst gegenüber. Keine Vorbilder die uns gezeigt haben, wie wertvoll wir als Mensch und wie wichtig unsere Bedürfnisse sind. Unser *inneres Kind* hat dann ein Selbstbild von sich entwickelt, das auf der Annahme „Ich bin nicht wichtig" beruht und verhält sich dementsprechend. Das Selbstbild unseres *inneren Kindes* formt sich zunächst durch den Spiegel der Außenwelt und später dann durch die weiteren Erfahrungen, die wir im Laufe unseres Lebens machen. Also keine Sorge: Das Selbstbild unseres *inneren Kindes* ist keine feste Konstante, sondern ein Leben lang durch neue Erfahrungen modifizierbar. Wie wir uns selbst sehen ist also nicht in unserem Wesen festgeschrieben und auch nicht in unseren Genen verankert. Es ist eine Sache von Erfahrungen.

Und egal, welche schmerzhaften und verletzenden Erfahrungen aus der Vergangenheit das heutige Selbstbild unseres *inneren Kindes* geprägt haben: Wir dürfen nicht vergessen, dass wir heute die primäre Außenwelt unseres *inneren Kindes* darstellen und für seine unmittelbaren Erfahrungen im Hier und Jetzt verantwortlich sind.

Wenn wir uns heute dafür entscheiden, eine wertschätzende und respektvolle Haltung uns selbst gegenüber einzunehmen. Wenn wir anfangen, unser *inneres Kind* in seinen Gefühlen wahrzunehmen, in seinen Bedürfnissen zu erkennen und damit beginnen in einer Sprache mit ihm zu kommunizieren, die von Liebe und Annahme geprägt ist, so wie es im zweiten Teil des Buches beschrieben ist, dann wird unser *inneres Kind* diese neuen Erfahrungen in sein aktuelles Selbstbild integrieren und es in Richtung „Ich bin wichtig und werde geliebt" formen.

Und das Schöne ist, so geht es wirklich. Es funktioniert! Wir Menschen sind dazu fähig, ein Leben lang zu lernen! Und alle Eigenschaften, die wir benötigen, um uns selbst anzunehmen, uns selbst zu lieben und für uns selbst zu sorgen, tragen wir bereits in uns.

Selbstannahme

Werde dir bewusst, dass du als reines Wesen auf die Welt kommst. Ganz ohne Selbstzweifel, ohne Selbstablehnung oder Selbstkritik, sondern mit hundertprozentiger Annahme deiner Selbst. Als Säugling zweifelst du nicht an dir, du nimmst dich und deine Bedürfnisse nicht zurück, im Gegenteil: Alles in dir ist auf Selbsterhalt, eigene Bedürfnisbefriedigung und auf Selbstfürsorge programmiert.

Du bist dir selbst wichtig, ohne dabei andere Menschen weniger zu lieben oder zu brauchen. Somit ist Selbstannahme unser eigentliches Naturell, mit dem wir auf die Welt kommen. Die Abweichungen davon, die wir im späteren Leben oft erfahren, entstehen erst in Interaktion mit der Außenwelt.

Kein Säugling kommt auf die Welt und lehnt sich ab!

Was bedeutet eigentlich Selbstannahme?

Selbstannahme bedeutet, dass wir uns selbst so annehmen, wie wir sind, und auch das annehmen, was wir geworden sind. Wir kämpfen nicht gegen uns an, gegen unsere Haarfarbe, unsere Körpergröße oder -form. Wir kämpfen auch nicht gegen die Ängste, Sorgen und Unsicherheiten unseres *inneren Kindes*, denn es gibt gute Gründe, warum wir so sind wie wir sind. Wir akzeptieren uns im Innen wie im Außen, nehmen uns als Mensch an und hören auf, gegen uns selbst zu kämpfen. Wir müssen uns im Leben als Freund ansehen und nicht als Feind, den es zu besiegen gilt. Wir müssen auf unserem Lebensweg den Arm um uns legen und lernen, uns zu stärken und nicht zu Boden zu werfen, wenn es mal schwierig wird. Das Leben ist oft hart genug. Warum sollen wir es uns selbst noch schwerer machen?

Und mit Selbstannahme meine ich natürlich nicht, dass wir alles an uns gut finden müssen oder in unserer Entwicklung stehen bleiben sollen. Es bedeutet nicht, den Wunsch nach persönlicher

Weiterentwicklung nicht empfinden zu dürfen. Es bedeutet lediglich, den aktuellen Zustand, in dem wir uns gerade befinden, nicht zu bekämpfen, sondern erst einmal anzunehmen. Natürlich dürfen wir sagen: *„An diesen Eigenschaften von mir möchte ich noch arbeiten"*, oder *„Hier möchte ich noch stärker werden"*. Aber dieser Wunsch nach persönlicher Veränderung setzt eben Annahme und nicht Ablehnung voraus. Wir müssen einen Zustand zunächst annehmen, bevor wir ihn ändern können. Auch ein Baby verspürt den Drang, sich weiterzuentwickeln und bald krabbeln, sitzen und sprechen zu können. Aber es lehnt sich und den Zustand, in dem es sich gerade befindet, deshalb nicht ab. Im Gegenteil, es möchte wachsen und sich entwickeln, gerade weil es sich selbst liebt und annimmt. Sich ändern zu wollen muss nichts mit Ablehnung zu tun haben. Wir können Veränderungen auch aus Liebe erschaffen.

Selbstmitgefühl

Selbstannahme geht auch mit Selbstmitgefühl einher. Dann blicken wir auf uns mit einer Haltung des Verständnisses und durch die Augen der Liebe. Dabei ist Selbstmitgefühl nicht mit Selbstmitleid zu verwechseln. Während wir bei Selbstmitleid in eine Opferrolle treten, uns in unserem Leid suhlen, Ich-zentriert sind und in negativen Gedanken versinken, verstehen wir bei Selbstmitgefühl unser Leid als eine universelle Erfahrung, als Teil eines großen Ganzen. Wir entwickeln ein Bewusstsein dafür, dass alles Leben leidet und dass wir dadurch mit allen Wesen auf der Welt verbunden sind. Wir erkennen an, dass wir nur Menschen und all unsere Reaktionen somit von menschlicher Natur sind. Menschsein bedeutet unvollkommen sein. Jeder versucht so gut es geht, das Leben zu meistern und mit den Schmerzen, dem Leid und den Schicksalsschlägen, die er auf dem Lebensweg erfährt, umzugehen. Wir sitzen alle im selben „Boot des Lebens" und geben alle unser Bestes, um uns durch den „Ozean des Seins" zu navigieren. Wir alle tragen ein *inneres Kind* in uns, das nach der Befriedigung seiner Grundbedürfnisse strebt, sich nach Wertschätzung und Liebe sehnt und das angenommen werden möchte für das, was es ist. Und so können wir, wenn wir über die „Entstehungsgeschichte" unserer Person nachdenken, immer ein logisches Verständnis für unser Verhalten und unser Sein entwickeln. Unsere Reaktionen ergeben Sinn. Das, was unser *inneres Kind* empfindet, ergibt Sinn und auch das, was aus uns geworden ist, macht absolut Sinn.

Es ist deshalb an der Zeit, den Blickwinkel zu ändern und anzufangen, jeden Menschen als „perfekt gewordenes Geschöpf" zu betrachten. Perfekt deshalb, weil jeder Mensch sowie jedes andere Lebewesen auch in Anbetracht seiner Genetik, seiner Lerngeschichte und den Umständen, in denen es aufgewachsen ist, sich so entwickelt und angepasst hat, dass es seine Grundbedürfnisse bestmöglichst befriedigen, schützen und somit überleben kann. Jeder Organismus hat von innen nach außen das erschaffen, was er erschaffen konnte. Oder anders ausgedrückt: Jedes Lebewesen tut zu jeder Zeit das Beste, was es im jeweiligen Moment tun kann.

Und genau aus diesem Grund müssen wir aufhören, uns zu verurteilen und anfangen, uns anzunehmen. Wir müssen damit beginnen, uns selbst Verständnis, Mitgefühl und Annahme entgegen zu bringen. In guten, wie auch in schlechten Zeiten.

Ich stelle dir im Folgenden eine Übung vor, die dir dabei helfen wird, dir selbst gegenüber Mitgefühl zu empfinden und dich aus einem anderen Blickwinkel heraus zu betrachten. Auch wenn dir die Übung einfach erscheinen mag, so lege ich dir ans Herz, sie wirklich für dich auszuprobieren und zu spüren, welche emotionale Wirkung sie auf dich und in dir hat.

Übung: Brief eines Freundes

Jeder hat etwas an sich, das er nicht mag. Etwas, das er ablehnt oder sogar verachtet. Das ist auch ganz normal, denn das Gefühl von Minderwertigkeit oder Unzulänglichkeit ist Teil unserer Lebenserfahrung und tritt früher oder später bei jedem von uns auf.

Für die Übung brauchst du einen Zettel und einen Stift, als wolltest du einen Brief schreiben. Versuche nun bewusst an etwas zu denken, das bei dir ein Gefühl der Unzulänglichkeit auslöst. Es kann etwas im Außen sein (beispielsweise ein Körperteil) oder etwas, das in deinem Inneren ist (eine Angst, ein Vorstellung oder eine Verhaltensweise). Versuche dabei so ehrlich wie möglich zu dir zu sein und schreibe diese Eigenschaft, die du ablehnst, ganz oben auf den Briefkopf, etwa so:

Ich lehne an mir folgende Eigenschaft ab:

Schreibe als nächstes alle Gedanken und Gefühle auf, die du mit dieser Eigenschaft verbindest und welche Konsequenzen du in deinem Leben durch diese Eigenschaft für dich erfährst. Lass alles raus:

> *Ich hasse diese Eigenschaft, denn ich fühle mich durch sie…*
> *Mit dieser Eigenschaft habe ich immer das Gefühl…*
> *Durch diese Eigenschaft denke ich…*
> *Aufgrund dieser Eigenschaft kann ich in meinem Leben nicht…*

Stell dir als nächstes einen liebevollen, imaginären Freund vor. Einen Freund, der dich seit deiner Geburt begleitet, dich liebt und dich genauso annimmt und akzeptiert, wie du bist. Diesen Freund schätzt du sehr, denn er ist immer für dich da. Er schenkt dir Kraft, wenn dir die Energie fehlt, baut dich auf, wenn du am Boden liegst und gibt dir Halt, wenn du das Gefühl hast, dich zu verlieren. Durch seine Ruhe und seine Kraft fühlst du dich bei ihm gut aufgehoben und durch sein großes Herz immer verstanden. Dieser imaginäre Freund kennt deine ganze Vergangenheit. Er weiß, was du schon alles durchgemacht hast und welche Schicksalsschläge dich in deinem Leben geprägt haben. Er sieht alle Aspekte deines Lebens gleichzeitig: Deine Familiengeschichte, all dein Leid und deine aktuellen Lebensbedingungen. In seiner Weisheit betrachtet er immer das große Ganze. Er versteht, warum du heute so bist wie du bist und würde dich deshalb auch niemals verurteilen.

Schreibe nun im nächsten Schritt aus der Perspektive dieses

Freundes einen Brief an dich selbst. Konzentriere dich dabei auf die Eigenschaft, die du ablehnst und lass deinen Freund nun Stellung dazu nehmen. Was würde dein Freund, der dich bedingungslos liebt, dich annimmt und wertschätzt, über diese „Schwäche“ sagen? Wie würde er dich aufbauen? Was würde er dir sagen, damit es dir besser geht und du die Selbstzweifel ablegen kannst?

Stell dir wirklich vor, wie er diesen Brief aus einem liebevollen Blickwinkel heraus an dich schreiben würde. Beginne auch gerne mit:

Liebe(r) ....(deinen Namen)

Nimm dir für diesen Brief wirklich Zeit. Er kann alles beinhalten, was dir einfällt und was dir gut tun würde. Frage dich im Laufe des Schreibens immer wieder, was dein Freund dir jetzt schreiben würde, wie genau er argumentieren würde, um dich aufzubauen. Versuche immer wieder bewusst aus seiner Perspektive zu schreiben und den Fokus bei der bestimmten Eigenschaft zu lassen.
Spüre nachdem du den Brief geschrieben hast auch nochmal in dich rein:

- Wie geht es dir nun, nachdem du den Brief geschrieben hast?
- An welcher Stelle deines Körpers fühlst du eine Reaktion auf die Worte, die du liest?
- Welche Gefühle und Gedanken nimmst du in dir wahr?

Selbstliebe

Was bedeutet eigentlich Selbstliebe? Es bedeutet, sich selbst im Alltag liebevoll zu begegnen, auf sich selbst als Mensch zu achten und sich aktiv um sein eigenes Wohlergehen zu kümmern.
Denke einmal an eine Person, die du wirklich bedingungslos und von ganzem Herzen liebst:

- dein Kind
- deine Mutter
- deinen Vater
- deine Oma
- deinen Opa
- deine Schwester
- deinen Bruder
- deine Nichte
- deinen Neffen
- deinen Partner
- deine/n beste/n Freund/in usw.

Schließe nun zum Intensivieren deine Augen und stelle dir bildlich vor, wie diese geliebte Person vor dir steht, mit allem was zu ihr gehört und mit allem was du für sie empfindest. Male dir richtig aus, wie sie aussieht, wie sie lacht und wie sie sich bewegt. Stelle dir vor, wie du mit ihr zusammen in einem Raum bist und du ihre einzigartige Energie spüren kannst. Was fühlst du, wenn du diese Person vor dir siehst? Was passiert in dir, in deinem Körper, wenn sie dich liebevoll ansieht, dich berührt oder dir tief in die Augen blickt.

Beobachte einmal ganz bewusst die Wärme und dieses besondere Gefühl der Zuneigung, das in dir aufkommt. Spüre diese Liebe und genieße für einen Moment, was mit dir und deinem Körper passiert. Und während du so sitzt und dieses Gefühl wahrnimmst, beobachte auch einmal, ob du im Zustand des Liebens irgendwo in dir auch ein Bedürfnis, einen Wunsch oder ein Verlangen wahrnehmen kannst. Wenn ja, welches ist es?

Liebe kommt selten allein.

Liebe ist in erster Linie ein Gefühl, das wir in unserem Körper empfinden. Aber wie wir wissen, kommt jedes Gefühl nicht ohne sein dazugehöriges Bedürfnis. Im Falle des Liebens ist es das Bedürfnis nach Zuneigung. Wenn wir also eine Person lieben, möchten wir bei ihr sein, mit ihr Zeit verbringen und fühlen uns im wahrsten Sinne des Wortes von ihr angezogen. Diese Person wirkt wie ein Magnet auf uns. Ihre Anwesenheit befriedigt unser Herz und erfüllt unseren Körper mit Freude. Ihr Verlust hingegen bringt ähnliche Symptome mit sich wie ein Entzug. Als ob man „auf Droge" war und nun ohne die Droge auskommen muss.

Wenn wir jemanden lieben, dann empfinden wir also einerseits dieses wunderschöne Gefühl in uns, wollen aber andererseits auch das dazugehörige Bedürfnis nach Zuwendung im Außen erleben. Wir wollen Liebe also „aktiv" leben, möchten uns dem Objekt der Liebe zuwenden und sind bereit unsere Aufmerksamkeit, Zeit und Energie zu investieren. Denn das, was wir lieben, hat einen hohen „Wert" für uns, für den es sich zu investieren lohnt. Zuwendung ist also das Bedürfnis des Gefühls der Liebe - liebevolle Zuwendung ist die aktive Form des Liebens.

Beim Thema Selbstliebe verhält es sich ganz ähnlich. Wenn wir uns selbst lieben, dann empfinden wir zum einen das Gefühl der Liebe für uns und zum anderen verspüren wir das Bedürfnis nach Zuneigung und Wertschätzung uns selbst gegenüber. Wir möchten, dass es uns gut geht und wir glücklich sind und wir sind auch bereit aktiv Zeit, Energie und Aufmerksamkeit in unser Wohlergehen zu investieren. Auch hier hat die Selbstliebe neben der emotionalen Komponente auch immer eine Verhaltenskomponente, die aus dem Bedürfnis der Zuneigung entspringt. Das Gefühl der Selbstliebe führt also zum Bedürfnis des aktiven Liebens uns selbst gegenüber.

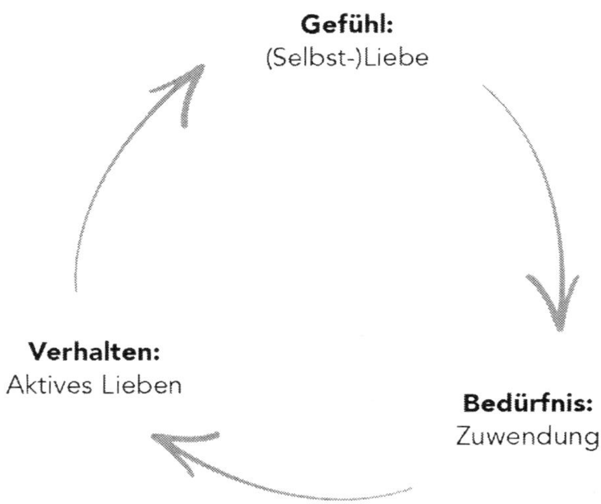

Wir fühlen Liebe, also „tun" wir lieben

Oder umgekehrt: Wir „tun" lieben, weil wir Liebe empfinden. Jetzt ist es aber so, dass bei vielen Menschen eine solche Form der liebevollen (Eigen-)Zuwendung gar nicht stattfindet. Sie achten nicht bewusst auf ihre Bedürfnisse oder auf ihr Wohlergehen. Sie versuchen nicht sich freundlich im Alltag zu begegnen oder aktiv glücklich zu machen, denn sie spüren das Gefühl der Selbstliebe nicht und können folglich auch kein Bedürfnis des aktiven (Eigen-)Liebens wahrnehmen. Aber woran liegt das?

Die Antwort ist einmal mehr in den Prägungen unseres *inneren Kindes* zu finden. Denn das *innere Kind* empfindet immer nur so viel (Selbst-)Liebe im Innen, wie es im Außen Liebe erfahren hat. Das heißt, dass der Grad der liebevollen Zuwendung, die wir uns heute im Alltag geben, maßgeblich von dem Grad der erfahrenen Zuwendung unseres *inneren Kindes* abhängt. Je häufiger sich die Außenwelt uns liebevoll zugewandt, sich um uns gesorgt und unsere Bedürfnisse liebevoll befriedigt hat, desto geliebter fühlten wir uns als Kind und desto eher trägt unser *inneres Kind* heute ein Selbstkonzept von „Ich bin liebenswert" in sich. Wenn sich die Außenwelt hingegen ignorant oder vernachlässigend verhalten hat, mehr mit ihren eigenen als mit unseren Bedürfnissen beschäftigt war, wenn die Zuwendung lediglich aus Kritik oder Ablehnung bestand, dann hat sich das Selbstkonzept unseres *inneren Kindes* folglich mehr in Richtung „Ich bin nicht liebenswert" entwickelt. Die Außenwelt fungierte also wie ein Spiegel für unsere Liebenswürdigkeit, die wir im Erwachsenenalter dann für uns übernommen haben.

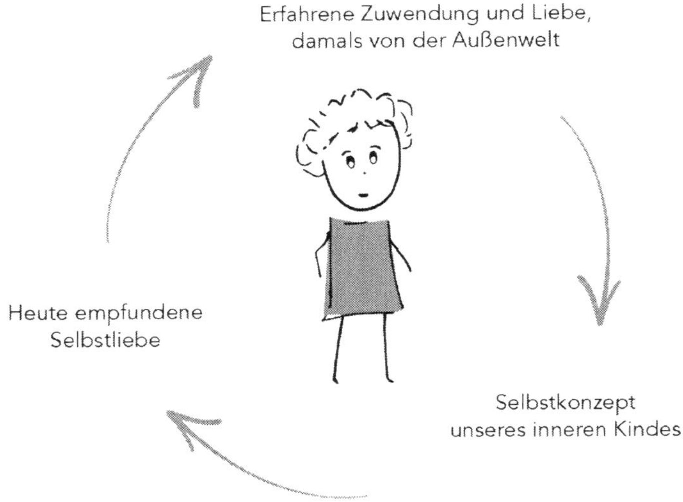

Das Gute daran ist, dass wir heute die Außenwelt unseres *inneren Kindes* sind und somit bewusst einen (Liebes-)Spiegel kreieren können, der das Selbstkonzept unseres *inneren Kindes* nachträglich positiv ändert und den Grad unserer empfundenen Selbstliebe langfristig stärkt. Doch dazu müssen wir unser Verhalten von unseren Gefühlen und Bedürfnissen unabhängig machen. Das heißt, wir müssen entsprechende Verhaltensweisen ausführen, ohne das Bedürfnis dazu zu verspüren. Im Klartext: Selbstliebe „tun", bevor wir Selbstliebe empfinden! Auch wenn es sich zunächst komisch anfühlen wird, ein bestimmtes Verhalten auszuführen, ohne sich danach zu fühlen, werden wir genau dadurch das Gefühl in uns erschaffen. Durch bewusste und liebevolle Aufmerksamkeit, durch aktive Zuneigung und tägliche Wertschätzung uns selbst gegenüber verändern wir das Selbstkonzept unseres *inneren Kindes* und pflanzen den Samen für unser Gefühl der Selbstliebe. Wir agieren quasi „rückwärts" und geben unserem *inneren Kind* die Erfahrungen, die es braucht, um positive Gefühle zu empfinden und sein Selbstkonzept in Richtung „liebenswert" zu modifizieren. Wenn es also unser Ziel ist, mehr Liebe für uns zu empfinden, dann müssen wir damit anfangen, uns selbst und unserem *inneren Kind* mehr Liebe zu geben. Unabhängig davon, ob wir das auch empfinden oder nicht. Wir dürfen nicht auf das Bedürfnis, uns selbst zu lieben warten, bevor wir damit beginnen. Im Gegenteil:

Gefühle folgen dem Verhalten!

Das ist ähnlich wie beim Sport: Manche Menschen müssen sich erst zum Sport überwinden. Sie müssen lernen, auch ohne das Bedürfnis (ich habe jetzt gerade Lust auf Sport) aktiv zu werden und ihr Verhalten (zum Sport gehen) unabhängig von diesem Bedürfnis auszuführen. Nur so schaffen sie es, ihren Körper fit zu machen und von den positiven körperlichen wie mentalen Vorteilen sportlicher Aktivität zu profitieren, um dann irgendwann den tatsächlichen, natürlichen Drang nach Sport zu verspüren.

Durch unser heutiges Verhalten pflanzen wir also den Samen der Gefühle, die wir irgendwann einmal bei unserem *inneren Kind* ernten wollen. Und so ein natürliches „Wachstum der Gefühle" braucht seine Zeit. Denn Selbstliebe zu spüren, wo (noch) keine da ist, passiert nicht einfach von heute auf morgen. Wir können die Selbstliebe unseres *inneren Kindes* nicht einfach „aufdrehen" und das Selbstkonzept, an dem es festhält, nicht nach Belieben verändern. Wir können nicht über Nacht die Prägung der Außenwelt auf unser *inneres Kind* wieder gut machen. Auch wenn sich die meisten Menschen genau das wünschen würden: Die schnelle Lösung, die magische Formel, die drei Schritte, das eine Geheimnis für mehr Selbstliebe. Aber so funktioniert das leider nicht. Das Selbstkonzept unseres *inneren Kindes* sitzt tief und wurde über Jahre hinweg aufgebaut und verfestigt. Dementsprechend braucht eine Veränderung seine Zeit.

Frage dich selbst: Welche Zuwendung hättest du damals von deinen Eltern gebraucht und welche müsstest du deinem *inneren Kind* heute geben, um in Zukunft voller Selbstliebe zu sein?

Wir müssen uns bewusst machen, dass die Außenwelt von damals zwar unser *inneres Kind* von heute geprägt hat, aber wir heute mit unserem täglichen Verhalten unser *inneres Kind* von Morgen prägen. Das heißt, dass sowohl das Verhalten, das wir uns selbst gegenüber täglich zeigen als auch die Haltung, mit der wir uns im Alltag begegnen ebenso wie die Kommunikation, die wir mit uns selbst führen, auch immer auf das Selbstkonzept unseres *inneren Kindes* wirkt.

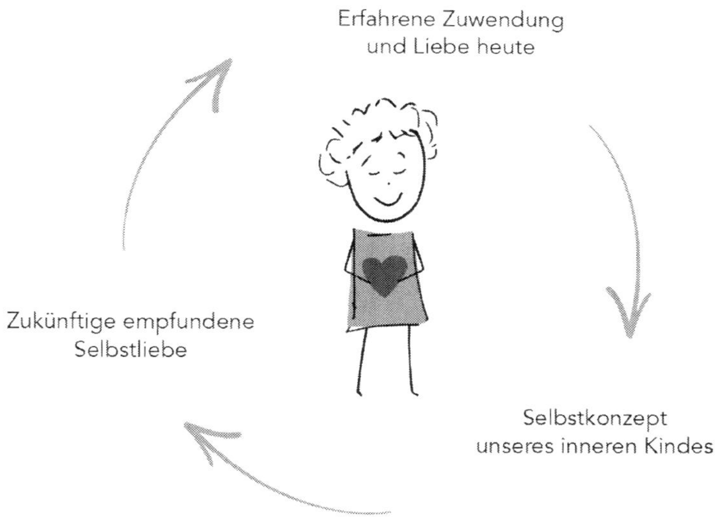

Wenn also das bestehende Selbstkonzept unseres *inneren Kindes* in Richtung Liebe und Vertrauen modifiziert werden soll, wenn wir wollen, dass unser *inneres Kind* nicht mehr das Gefühl der Ablehnung, sondern das der Annahme und Selbstliebe in sich trägt, dann müssen wir auch damit beginnen ihm eine Außenwelt zu erschaffen, in der es Liebe und Vertrauen erfahren kann. Eine Welt, in der es das Gefühl hat, wichtig zu sein, wertgeschätzt und geliebt zu werden. Und das tun wir einzig und allein mit Hilfe des Verhaltens, mit dem wir uns selbst tagtäglich begegnen. Wenn wir anfangen, uns selbst liebevolle Zuwendung zukommen zu lassen, auf unsere Bedürfnisse achten und damit beginnen, uns aktiv glücklich zu machen, schenken wir unserem *inneren Kind* genau die Liebe, die es braucht, um sein Selbstkonzept ändern zu können. Und um fähig zu sein, uns Liebe in Form von Selbstliebe zurückzusenden. Indem wir uns also selbst Liebe geben, werden wir Selbstliebe empfinden. Doch um das zu erreichen müssen wir zunächst einmal an der Haltung uns selbst gegenüber arbeiten.

Selbstliebe Grundhaltung

Um Selbstliebe in unseren Alltag integrieren zu können, müssen wir zunächst einmal eine gewisse Grundhaltung uns selbst gegenüber entwickeln. Dabei ist es wichtig, dass wir immer ehrlich zu uns sind, denn auch Ehrlichkeit hat etwas mit Selbstliebe zu tun. Wie ich bereits erwähnt habe entsteht Selbstliebe nicht über Nacht und deshalb wird es auch nicht funktionieren, wenn man sich ab heute vor den Spiegel stellt und brav ein „Ich liebe mich so sehr" herunterbetet. Wenn diese Aussage nicht der gefühlten Wahrheit entspricht, belügen wir uns in dem Moment einfach nur selbst. Und genau das wollen wir nicht. Diese Form der Selbstkommunikation ergibt ohne das empfundene Gefühl keinen Sinn und ist meiner Meinung nach sogar kontraproduktiv, da die Erkenntnis, sich lediglich etwas einreden zu wollen, wovon wir gefühlt Lichtjahre entfernt sind, sehr schmerzhaft und deprimierend sein kann. Außerdem ist das an dieser Stelle auch gar nicht nötig. Es reicht völlig aus, wenn wir uns selbst gegenüber erst einmal mit der Haltung „Ich bin okay" begegnen. Wir müssen nicht perfekt sein oder vollkommen. Damit nehmen wir etwas Druck raus und mindern die übermäßig hohe Erwartungshaltung an uns selbst. Auch wenn es noch vieles gibt, das die Stimmen in unserem Kopf kritisieren oder gern ändern würden, können wir erst einmal in dem Zustand, in dem wir uns gerade befinden, ankommen und uns zumindest vorerst als „Okay" befinden: „Ich gebe mein Bestes". Von dieser Haltung aus können wir dann mit dem (Selbstliebe-)Verhalten starten.

Im Folgenden findest du drei Regeln, die den Grundstein deiner Haltung dir selbst gegenüber legen. Sie stellen ein Mindestmaß an Selbstliebe dar und sollten als unangefochtene Haltung in dein Leben integriert werden. Egal, wie du momentan zu dir selbst stehst, was du für dich empfindest oder in welcher Lebenssituation du gerade steckst, diese Grundhaltung sollte zur Basis deiner alltäglichen Entscheidungen und ihre Ausführung nicht von aktuellen Stimmungsschwankungen abhängig gemacht werden. Verinnerliche diese Regeln und mache sie zum Grundprinzip deines Lebens.

1. Sorge für Unversehrtheit

Selbst wenn du noch nicht bereit bist, dich täglich mit Liebe zu überschütten: Ein Mindestmaß an Selbstliebe setzt voraus, dass du versuchst, deinem Körper nicht zu schaden. Dazu gehört jegliche Form von Gewalt dir selbst gegenüber, Schlafentzug, übermäßiger Alkohol- und Drogenkonsum, ungesunde Ernährungsgewohnheiten, mangelnde Bewegung sowie alle Arten von Aktivitäten, die deinen Körper oder deinen Geist in Lebensgefahr bringen oder ihm anderweitig schaden könnten. Sorge dafür, dass du unversehrt bist!

2. Respektiere deinen Körper

Auch wenn er dir optisch vielleicht nicht gefällt: Respektiere und ehre deinen Körper so wie er ist. Denn seine Aufgabe ist es nicht, dir optisch zu gefallen, sondern mit den Mitteln, die er zur Verfügung hat, so gut es geht für deine Gesundheit zu sorgen. Seit dem Tag deiner Geburt gibt er alles, um dir das Leben hier auf dem Planeten Erde zu ermöglichen. Würdige das, indem du seine Grundbedürfnisse nach Essen, Trinken, Schlafen und Wärme angemessen befriedigst und ihn dadurch bei seiner Arbeit unterstützt. Dein Körper ist dein Freund und nicht dein Feind!

3. Begegne dir mit Freundlichkeit

Du musst dich selbst nicht lieben, um freundlich zu dir zu sein. Das ist wie mit Fremden auch: Obwohl wir sie nicht kennen und noch keine Beziehung zu ihnen existiert, sind wir dennoch fähig, höflich, rücksichtsvoll und freundlich zu ihnen zu sein. Dieses Mindestmaß an Freundlichkeit hast auch du verdient, also behandle dich selbst so! Begegne dir selbst, deinen Bedürfnissen und all deinen Eigenarten immer mit Wohlwollen!

Selbstliebe Anleitung

Es folgt nun eine Anleitung, die dir dabei helfen soll, in einen täglichen liebevollen Kontakt mit dir selbst und deinem *inneren Kind* zu treten. Sie wird dir dabei helfen, das Selbstkonzept deines *inneren Kindes* langfristig zu ändern und den Samen deiner empfundenen Selbstliebe zu pflanzen. Du kannst dich an dieser Anleitung orientieren, sie erweitern oder ergänzen. Falls du diese Form der liebevollen (Selbst-)Zuwendung nicht gewohnt bist und es sich am Anfang komisch anfühlt, sich selbst auf so eine Art und Weise zu begegnen, kann ich dir sagen, dass das völlig normal ist. Schließlich hast du ja auch jahrelang ein anderes Verhalten praktiziert. Dein *inneres Kind* ist diese Art der Aufmerksamkeit wahrscheinlich nicht gewohnt. Fange deshalb am besten klein an und steigere dich nach und nach in der Intensität der Ausführung. Ich kann dir versprechen: Je häufiger und regelmäßiger du dies tust, desto selbstverständlicher wird es für dich sein und desto mehr wird sich dein *inneres Kind* geliebt fühlen. Und das ist unser Ziel. Je mehr sich dein *inneres Kind* geliebt fühlt, desto eher wird es die Annahmen über sich in Richtung „Ich bin liebenswert" verändern, was schlussendlich bei dir als Gefühl der Selbstliebe ankommen wird.

Schritt 1: Tritt jeden Tag in Kontakt mit deinem inneren Kind und stelle ihm folgende zwei Fragen:

1. Wie geht es dir?
2. Was brauchst du gerade?

So banal und einfach sich diese zwei Fragen anhören mögen, sie sind der Schlüssel zum Wohlbefinden deines *inneren Kindes*. Mehr braucht es nicht. Das Interesse, die Offenheit und die Bereitschaft zur Investition, die du ihm mit diesen zwei Fragen zeigst reichen, um deinem *inneren Kind* das Gefühl von Liebe und Wichtigkeit zu vermitteln. Im Folgenden findest du drei Vorschläge für die Ausführung. Probiere sie nacheinander aus oder folge der angegeben Empfehlung, das bleibt dir überlassen. Wichtig ist nur, dass du die zwei Fragen stellst und das am besten mehrmals am Tag und natürlich je nach Bedarf.

Für Einsteiger

Um die Antworten deines *inneren Kindes* deutlicher wahrnehmen zu können, empfehle ich dir, diese Fragen in einem ruhigen, entspannten Zustand zu stellen. Lege oder setze dich dazu einfach gemütlich hin, atme ein paar Mal tief ein und aus und lasse mit jedem Ausatmen immer mehr Anspannung von dir fallen. Sobald du das Gefühl hast, in einem angenehmen und ruhigen Zustand zu sein, kannst du die beiden Fragen nach „innen" gerichtet stellen. Beobachte anschließend einfach, welche Antworten in dir aufkommen. Dein *inneres Kind* wird wie gewohnt in Form von Gefühlen und Gedanken mit dir kommunizieren. Lass dir Zeit. Du wirst überrascht sein, welche Antworten es dir gibt.

Für Fortgeschrittene

Nach einiger Zeit der Übung und mit etwas Routine kannst du die Fragen auch ohne Entspannungszustand stellen. Dazu genügt es, einfach nur kurz die Augen zu schließen und - wenn du möchtest - die Hand auf dein Herz zu legen. Die geschlossen Augen schirmen dich von äußeren Reizen ab und vermitteln deinem *inneren Kind*: „Mein Fokus liegt nun ganz bei dir!". Deine Hand auf dem Herzen symbolisiert deinem *inneren Kind*, dass du nun voll und ganz in liebevollen Kontakt mit ihm treten willst.

Für Profis

Nach einer Weile, wenn der Kontakt zwischen euch bereits aufgebaut ist, wird dein *inneres Kind* mit dir klar und deutlich kommunizieren können. Du kannst dann auch ohne weitere Vorbereitungen - also ohne Entspannungszustand, geschlossene Augen oder der Hand auf deinem Herzen - die Fragen „nach innen" stellen und Antworten von deinem *inneren Kind* erhalten. Außerdem wird es dir mittlerweile so sehr vertrauen, dass es dir sogar bei direktem Bedarf ganz natürlich und ohne weitere Nachfrage deinerseits sein Befinden und sein Bedürfnis mitteilen wird. Sei bereit zu empfangen.

Schritt 2: Sprich mit deinem inneren Kind in einer wertschätzenden und liebevollen Sprache

- Wähle grundsätzlich liebevolle Worte
- Schenke ihm Zuversicht in schwierigen Zeiten
- Mache ihm Mut bei Herausforderungen
- Vermittle ihm Vertrauen bei Angst und Schutz bei Unsicherheit
- Mache ihm Komplimente und stärke es regelmäßig

Die Kommunikation mit deinem *inneren Kind* wird mitunter das wichtigste Werkzeug sein, wenn es um das Thema Selbstliebe geht. Wir denken circa 60.000 - 90.000 Gedanken am Tag, die meisten davon unbewusst und automatisch. Neben den unzähligen alltäglichen Gedanken wie: *„Ich brauche jetzt erstmal einen Kaffee"* oder *„Oh, das Kleid der Frau ist schön"* finden sich auch Anweisungen und Forderungen des *inneren Kritikers* wie: *„Du musst heute noch unbedingt die Aufgabe von gestern schaffen, sonst denkt dein Chef noch, dass du faul bist."* Außerdem sind da die sorgenvollen und ängstlichen Glaubenssätze des *inneren Kindes* wie: *„Ich werde die Aufgabe bestimmt nicht schaffen und werde dann dumm da stehen."* und nicht zuletzt die gut gemeinten Handlungsvorschläge seiner Schutzstrategien: *„Mach heute einfach Überstunden und arbeite durch."* Bei all diesen automatisch ablaufenden Gedanken ist es wichtig, Bewusstsein ins Unbewusste zu bringen. Natürlich werden wir es nicht schaffen können, jeden einzeln Gedanken hören oder beobachten zu können. Aber vor allem bei den „typischen Gedanken" des *inneren Kindes* oder des *inneren Kritikers* empfehle ich dir, sie zeitnah zu registrieren und mit einer entgegensteuernden, bewussten Stimme in Interaktion mit dem *inneren Kind* zu treten:

> *„Schatz, das war nur der innere Kritiker, alles gut. Wir lassen uns durch ihn nicht stressen. Das, was wir heute an Aufgaben schaffen, das schaffen wir. Alles andere hat auch noch morgen Zeit!"*

Neben einer Reaktion auf die Gedanken an sich ist es sinnvoll, auch einfach im Laufe des Tages immer wieder mit einer liebevollen, warmen Stimme für Verbindung zum *inneren Kind* zu sorgen:

„Das hast du super gemacht!"
„Du hast es bald geschafft, danach gönnen wir uns etwas Schönes."

Und bei Bedarf kannst du auch durch eine fürsorgliche Stimme für Unterstützung sorgen:

„Das kriegen wir bestimmt super hin! Wir haben schon so vieles geschafft in unserem Leben, dann schaffen wir das auch!"
„Jetzt heißt es Augen zu und durch! In ein paar Tagen sieht die Welt wieder anders aus!"
„Kopf hoch, das Leben geht weiter!"

Schritt 3: Nimm die Gefühle deines inneren Kindes wahr und erkenne die dahinterliegenden Bedürfnisse

- Was möchte dir dein *inneres Kind* mit den Gefühlen, die du gerade empfindest, sagen?
- Was braucht dein *inneres Kind* jetzt wirklich?
- Was wünscht sich dein *inneres Kind* im Moment?

Wenn du - wie im zweiten Teil dieses Buches beschrieben - lernst, die Sprache der Gefühle zu deuten und die dahinter liegenden Bedürfnisse zu erkennen, dann musst du dir folgende zwei Fragen stellen:

1. Kann ich das Bedürfnis meines *inneren Kindes* gerade befriedigen?
2. Macht es auch Sinn, dieses Bedürfnis jetzt zu befriedigen?

Falls ja, dann solltest du zeitnah dafür sorgen, dass das Bedürfnis befriedigt wird. Falls nein, ist es angebracht das unangenehme Gefühl liebevoll anzunehmen und die schmerzhafte Emotion als Teil der Situation zu akzeptieren, ohne dabei in die Bedürfnisbefriedigung zu gehen.

An dieser Stelle möchte ich diesbezüglich auf zwei wichtige Themen näher eingehen.
Erstens: Das Leben ist nicht immer positiv, es ist nicht immer nur schön. Und das soll es auch gar nicht sein! Das Leben ist so, wie es ist: Bunt und in seiner Ausprägung vielfältig. Unangenehme Gefühle gehören genauso zum Leben dazu wie angenehme Gefühle auch und müssen deshalb auch hin und wieder radikal akzeptiert werden. Viele Menschen rennen einem „glücklichen Leben" hinterher, von dem sie sich erhoffen, kein Leid mehr empfinden zu müssen. Aber dieses „glückliche Leben, frei von Schmerz" ist eine Illusion, ein utopischer Wunsch und niemals erreichbar. Klar, wir können die Auftrittswahrscheinlichkeit von positiven Emotionen in unserem Leben erhöhen (indem wir beispielsweise auf unsere Bedürfnisse achten), aber früher oder später wird es immer wieder auch Zeiten und Ereignisse geben, die schmerzhaft und leidvoll sein werden. Und genau in diesen Zeiten, in denen wir den Schmerz nicht ändern können, gilt es ihn als Teil der menschlichen Existenz anzuerkennen. Wir leben in Polaritäten und müssen diese auch genauso annehmen: Kein Schatten ohne Licht, keine Nacht ohne

Tag, kein Yin ohne Yang, kein oben ohne unten, kein heiß ohne kalt - die Liste ließe sich ewig fortführen. Wir können in unserem Leben nicht nur nach dem einen Pol streben und den anderen verleugnen, denn der eine existiert ohne den anderen nicht. Wer „Ja" zum Leben sagt muss auch „Ja" zum Tod sagen. Wer sich der Liebe gegenüber öffnen möchte muss auch den Schmerz empfangen wollen.

Zweitens möchte ich anmerken, dass die Bedürfnisse unseres *inneren Kindes* auch nicht immer direkt und unmittelbar gestillt werden müssen. Im Gegenteil: Es ist sogar sinnvoll, diese Bedürfnisse immer wieder ins Verhältnis zu seinen eigenen, aktuellen Wünschen als Erwachsener zu stellen und auch die langfristigen Auswirkungen ihrer Befriedigung mitzuberücksichtigen. Denn oft ist es klüger auf das kurzfristige „Wollen" des *inneren Kindes* zu verzichten, um für das langfristiges Wohlergehen beider Parteien zu sorgen. Schließlich ist es auch in einer „normalen" Erziehung wichtig, dem Kind nicht jeden Wunsch unmittelbar zu erfüllen, sondern ihm beizubringen, für längerfristige Ziele auch mal die Zähne zusammen zu beißen, Frust zu ertragen oder Emotionen alleine zu regulieren. Wenn wir jeden Wunsch sofort erfüllen würden, dann hätten wir wahrscheinlich bald ein Kind, das nur noch von Süßigkeiten lebt, seine Hausaufgaben nicht macht und seine Zähne nicht putzt. Erziehung bedeutet also auch, langfristige Folgen der Bedürfnisbefriedigung mitzuberücksichtigen und Entscheidungen in weiser Voraussicht zu treffen. Denn Kinder verfügen noch nicht über die Fähigkeit des langfristigen Denkens, sondern lediglich über aktuelle Bedürfniswahrnehmung. Sie wollen das, was sie wollen, am besten jetzt sofort. Direkt. Sie verfügen weder über einen ausreichenden

Erfahrungsschatz noch über die ausgebildeten kognitiven Fähigkeiten, um die langfristigen Konsequenzen einer sofortigen Bedürfnisbefriedigung erkennen zu können. Das brauchen sie auch noch gar nicht, denn dafür haben sie schließlich uns Erwachsene.

Mit der Befriedigung der Bedürfnisse unseres *inneren Kindes* verhält es sich ganz genauso: Sie müssen nicht immer gleich befriedigt werden und manchmal können sie das auch gar nicht. Sie sollten aber wahrgenommen und anerkannt werden. Also auch, wenn wir die Bedürfnisse nicht befriedigen werden, so ist es dennoch wichtig unserem *inneren Kind* zu vermitteln, dass wir sie gesehen und wahrgenommen haben. Wir können in so einem Fall in eine liebevolle Kommunikation mit ihm gehen und ihm unsere Entscheidung einfach und kurz erklären. In den meisten Fällen führt dies zu Verständnis und sogar dazu, dass das Bedürfnis ruhen gelassen wird. Denn unser *inneres Kind* will vor allem eins: Gesehen werden!

Selbstfürsorge

Selbstfürsorge ist die alles entscheidende Komponente, wenn es um das Thema mentale Gesundheit geht. Denn erst wenn wir lernen, die Selbstannahme und die Selbstliebe, die wir in uns empfinden auch in die Tat umzusetzen, können wir für körperliches und mentales Wohlergehen sorgen. Wir müssen also neben unserer Zuwendung und Haltung uns selbst gegenüber nun auch das Gefühl, uns selbst zu lieben, aktiv in unserem Verhalten zum Ausdruck bringen. Und das tun wir in Form von Selbstfürsorge.

Fürsorge ist ein Ausdruck von Liebe

Selbstfürsorge ist eine natürliche Folge der Selbstliebe. Wie im vorherigen Abschnitt beschrieben entsteht das Gefühl der Liebe vor allem durch die Erfahrungen, die wir bezüglich unserer Liebenswürdigkeit machen. Mein Appell an dich war daher zu lernen, dir selbst im Alltag liebevoll und wertschätzend zu begegnen. Beim Thema Selbstfürsorge gehen wir noch einen Schritt weiter und widmen uns nicht nur der Haltung und der Zuwendung uns selbst gegenüber, sondern vor allem den aktiven Handlungen der Selbstliebe. Denn wie schon gesagt: Lieben ist nicht nur ein emotionaler Zustand, sondern auch ein Verhalten. Wir „tun" lieben. Und dieses „Tun" drückt sich eben neben der Zuwendung auch in Form aktiver Fürsorge aus. Sobald wir jemanden aktiv lieben kümmern wir uns um sein Wohlergehen und achten auf seine Bedürfnisse. Wir wollen, dass es dieser Person gut geht und sind bereit, auch aktiv etwas dafür zu tun. Das ist, wonach wir Menschen eigentlich streben: Wir wollen uns in einer Art und Weise verhalten, die selbstliebend ist. Ein sich oft entwickelnder Dialog, den ich mit den unterschiedlichsten PatientInnen in meiner Arbeit als Therapeutin führte, sah so aus:

Ich: „Was wäre Ihr größter Wunsch bezogen auf Sie selbst?"
PatientInnen: „Ich möchte mich selbst mehr lieben!"
Ich: „Und was wäre anders, wenn Sie sich selbst mehr lieben würden?"
PatientInnen: „Ich würde mich annehmen, so wie ich bin, mehr für mich sorgen und anfangen mich um meine

Bedürfnisse zu kümmern."
Ich: "Ok, dann TUN Sie das!"

Das Schöne ist: Alle Eigenschaften, die wir benötigen, um für uns selbst zu sorgen, uns Gutes zu tun und uns liebevoll um unsere Bedürfnisse zu kümmern, tragen wir bereits in uns. Wie gehen wir mit Menschen um, die wir wirklich schätzen? Wie sorgen wir uns um jemanden, den wir aus tiefstem Herzen heraus lieben? Woher wissen frischgebackene Mütter, wie sie sich um ihr Neugeborenes kümmern müssen? Wir wurden mit den Fähigkeiten zur menschlichen Fürsorge geboren und müssen jetzt nur noch lernen, den Fokus dieser liebevollen Handlungen auch auf uns selbst zu richten.

Wenn du fähig bist anderen Menschen Liebe zu geben, dann bist du auch fähig dir selbst Liebe zu geben.

Manch einer wird sagen: *„Aber ich fühle mich nicht danach, liebevoll zu mir zu sein und für mich selbst zu sorgen"*. Auch hier liegt die Erklärung wieder in den Prägungen unserer Kindheit. Denn das *innere Kind* empfindet nur so viel Bedürfnis, für sich selbst zu sorgen, wie es Fürsorge von der Außenwelt erfahren hat. Haben die Eltern sich intensiv und liebevoll um die Bedürfnisse und das Wohlergehen ihres Kindes gekümmert, erhält das *innere Kind* die (Grund-)Annahme: *„Ich bin es wert, dass man Zeit und Energie in mein Wohlergehen investiert"*. Es setzt die erfahrene Fürsorge quasi als Standard für die später sich selbst gegebene Aufmerksamkeit. Wenn das Kind hingegen zu wenig Liebe und aktive Fürsorge von der Außenwelt erfahren hat, dann übernimmt das *innere Kind* auch dies als Selbstverständlichkeit und schickt uns diesbezüglich im späteren Leben auch keine anderen Handlungsimpulse. Das Maß der sich selbst gegebenen Fürsorge ist somit ebenfalls ein Spiegel der erfahrenen Fürsorge aus der Vergangenheit. Wie bei der liebevollen Selbstzuwendung auch, müssen wir deshalb mit dem Verhalten „Fürsorgen" beginnen, um das Gefühl der Wichtigkeit und Liebe in unserem *inneren Kind* zu erschaffen und um irgendwann ganz natürliche Impulse der Selbstfürsorge zu bekommen. Noch einmal zur Erinnerung: Gefühle folgen dem Verhalten!

Je mehr wir also aktive Selbstfürsorge praktizieren und je mehr unser *inneres Kind* Liebe und Wichtigkeit von uns erfährt, desto schneller und intensiver werden wir auch Gefühle der Selbstliebe empfinden. Unser Ziel ist es, das Selbstkonzept unseres *inneren Kindes* durch unser Verhalten aktiv zu ändern und die Standards des empfundenen Selbstwerts neu zu setzen. Sobald das Gefühl der Liebe in unserem *inneren Kind* erst einmal verankert ist, werden die Verhaltensweisen der Selbstfürsorge für uns zur Selbstverständlichkeit. Selbstliebe ist eine Aufwärtsspirale, die mit Selbstannahme beginnt, mit liebevoller Selbstzuwendung ihren Lauf nimmt und mit Selbstfürsorge endet.

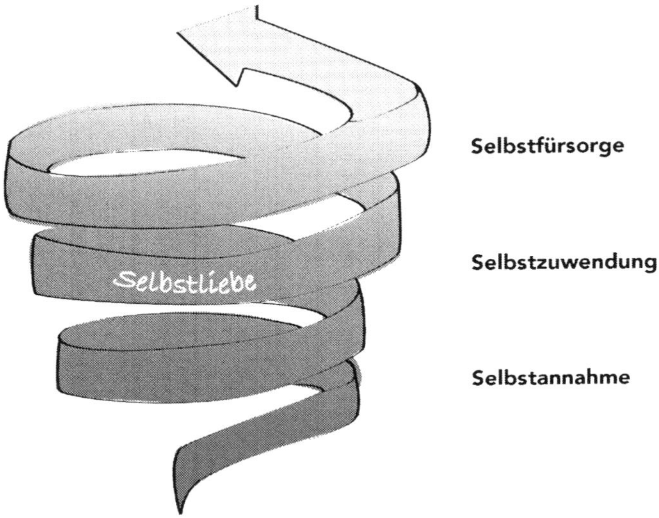

Ich stelle dir im Folgenden vier Ebenen vor, auf deren Basis du eine tägliche Selbstfürsorge-Routine entwickeln kannst. Diese Ebenen sind:

- die körperliche Ebene
- die soziale Ebene
- die emotionale Ebene
- die geistige Ebene

Um wirkliches Wohlergehen zu erlangen müssen wir uns um die Befriedigung auf allen vier Ebenen, die wir uns gleich im Einzelnen näher ansehen, kümmern. Es reicht nicht aus, sich nur auf eine oder zwei Ebenen zu fokussieren und die anderen zu vernachlässigen.

Ganzheitliche Gesundheit setzt eine Harmonie aller Ebenen voraus. Ein wichtiger Hinweis noch einmal an dieser Stelle: Selbstfürsorge sollte grundsätzlich niemals vom aktuellen Befinden abhängig gemacht werden. Das heißt, auch wenn dir gerade nicht danach ist oder du dich nicht danach fühlst kannst du liebevoll zu dir sein und gut für dich sorgen. Aktive Selbstfürsorge hat nichts mit der aktuellen Stimmung zu tun, sondern sollte als unantastbare Haltung sich selbst gegenüber verstanden werden.

Die vier Ebenen der Selbstfürsorge

Körperliche Ebene

Dein Körper. Der Tempel deiner Seele, das Haus deines Geistes. Wie im Innen so im Außen, wie im Außen so im Innen. Je mehr du deinen Körper schützt und pflegst, desto besser kann er für dich und dein *inneres Kind* sorgen. Werde dir bewusst, dass du ohne deinen Körper nicht leben würdest. Ohne ihn wärst du nicht. Du könntest die Sterne nicht sehen, die Blumen nicht riechen und diese Zeilen hier nicht lesen. Jeden Tag, seit dem Tag deiner Geburt, gibt dein Körper alles, um dir das Leben hier auf der Erde zu ermöglichen. Jede Zelle, jedes Organ in dir existiert nur, damit du leben kannst. Alles, was dein Körper macht, ist ein Geschenk für dich und je mehr du deinem Körper gibst, desto mehr kann er dir zurückgeben. Fürsorge in die Bedürfnisse deines Körper und seine Gesundheit zu stecken ist deshalb eine wirklich gute Investition in dich selbst. Dein Körper liebt dich und deshalb wird es Zeit, dass auch er zur Liebe deines Lebens wird und die tägliche Fürsorge von dir erhält, die er verdient. Bei der alltäglichen Grundfürsorge solltest du daher darauf achten, dass dein Körper folgende Zuwendungen von dir erhält:

- Erholsamen Schlaf
- Die richtigen Nährstoffe in ausgewogener Menge
- Ausreichend Flüssigkeit
- Genügend Ruhe und Entspannung
- Alltägliche Bewegung

Körpertag

Um deinem Körper ganz bewusst Wertschätzung zu schenken kannst du hin und wieder einen „Körpertag" einlegen. Einen Tag also, an dem du ihn ganz bewusst verwöhnst und pflegst und ihm die Möglichkeit gibst, sich von den Widrigkeiten des Alltags zu erholen. Lege an diesem Tag den Fokus vollständig auf Tätigkeiten und Aktivitäten, die deinen Körper in einen Zustand des Wohlbefindens versetzen. Vielleicht gönnst du dir eine schöne Massage, gehst in die Sauna oder zum Schwimmen, machst Sport, meditierst eine Runde oder entspannst dich einfach an einem Ort, an dem du ungestört bist. Gehe in den Wald und nimm die Energie der Bäume und Pflanzen in dich auf. Höre den Vögeln zu, anstatt dem Großstadtlärm und verbinde dich bewusst mit der Natur um dich herum. Vielleicht möchte dein Körper aber auch einfach mal wieder tanzen, sich bewegen, sich strecken und dehnen. Frage ihn einfach, was er braucht und er wird dir antworten. Ernähre dich an diesem

Tag ganz bewusst und verwöhne deine Zellen mit Nährstoffen, die ihnen gut tun. Lass dein Handy an dem Tag für ein paar Stunden ausgeschaltet und sei einfach mit deinem Körper allein. Zeige ihm deine Dankbarkeit, indem du ihm deine ganze Aufmerksamkeit und Energie schenkst.

Liebesbrief an deinen Körper

Um deinem Körper einfach einmal „Danke" zu sagen und die Beziehung zwischen dir und ihm zu stärken kannst du ihm auch einen Liebesbrief schreiben. Danke ihm darin für alles, was er täglich für dich leistet und für alle Krisen, die er bereits mit dir gemeistert hat. Danke ihm dafür, dass er jeden Tag so wunderbar für dich sorgt und sich mit all seiner Kraft um dich kümmert, unabhängig davon, wie du bisher zu ihm warst. Er verzeiht dir täglich - und das seit deiner Geburt! Sei dankbar für all deine Sinne, die dich mit der Außenwelt verbinden: Deine Augen, deine Nase, dein Mund, deine Ohren, deine Haut. Wie wäre es ohne sie? Sei dankbar für deine Gliedmaßen, deine Hände und Beine, und auch für all deine Organe, die dir täglich völlig autonom das Leben hier auf der Erde ermöglichen. Deine Leber reinigt für dich, deine Lunge atmet für dich und auch dein Herz schlägt täglich nur für dich.

Soziale Ebene

Das Gefühl, mit Menschen verbunden zu sein, in liebevollem Kontakt zur Außenwelt zu stehen und mehr noch, wirklich tiefe

Verbindungen mit anderen zu haben, hat einen entscheidenden Einfluss auf unser mentales Wohlergehen. Wir sind soziale Wesen und ohne eine gute Verbindung zur Gemeinschaft fehlt uns etwas im Leben. Deshalb gehört zur Selbstfürsorge auch, sich um gesunde Kontakte und befriedigende Beziehungen zu kümmern. Doch der Weg dorthin gestaltet sich für viele nicht immer leicht. Einigen fällt es schwer Menschen kennenzulernen, sie anzusprechen, geschweige denn Beziehungen zu ihnen aufzubauen. Sie leiden unter sozialen Ängsten und Unsicherheiten, einem Mangel an sozialen Fertigkeiten und leben deshalb oft in sozialer Isolation. Anderen wiederum fällt es schwer soziale Beziehungen über einen längeren Zeitraum aufrechtzuerhalten, befriedigend zu gestalten oder für ihr eigenes Wohlergehen innerhalb der Beziehung zu sorgen. Sie schaffen es nicht, Grenzen zu setzen, für ihre Rechte einzustehen oder auch mal „Nein" zu sagen. Aber genau so eine Form der Selbstfürsorge ist wichtig. Denn weder unser Partner, noch unsere Freunde, noch die Familie tragen Verantwortung dafür, wie es uns oder unserem *inneren Kind* innerhalb sozialer Beziehungen geht. Auch, wenn viele genau das von ihrem Gegenüber erwarten: *„Erkenne meine Bedürfnisse!"*, *„Sorge dafür, dass es mir gut geht!"*, *„Kümmere dich um meine Gefühle!"*, so ist die einzige Person, die die Verantwortung dafür trägt, die Person selbst. Es ist deshalb wichtig, (selbst-)bewusst für das eigene Wohlergehen und die Befriedigung der eigenen Bedürfnisse innerhalb sozialer Beziehungen zu sorgen. Doch auch hier fehlt es vielen an den nötigen Kompetenzen.

Soziale Kompetenzen zeichnen sich dadurch aus, dass sie es uns ermöglichen, befriedigende und zielführende Beziehungen mit unseren Mitmenschen zu führen und diese (mit-) zu gestalten. Außerdem sorgen sie dafür, dass wir fähig sind:

- Kontakte aufzunehmen und Menschen (durch Sympathie) für uns zu gewinnen.
- Gefühle, Wünsche und Bedürfnisse gegenüber anderen Menschen äußern zu können und auch mal unser eigenes Recht in Anspruch zu nehmen und durchzusetzen.
- auch mal berechtigte Forderungen zu stellen oder unberechtigte Forderungen anderer abzulehnen.
- mit Kritik konstruktiv umzugehen und Kompromisse mit unseren Mitmenschen zu schließen.

Das Schöne ist, dass all diese Fertigkeiten, die für unser Wohlergehen vor oder innerhalb der Beziehungen sorgen, auch im späteren Leben gut erlernt werden können. Und wie bei fast allem macht auch hier die Übung den Meister. Je häufiger wir sie trainieren, desto leichter werden sie uns fallen. Ich stelle im folgenden Abschnitt drei wichtige soziale Kompetenzen vor und gebe Hilfestellungen dazu, wie diese optimal trainiert werden können.

Dieser Abschnitt richtet sich vor allem an Personen, die das Gefühl haben, unter einem Mangel an sozialen Kompetenzen zu leiden. Falls du dich angesprochen fühlst, rate ich dir, sie dir anzueignen und auch wirklich im Alltag zu üben. Suche dir dazu Bekannte, Freunde oder Familienmitglieder, die diese Fertigkeiten mit dir in Rollenspielen trainieren können. Falls dies nicht möglich ist, erkundige dich nach therapeutischen Einrichtungen in deiner Nähe, die regelmäßig offene oder geschlossene „Soziale-Kompetenz-Gruppen" anbieten. In diesen Gruppen treffen sich Betroffene, die unter Anleitung eines ausgebildeten Trainers solche Fertigkeiten gemeinsam üben. Und - wenn du dich irgendwann sicher genug fühlst - probiere das vorgestellte Verhalten gerne auch in deinem Umfeld aus. Am Anfang wird es, wie bei allem was wir neu lernen, ungewohnt sein, das ist normal. Aber wie gesagt: Je mehr wir üben, desto besser und vor allem selbstsicherer werden wir.

Kompetenzbereich: Kontakte knüpfen

Falls du Situationen kennst, in denen es dir schwer fällt auf Menschen zuzugehen, Kontakte zu knüpfen oder für dich interessante Menschen anzusprechen oder wenn es darum geht, Gespräche am Laufen zu halten oder in bestehende oberflächliche Beziehungen mehr Tiefe zu bringen, dann gehe wie folgt vor:

Vor der Situation:

Stärke vor sozialen Interaktionen dein Selbstbewusstsein, indem du dir innerlich positive Instruktionen gibst und dadurch die angstmachenden Gedanken unterbrichst. Stelle dich dazu aufrecht hin, Schultern nach hinten, Kopf nach oben und sprich mit dir mit einer ermutigenden, selbstbewussten und starken inneren Stimme:

> *„Ich habe das Recht darauf, andere Menschen anzusprechen."*
> *„Mir kann nichts Schlimmes passieren!"*
> *„Ich habe nichts zu verlieren, ich kann nur gewinnen."*

Gib dir einen Ruck, überwinde deine Angst und sprich die für dich interessante Person einfach freundlich an. Angst hat meist große Augen und prophezeit das Schlimmste. Aber mal ganz ehrlich: Die meisten Menschen, die uns aus dem Bauch heraus sympathisch erscheinen, reagieren auf nette Kontaktversuche ebenso freundlich.

Während der Situation:

Das Beste, was du tun kannst, um eine Beziehung zu einer anderen Person aufzubauen ist es, ihr während der Interaktion mit dir ein gutes Gefühl zu vermitteln. Auf diese Weise wird dein Gegenüber die Zeit mit dir als angenehm bewerten und die Begegnung mit dir als positiv assoziieren. Dies erhöht die Wahrscheinlichkeit, dass die Person dich wiedersehen und eine Beziehung zu dir aufbauen will, weil Menschen dazu neigen, sich dem für sie Guten und Angenehmen zuzuwenden. Sobald du also einer Person positiv im Gedächtnis bleibst, legst du schonmal einen entscheidenden Grundstein für den weiteren Kontakt.

- Lächle dein Gegenüber freundlich an und halte den Blickkontakt aufrecht.
- Höre interessiert zu. Nicke dabei ein wenig und wiederhole hin und wieder in deinen eigenen Worten, was du verstanden hast.
- Suche gezielt nach persönlichen Äußerungen der Person und gehe auf die Äußerungen noch einmal ein.
- Stelle Nachfragen, das zeigt Interesse.
- Konzentriere dich während des Gesprächs auf dein Gegenüber

und das Gesagte und nicht auf dich und wie du wohl gerade wirkst.

- Mache nette Komplimente, aber nicht zu viele.
- Erzähle etwas Interessantes über dich, das gerade zu eurem Thema passt.
- Schaffe eine Beziehung zu deinem Gegenüber, indem du Gemeinsamkeiten aufzeigst: *„So geht es mir auch hin und wieder", „Wie schön, in Spanien war ich ebenfalls letztes Jahr", „Ah, den Thomas kenne ich auch noch aus der Grundschule".*

Nach der Situation:

Egal, wie die Interaktion mit der Person ausgeht: Sei immer stolz auf dich und deinen Versuch, neue Kontakte zu knüpfen. Indem du deine Ängste und Unsicherheiten überwindest, zeigst du jedes Mal großen Mut. Und auch wenn die ersten Kontaktversuche immer wieder eine große Herausforderung für dich darstellen, so wirst du schnell merken, dass es zunehmend leichter für dich sein wird, auf Menschen zuzugehen. Ganz einfach deshalb, weil du mit jedem einzelnen Kontakt neue Erfahrungen sammelst und immer mehr an Menschenkenntnis dazu gewinnst. Du wirst zunehmend geschickter beim Thema „Smalltalk" werden und immer geschulter darin, unterschiedliche Menschen besser einschätzen zu können. Du lernst auch mit jedem Mal etwas über dich selbst und verbesserst deine sozialen Fertigkeiten unbewusst, intuitiv und ganz automatisch. Das heißt, selbst wenn du bei einem Kontaktversuch um keine Beziehung reicher geworden bist, so gewinnst du doch jedes Mal an wichtiger Erfahrung. Du kannst somit nur gewinnen.

Und denke daran: Sollte die andere Person kein Interesse an einem Gespräch oder einer Beziehung zeigen, so mache dir bewusst, dass auch das sein oder ihr gutes Recht ist und absolut nichts mit deinem Wert, deiner Liebenswürdigkeit oder deiner Attraktivität zu tun haben muss.

Kompetenzbereich: Gefühle und Bedürfnisse äußern

Falls du bereits bestehende soziale Beziehungen hast, aber es dir schwer fällt, vor deinem Partner, deinen Freunden oder deiner Familie Gefühle und Bedürfnisse zu äußern, dann gehe wie folgt vor:

Vor der Situation:

Werde dir bewusst, dass das, was du empfindest, seine absolute Berechtigung hat und im Kontext deines Lebens völlig Sinn macht. Deine Gefühle sind immer richtig, sie gehören dir und können von niemandem bestritten werden. Durch das Äußern deiner Gefühle greifst du niemanden an, sondern stehst lediglich zu dir, deinem *inneren Kind* und dem, was dich ausmacht. Es ist wichtig dich deinem Gegenüber mitzuteilen, damit deine Reaktionen und dein Verhalten besser nachvollziehbar sind und du klare Stellung zur aktuellen Situation beziehst. Außerdem ist es der erste Schritt für dich und dein Gegenüber, die dahinterliegenden Bedürfnisse erkennen und gegebenenfalls befriedigen zu können. Sage dir selbst:

„Ich habe ein Recht auf meine Gefühle und ich habe ein Recht darauf, sie zu zeigen!"

Während der Situation:

1. Teile deine Gefühle mit

Bleibe ganz bei dir und deinen Gefühlen, indem du „Ich-Aussagen" tätigst und deine Gefühle direkt ansprichst: *„Ich fühle mich..."*, *„Ich empfinde..."*. Bleibe immer bei dir und vermeide vorwurfsvolle Formulierungen wie: *„Du hast schon wieder..."* oder *„Du bist immer..."*. Solche Vorwürfe lösen bei unserem Gegenüber nur Widerstand aus und erschweren es ihm, sich deinen Gefühlen und Bedürfnissen gegenüber zu öffnen.

2. Erläutere den aktuellen Auslöser

Schildere deinem Gegenüber, zum besseren Verständnis, den Auslöser deiner Gefühle. Bleibe aber dabei mit deinen Formulierungen immer bei der aktuellen Situation: *„Als du heute morgen...gesagt/getan hast, hat das in mir...ausgelöst."*, *„Nach der Situation vorhin habe ich mich...gefühlt"*. Vermeide es „alte" Themen und längst vergangene Konflikte mit in die Situation zu holen. Auch wenn du dich aus ähnlichen Gründen schon oft so gefühlt hast, bleibe im Hier und Jetzt, damit sich in Zukunft etwas ändern kann.

3. Versuche, den anderen zu verstehen und dich in ihn hineinzuversetzen

Denke daran: Dein Gegenüber trägt ebenfalls ein *inneres Kind* in sich, das seine Bedürfnisse befriedigen, beschützen und verteidigen will. Auch sein Verhalten macht für ihn und sein *inneres Kind* absolut Sinn. Und so wie du auch hat die Person dir gegenüber ein Recht auf ihre Gefühle. Frage dich: Welches Bedürfnis hat sein oder ihr *inneres Kind* mit seinem oder ihrem Verhalten gerade befriedigen oder beschützen wollen?

4. Zeige der anderen Person dein Verständnis

Sobald du selbst auf jemand anderen zu gehst und dein Verständnis äußerst, führt das dazu, dass das *innere Kind* des Gegenübers sich gesehen fühlt und die Person für weitere Kooperationen offener wird. Benutze dazu Formulierungen wie: *„Ich denke, ich kann verstehen, warum du…"* oder *„Ich kann nachvollziehen, dass du so reagiert hast"*. Denke daran: Nur weil du dein Verständnis äußerst bedeutet das nicht, dass du sein oder ihr Verhalten auch für gut heißt. Es bedeutet lediglich, dass du hinter den Taten einen für ihn oder sie passenden Sinn erkennst und ihm oder ihr das mitteilst.

5. Äußere deine Bedürfnisse

Falls du diese auf Anhieb erkennst, dann äußere deine Wünsche und Bedürfnisse wie folgt: *„Ich würde mir wünschen, dass wir in Zukunft..."*, *„Es wäre schön, wenn du mir das nächste Mal…"*. Bedenke, dass du natürlich ein Recht darauf hast, deine Wünsche und Bedürfnisse zu äußern, aber kein Recht auf ihre Erfüllung. Dies bleibt der anderen Person überlassen. Entscheidend ist hier aber dennoch, dass du selbstbewusst zu deinen Bedürfnissen stehst und versuchst, ihnen so gut es geht - mit oder ohne Kooperation deines

Gegenübers - nachzukommen. Wenn dein Gegenüber einlenkt, bringe auch deine Freude darüber zum Ausdruck: *„Ich freu mich sehr, dass wir...", „Ich danke dir dafür, dass du...".*

Nach der Situation:

Sei stolz auf dich und lobe dich für jede einzelne Gefühlsäußerung, die du gemacht hast. Du hast Mut bewiesen, indem du zu dir und deinem *inneren Kind* gestanden hast. Es geht nicht darum, dass dein Gegenüber alle Forderungen erfüllt. Vielmehr sollst du üben, deine Gefühle und Bedürfnisse zum Ausdruck zu bringen. Denke daran, dass jeder Mensch ein eigenes *inneres Kind* in sich trägt, andere Gefühle und Bedürfnisse empfindet und individuelle Schutzstrategien für sich hat. Das Ziel eines Gesprächs ist es deshalb nicht, sich auf ein Gefühl mit deinem Gegenüber zu einigen, sondern einen gemeinsamen Weg zu finden, wie in Zukunft mit den unterschiedlichen Bedürfnissen besser umgegangen werden kann.

Kompetenzbereich: Recht durchsetzen

Falls du immer wieder in Situationen gerätst, in denen es dir schwer fällt dein Recht durchzusetzen, Grenzen zu zeigen oder „Nein" zu sagen - sei es in einer Partnerschaft, einer Freundschaft oder in anderen Lebensbereichen - dann gehe wie folgt vor:

Vor der Situation:

Werde dir bewusst, dass du - auch wenn du niemals gelernt hast, sie durchzusetzen oder für sie einzustehen - so wie jeder andere Mensch deine Rechte hast. Diese nicht zu verteidigen hat oft mit der Angst vor Ablehnung zu tun. Werde dir aber bewusst, dass wir Menschen uns Wertschätzung und Würdigung unserer ganzheitlichen Person wünschen und diese deshalb nicht an Bedingungen geknüpft sein sollten. Das heißt, ein Mensch sollte dich auch dann noch annehmen und respektieren, wenn du deine Grenzen zeigst und zu deinen Rechten stehst. Erfährst du hingegen nur Annahme, wenn du es deinem Gegenüber recht machst, dich unterordnest und deine Bedürfnisse für ihn oder sie zurücknimmst, kannst du dir nie sicher sein, ob seine oder ihre Annahme und Wertschätzung auch wirklich bedingungslos sind, ob der Person auch dein Wohl am Herzen liegt oder du viel mehr in einer Täuschung lebst.
Wenn sich diese Thematik bei dir eher auf den Arbeitskontext bezieht, dann gilt trotzdem auch hier, dass sowohl dein Arbeitgeber als auch deine Mitarbeiter und Kollegen dir Respekt und Würde entgegenbringen sollten. Und dazu zählt eben auch, dass sie deine Grenzen und Rechte annehmen und respektieren. Aber das tun sie nur, wenn du ihnen diese auch eindeutig zeigst, sie mitteilst und sie beharrlich durchsetzt. Du bist für deine Grenzen verantwortlich und fungierst als Spiegel für deine Außenwelt. So, wie du dir selbst Respekt und Würde entgegenbringst, so wirst du auch Respekt und Wertschätzung von außen erfahren. Du machst vor, die Außenwelt macht nach.
Gebe dir deshalb auch hier immer wieder positive und stärkende Anweisungen und sage dir:

„Ich habe ein Recht darauf, dass…" oder *„Mir ist es wichtig, dass es mir gut geht, und deshalb muss ich mich jetzt mitteilen."*

Während der Situation:

- Rede laut und deutlich. Stehe aufrecht und selbstbewusst.
- Schaue deinen Gesprächspartner immer direkt an. Suche den Augenkontakt.
- Äußere deine Forderungen immer in der Ich-Form.
- Sage zuerst, was du willst und erst anschließend, warum du das willst.
- Entschuldige dich nicht unnötigerweise und rechtfertige dich nicht zu viel. Das brauchst du nicht, es ist schließlich dein Recht!
- Werde nicht aggressiv oder laut. Bleibe ruhig und bestimmt in deiner Haltung. Weniger ist mehr.

Nach der Situation:

Unabhängig vom Erfolg: Sei stolz darauf, dass du einen Versuch zur Durchsetzung deiner Rechte unternommen hast. Denke daran, du bist ein Mensch wie jeder andere auch. Du verdienst Respekt und Wertschätzung. Unabhängig von der Situation, in der du dich gerade befindest. Du hast ein Recht darauf, Rechte zu haben und diese durchzusetzen. Mach dich selbst nicht kleiner oder unwichtiger, als du bist!

Emotionale Ebene

Die dritte Ebene der Selbstfürsorge ist die emotionale Ebene. Hierbei geht es nicht nur darum, auf deine Gefühle und Bedürfnisse zu achten, sondern auch darum, aktiv für positive Gefühle in deinem Leben zu sorgen. Positive Gefühle sind der absolute Geheimschlüssel, wenn es um mentale Gesundheit und ein glückliches Leben geht. Je mehr wir von ihnen empfinden, desto glücklicher nehmen wir unser Leben wahr und desto besser geht es uns. Und das Tolle ist, wir können jeden Tag mit unseren bewussten Handlungen positive Emotionen in unserem Leben erzeugen. Dazu können wir uns vorstellen, dass wir zwei „Emotionskonten" in uns haben: Ein Positivkonto und ein Negativkonto. Unsere Handlungen im Alltag entscheiden darüber, welche Emotionen wir produzieren und auf welches der beiden Konten wir somit aktiv einzahlen. Wenn wir Aktivitäten in unseren Alltag integrieren, die uns positiv stimmen, uns zum Lachen bringen, uns stärken und glücklich machen, dann werden diese schönen Emotionen auf unser Positivkonto verbucht. Üben wir hingegen Aktivitäten in unserem Alltag aus, die uns Kraft kosten, deprimieren oder erschöpfen, befüllen wir langsam aber stetig das Negativkonto. Unser Ziel sollte es sein, jeden Tag bewusst Entscheidungen zu treffen und aktiv Handlungen auszuführen, die unser Positivkonto befüllen und unser Negativkonto nicht zu stark belasten. Natürlich gehören unangenehme Emotionen genauso zu unserem Leben wie angenehme auch, aber sie müssen deshalb nicht überwiegen. Eine entscheidende Rolle dabei spielt unser Fokus. Dieser sollte im Alltag darauf gerichtet sein, das Positivkonto aktiv zu füllen statt durch die Vermeidung negativer Gefühle lediglich

den Kontostand des Negativkontos möglichst gering halten zu wollen. Das ist ein wichtiger Unterschied! Denn das, auf was wir unsere Aufmerksamkeit im Leben lenken, bekommt Energie und das, was Energie bekommt, wird größer und stärker.
Im Klartext heißt das für uns den Fokus im Alltag darauf zu setzen, Aktivitäten in unser Leben zu integrieren, die uns Spaß machen, Freude bereiten und uns zum Lachen bringen. Aktivitäten, die unser Herz mit Liebe erfüllen, unser Selbstbewusstsein stärken und unsere Seele berühren. So selbstverständlich das klingen mag, so selten wird es doch aktiv praktiziert. Bei vielen Menschen liegt der Fokus des Tages vielmehr darauf, negatives Empfinden zu vermeiden und Schmerz zu lindern. Ihr Ziel ist es, den Tag irgendwie „zu überstehen" und ihr Leid so gut es geht zu minimieren. So eine Strategie hilft zwar kurzfristig, das Negativkonto nicht weiter zu belasten. Doch der Fokus auf den Mangel wird sich langfristig auf die allgemeine Lebenszufriedenheit auswirken. Aus diesem Grund folgen nun einige Übungen, die dir dabei helfen, den Fokus zu schulen und die Aufmerksamkeit immer weiter auf das Positive zu richten.

Highlight des Tages

Erschaffe dir ein Highlight des Tages. Wähle dazu jeden Tag ein kleines Ereignis oder eine kleine Aktivität aus, die dich morgens aus dem Bett springen lässt. Etwas, auf das du dich den ganzen Tag über freust. Das dich motiviert, dich antreibt und das dich voller Vorfreude durch den Tag trägt. Das kann zum Beispiel sein:

- Eine Verabredung mit einem geliebten Menschen

- Gemeinsames Kochen mit Freunden
- Ein Kinobesuch
- Ein geselliger Spieleabend
- Ein geplanter Filmabend
- Ein spannendes Buch
- Ein entspanntes Bad nach getaner Arbeit
- Eine Runde Sport
- Ein Tanzkurs
- Ein Kunstprojekt

Die Aktivität muss nicht aufwändig oder teuer sein. Sie soll einfach nur dafür sorgen, dass du im Alltag etwas hast, auf das du dich den Tag über freuen kannst. Das sorgt nämlich dafür, dass du dich auch an Tagen, die vielleicht etwas stressiger oder mit weniger schönen Verpflichtungen vollgepackt sind, auf ein baldiges positives Ereignis freuen kannst. Das wird dich zum einen motivieren und antreiben, auch stressige oder nicht so schöne Momente des Tages zu überstehen. Zum anderen wird dein Geist jedes Mal, wenn du an das Ereignis denkst und dich darüber freust, kontinuierlich kleine Mengen an Glückshormonen auf dein Positivkonto füllen. Schließlich ist Vorfreude auch die schönste Freude.

Die schönste Version

Versuche, aus jeder Situation die schönste Version dieser Situation zu kreieren und aus jedem Moment das Schönste herauszuholen. Stelle dir dazu vor, dass jeder Tag der letzte deines Lebens sein könnte und du deshalb jeden einzelnen Moment in deinem Leben das letzte Mal erlebst. Gestalte deinen Alltag daher, so wie er ist, ganz bewusst in seiner schönsten Form. Du musst ihn in seinem Ablauf nicht ändern, musst nichts hinschmeißen und auch nicht mit deinen Freunden ans Meer fahren. Du kannst trotzdem arbeiten oder zur Schule gehen, deine Hausarbeiten machen und deinen Verpflichtungen nachgehen. Aber nimm dir die Freiheit, die Schönheit und Intensität der einzelnen Elemente des Tages bewusst zu bestimmen. Wir haben im Alltag zwar nicht immer Einfluss auf das, was im Leben geschieht, aber dafür darauf, wie es geschieht. Die bewusste Gestaltung des Moments beginnt schon morgens beim Aufstehen. Frage dich:

„Wie kann ich das Schönste aus diesem Morgen rausholen?"

- Vielleicht möchtest du mit einer kleine Meditation beginnen?
- Ein paar liebevolle Gedanken dir selbst oder deinem *inneren Kind* schenken.
- Wie wäre es mit einer Tasse Kaffee oder einem leckeren Frühstück im Bett?
- Vielleicht hast du auch Zeit für eine kleine Runde Sport oder Yoga.
- Oder du gönnst dir eine lange und ausgiebige Dusche.

Wenn du dir einen Kaffee zubereitest, frage dich:

„Wie würde ich den Kaffee jetzt am meisten genießen?"

- Vielleicht mit einer extra Portion Milchschaum
- Einem kleinen Keks daneben
- Entspannter Musik im Hintergrund
- Mit einer guten Zeitschrift zum nebenbei Lesen
- Ganz in Ruhe für dich alleine

Wenn du dich für den Tag anziehst, frage dich:

„In welcher Kleidung würde ich mich heute am wohlsten fühlen?"

- Lieber elegant und chic
- Eher sportlich und bequem

Wenn du Hunger hast und etwas essen möchtest, frage dich:

„Auf welches Essen hätte ich jetzt am meisten Lust und welches Essen würde meinem Körper jetzt wirklich gut tun?"

- Heute lieber etwas Deftiges und Salziges
- Etwas Leichtes und Frisches
- Etwas Süßes und Fruchtiges

Frage dich auch:

„Wie würde ich dieses Essen essen, wenn ich wüsste, es wäre mein letztes Ma(h)l?"

- Würdest du dir den Teller besonders hübsch anrichten?

- Den Tisch extra schön dekorieren?
- Würdest du vielleicht entspannte Musik im Hintergrund laufen lassen oder eine gemütliche Kerze dazu anzünden?
- Würdest du jeden Bissen extra langsam und bewusst genießen?

Wenn du am Abend auf deinen Partner, deine Kinder oder auf deine Freunde triffst, frage dich:

„Wie würde ich ihnen heute begegnen, wenn ich wüsste, dass es das letzte Mal wäre, dass ich sie sehe und mit ihnen Zeit verbringen könnte?"

- Würdest du sie dann bewusster umarmen und fester drücken?
- Würdest du sie achtsamer betrachten und ihnen aufmerksamer zuhören?
- Welche Gefühle würdest du ihnen während eurer Begegnung vermitteln wollen?
- Würdest du bewusst für schöne Momente und eine besondere Zeit sorgen?
- Wie würdest du dich von ihnen verabschieden, sie zur Tür bringen oder zu Bett legen, wenn du wüsstest, es wäre das letzte Mal?

Diese Übung lernt uns Bewusstsein und Demut dem Leben gegenüber zu entwickeln. Denn so beängstigend die Vorstellung von dem „letzten Tag unseres Lebens" auch klingen mag, so unrealistisch ist sie nicht. Wir können dem Schicksal nicht in die Karten blicken, wissen nie, wann unser Leben oder das unserer Liebsten vorbei ist, und tatsächlich auch nicht, was der nächste Morgen bringt. Die Übung lehrt uns außerdem den Alltag achtsamer und bewusster zu gestalten. Durch Verinnerlichung der Übung werden wir lernen, den einzelnen Moment mehr zu genießen, den Fokus mehr im Hier und Jetzt zu behalten und unsere Aufmerksamkeit auf das Wesentliche im Leben zu richten. Auf das, was wirklich zählt, und auf das, was uns persönlich wirklich wichtig ist.

Rückblick des Tages

Versuche in deine Abendroutine ebenfalls einen kleinen Tagesrückblick zu integrieren. Wertschätze den Tag mit all seinen Ereignissen. Gehe in Gedanken noch einmal die Stunden des Tages durch und würdige die einzelnen Vorkommnisse. Werde dir bewusst: Diesen Tag, so wie er stattfand, wird es nie wieder in deinem Leben geben. Er war ein Geschenk. Ein Unikat und in seiner Einzigartigkeit vollkommen. Was hat diesen Tag für dich besonders gemacht? Was lief heute besonders gut? Welche Erfolge konntest du für dich verzeichnen und was hast du heute für dich lernen können? Frage dich selbst, wie dieser eine Tag dein Leben insgesamt bereichert hat und warum er in deinem Leben nicht fehlen darf. Nimm dir dazu jeden Abend ein paar Minuten Zeit, um den Tag Revue passieren zu lassen. Du kannst in dieser Zeit zum Beispiel ein kleines Tagebuch führen, dir selbst Sprachmemos erstellen oder kleine Videos für dich drehen. Darin kannst du die einzelnen Elemente des Tages noch einmal für dich durchgehen; den Menschen, denen du begegnet bist, danken; die Chancen, die dir der Tag ermöglicht hat, verstehen.

Ziehe ein Fazit des Tages und ordne ihn in dein „Gesamtleben" ein. Indem du den Tag noch einmal für dich zusammenfasst, würdigst du ihn und generierst ganz nebenbei positive Empfindungen für deine emotionale Welt.

Das Konzept der Dankbarkeit

Beim Konzept der Dankbarkeit geht es darum, Gegebenheiten anzuerkennen und wertzuschätzen, die einen positiven Einfluss auf unser Leben haben und den Fokus auf Dinge zu richten, die bereits gut laufen. Wir müssen auf der Suche nach Positivem auch gar nicht so weit weg blicken. Häufig sind die Dinge von denen wir glauben, dass sie uns glücklich machen, lediglich Umstände, (Luxus-)Güter und Bedingungen, die zwar einen kurzen Effekt auf unser Belohnungssystem hätten, in ihrem Kern jedoch für unser eigentliches Glücksempfinden fast irrelevant sind. Denn es sind vor allem die einfachen und alltäglichen Dinge, die die Basis unseres Lebens ausmachen. Sie erscheinen uns als so selbstverständlich, dass wir sie auf der Suche nach den „besonderen" Dingen, für die wir normalerweise dankbar sind, fast übersehen würden. Aber gerade die einfachen Dinge sind es, die den größten Einfluss auf unser Glücksempfinden haben. So könnten wir beispielsweise jeden Tag dankbar dafür sein, dass wir einen Körper haben, der uns das Leben ermöglicht, dass wir in einem Land leben, in dem kein Krieg herrscht und dass wir jeden Tag genügend zu essen und zu trinken haben. Denn das, was für uns als selbstverständlich erscheint, ist für viele andere ein täglicher Kampf. Statt also den Fokus auf das zu richten, was wir noch nicht haben, lenken wir beim Konzept der

Dankbarkeit unsere Aufmerksamkeit auf die positiven Dinge, die bereits in unserem Leben existieren.

Das Gefühl der Dankbarkeit hat im Übrigen viele positive Effekte auf unser mentales und körperliches Wohlbefinden und steht momentan auch ganz weit oben auf der Interventionsliste der positiven Psychologie. So zeigen Studien, dass dankbare Menschen insgesamt glücklicher, optimistischer, hilfsbereiter und einfühlsamer sind. Außerdem führt Dankbarkeit ebenfalls dazu, dass wir:

- uns weniger gestresst fühlen.
- unser allgemeines Glücksempfinden steigern.
- Depressionen lindern.
- Angst- und Panikerkrankungen vorbeugen.
- unsere Bindung zu anderen Menschen stärken.
- uns im Alltag vitaler und fitter fühlen.
- besser schlafen.
- unser Herz vor Krankheiten schützen.

Solange wir dankbar sind können wir keine anderen negativen Gefühle wie Ärger, Wut, Feindseligkeit, Zorn oder Angst empfinden. Außerdem werden durch Dankbarkeit Hormone in unserem Körper ausgeschüttet, die für eine Aktivierung unseres Ruhe- und Entspannungssystems sorgen, was wiederum unsere Gesundheit fördert. Dankbarkeit kann wie ein Muskel in unserem Körper trainiert werden. Je häufiger wir tiefe Dankbarkeit empfinden, desto stärker wird die positive Wirkung auf unser Wohlbefinden sein.

Kleine Dankbarkeitsübung

Gehe gedanklich einmal durch die letzen Tage, Wochen oder durch das ganze letzte Jahr und frage dich, was in dieser Zeit alles Wichtiges und Positives für dich passiert ist und für welche Ereignisse du heute dankbar sein kannst. Fange an alles aufzuschreiben. Welche besonderen Begegnungen hattest du während dieser Zeit? Welche wichtigen Erkenntnisse haben dein Leben bereichert? Welche Erfahrungen waren entscheidend für dich? Blicke auch auf die ganzen kleinen Erlebnisse zurück, die deine Tage während dieser Zeit verschönert haben. Vielleicht nette Gespräche, erfreuliche Nachrichten oder Unterstützung, die du erfahren durftest. Gehe nun einen Schritt weiter und schreibe auch all die Dinge auf, die die Basis deines Lebens darstellen und ohne die so vieles in deinem Leben nicht möglich wäre: Deine Eltern, deine Freunde, deine Gesundheit, deine Arbeit. Lies dir anschließend noch einmal alles durch, spüre in dich hinein und fühle den Reichtum, der dir dadurch bewusst wird. Schließe dazu gern deine Augen, versinke für einen Moment in dieser Dankbarkeit und sage ganz leise: „Danke, danke, danke”.

Das Besondere an Dankbarkeit ist auch, dass die Dinge, für die wir dankbar sind, wirklich in unserem Leben existieren und wir sie nicht erst in unserem Kopf „erschaffen” müssen, wie etwa beim Konzept des „positiven Denkens”. Dieses Konzept geht nämlich von der Annahme aus, dass wir durch die „Macht unserer Gedanken” die Realität erschaffen, weshalb dazu geraten wird, im Alltag bewusst und auch mit Hilfe von positiven Affirmationen seine Gedanken zu steuern. Das Konzept ist jedoch nicht ganz unkritisch zu betrachten, denn Gedanken und Gefühle können nur bedingt kontrolliert werden und durch ihre Vermeidung einen sogenannten „Rebound-Effekt" in uns auslösen. Dieser führt dazu, dass unterdrückte Gedanken und Gefühle im Nachhinein verstärkter auftreten und intensiver wahrgenommen werden. Das kann zur Folge haben, dass Personen, bei denen dieser Effekt auftritt, Angst vor ihren Gedanken entwickeln und zusätzlich unangenehme Gefühle wie Schuld und Scham hinzu kommen, wenn am Ende des Tages das positive Denken für sie nicht geklappt hat. Beim Konzept der „Dankbarkeit" hingegen wird die Aufmerksamkeit zwar ebenfalls auf Positives gerichtet, dieses wird jedoch nicht erst im Kopf konstruiert, aufgesagt oder sich eingeredet, sondern es existiert bereits in unserem Leben. In dem Moment glaubt man also dem, was man denkt. Viele Experten raten dazu, ein Dankbarkeitstagebuch zu führen und beispielsweise jeden Abend drei Dinge aufzuschreiben, für die man im Allgemeinen dankbar ist. Das ist prinzipiell auch eine schöne Übung. Das Problem an solchen Dankbarkeitstagebüchern ist jedoch, dass ziemlich bald ein sogenannter „Gewöhnungseffekt" auftreten kann: Je häufiger wir uns positive Dinge ins Gedächtnis rufen, für die wir dankbar sind, desto selbstverständlicher werden sie irgendwann für uns sein und desto geringer wird ihre positive Wirkung mit der Zeit ausfallen. Um diesem Gewöhnungseffekt entgegenzuwirken ist es deshalb ratsam, den Fokus des Tages viel mehr darauf zu richten, was an diesem Tag gut gelaufen ist, welche erfreulichen Ereignisse stattgefunden haben und welche schönen Dinge man erlebt hat, sodass das Gefühl von Dankbarkeit ganz nebenbei kommt. Eine weitere Alternative könnte auch sein, ein allgemeines

Dankbarkeitstagebuch nicht täglich, sondern lediglich an 2-3 Tagen die Woche zu führen. Dies würde ebenfalls einem Gewöhnungseffekt vorbeugen.

Geistige Ebene

Bei der vierten und letzten Ebene geht es um die Fürsorge unseres Geistes. Also darum, dass es uns mental, sozusagen „in unserem Kopf", gut geht. Denn neben unangenehmen Gefühlen sind quälende Gedanken die zweithäufigste Ursache für inneres Leiden. Deshalb beschäftigen wir uns im folgenden Kapitel mit der Natur unseres Verstandes. Wir lernen seine Eigenarten kennen und befassen uns mit seiner Funktionsweise. Wir erlernen außerdem einen neuen Umgang mit unseren Gedanken und erfahren, wie wir mit Hilfe von Achtsamkeit und aktiver Aufmerksamkeitssteuerung für mehr Wohlbefinden und mentale Zufriedenheit in unserem Leben sorgen können. Ich denke es ist an der Zeit, unseren Geist zu beruhigen, indem wir Licht in die dunkle Welt des Verstandes und Ordnung in die chaotische Welt unserer Gedanken bringen. Aber fangen wir von vorne an.

Die Aufgabe des Verstandes

Wie jedes andere System in unserem Körper hat auch unser Verstand eine ganz bestimmte Rolle und erfüllt ganz bestimmte Aufgaben in unserem menschlichen Organismus. Wenn wir diese Aufgaben in unserem alltäglichen Leben nicht berücksichtigen, kann es zu inneren Konflikten kommen, die uns an unserem Wohlergehen hindern. Wenn wir uns jedoch seiner Aufgaben bewusst werden und lernen, unabhängig von ihnen unser Leben zu gestalten, werden wir wahre Freiheit erfahren.

Was ist nun also die Aufgabe unseres Verstandes?

Die Aufgabe des menschlichen Verstandes ist, wie der Name schon sagt, zu „verstehen". Und zwar das Leben in uns und um uns herum. Das heißt, unser Verstand ist dazu beauftragt die Welt für uns begreifbar zu machen, sie für uns zu vereinfachen, Struktur reinzubringen und uns in dieser komplexen Welt ein wenig mehr Orientierung bieten zu können. Er möchte dadurch natürlich - so wie alle anderen Funktionen in unserem Körper auch - unser Überleben sichern. Hierfür „scannt" er durchgehend unsere Umgebung nach potentiellen Gefahren und möglichen Bedrohungen ab. Sobald er für ihn relevante Informationen erkannt hat, fängt er an, diese innerhalb von Bruchteilen einer Sekunde zu bewerten, zu beurteilen, zu analysieren und mit bereits vorhandenem Wissen zu vergleichen. Er „durchdenkt" die Informationen quasi für uns und schaut, inwiefern sie für unser (Über-)Leben relevant sein könnten. Denken ist somit der Prozess unseres Verstandes und das Verständnis sein Ziel.
Nachdem unser Verstand diesen Prozess in Sekundenbruchteilen durchlaufen hat, teilt er uns seine Schlussfolgerungen und Ratschläge bezüglich der gefundenen Informationen in Form von Gedanken mit: *„Tue dies, tue das, vermeide jenes..."*. Wir können Gedanken somit als Postboten unseres Verstandes ansehen, die in ihrer Botschaft seine Analyseprozesse beinhalten. Wenn wir also Gedanken in unserem Kopf wahrnehmen, dann hören wir quasi lediglich die „Outputs" unseres Verstandes. Nicht mehr und nicht weniger.

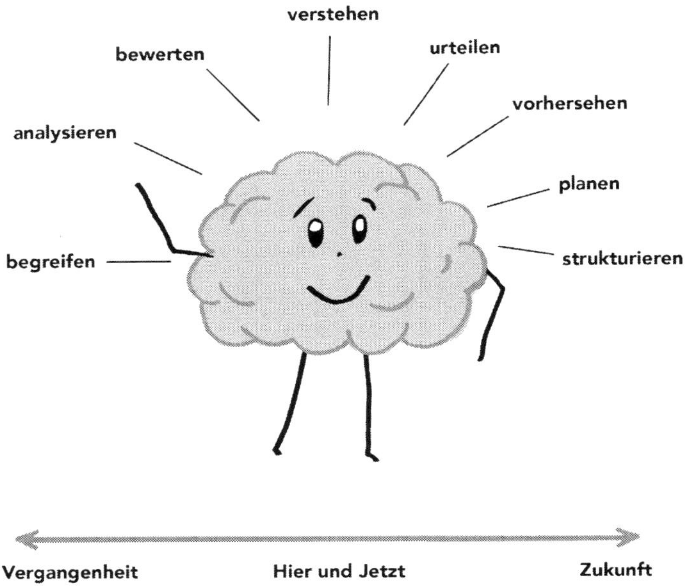

Die Aufgaben des Verstandes

Das Problem ist jedoch, dass die Prozessausführung unseres Verstandes, genauso wie seine Analyse-Outputs, für ein unangenehmes inneres Erleben sorgen können. Das wiederum führt dazu, dass Menschen anfangen, gegen genau diese Prozesse und Outputs anzukämpfen. Die Rede ist hier von unangenehmen Gedanken, schmerzhaften Erinnerungen, andauernden Sorgen und ständigem

Grübeln. Menschen leiden darunter und beginnen deshalb, bewusst oder unbewusst, einen Kampf gegen ihren Verstand zu führen. Sie fangen an, ihre Gedanken zu unterdrücken, sie zu vermeiden, Situationen zu umgehen, die gewisse Analyseprozesse in Gang setzen könnten und lenken sich mit Stimuli ab, die kurzfristig dabei helfen, die „Arbeit des Verstandes" nicht wahrzunehmen. Doch dieser Kampf ist zum Scheitern verurteilt und führt lediglich zu weiterem Leid im Leben. Das heißt, neben den unangenehmen Gedanken, Erinnerungen und lästigen Prozessen des Verstandes - wie ständiges Grübeln oder sich permanent um etwas zu sorgen - kommen weitere Gefühle der Ohnmacht, Hilflosigkeit und Verzweiflung hinzu. Somit hat sich das Leid durch den Kampf gegen das Leid verdoppelt! Wenn wir uns jedoch der Aufgaben und der Eigenschaften unseres Verstandes bewusst werden, können wir ein Verständnis und somit eine gewisses Aktzeptanz für ihn entwickeln. Denn für seine Arbeit ist unser Verstand nunmal mit bestimmten Eigenschaften ausgestattet, die zwar zum einen unser geistiges Wohlbefinden beeinflussen, zum anderen aber auch für unser Überleben relevant sind. Fakt ist also, wir können einen Kampf gegen unseren Verstand und die Art und Weise, wie er arbeitet, nicht gewinnen. Was wir aber tun können ist zu lernen, eine neue Sichtweise auf ihn zu entwickeln, uns einen neuen Umgang mit ihm anzueignen und ihn im besten Falle zu unserem Freund zu machen. Dann können wir nämlich auch damit beginnen, die Arbeit unseres Verstandes nicht nur für unser Überleben, sondern auch für unser Wohlbefinden zu nutzen.

Die Eigenschaften des Verstandes

1. Unser Verstand arbeitet immer

Im natürlichen Zustand ist unser Verstand immer aktiv. Er macht keine Pausen. Er erholt sich nicht. Wir können den Verstand als eine Datenverarbeitungsmaschine ansehen, die am liebsten 24 Stunden lang durchlaufen würde. Das betrifft übrigens die meisten Funktionen in unserem Körper: Auch unsere Lunge und unser Herz machen nicht einfach so „Pause" oder einfach mal „Urlaub". Sie erledigen ihre Aufgaben zuverlässig und gewissenhaft bis zum Schluss.

Denken, Analysieren und Bewerten sind also völlig natürliche und ganz automatisch ablaufende Prozesse, die wir nur bedingt steuern können. Deshalb nennt man dies auch das »autonome Nervensystem«. Wir können unseren Verstand nicht einfach „ausschalten" oder unsere Gedanken stoppen, unterdrücken oder verdrängen. Kurzfristig mag das vielleicht funktionieren, aber auf Dauer führt es, wie schon gesagt, nur zu weiterem Leid.

2. Unser Verstand hält sich am liebsten in der Zukunft oder in der Vergangenheit auf

In seiner natürlichen Form tendiert unser Verstand dazu, sich mit seiner Aufmerksamkeit vor allem in der Vergangenheit oder in der Zukunft aufzuhalten. Ganz

einfach aus dem Grund, weil dort seine hauptsächliche Datenverarbeitung stattfindet. Auf Grundlage vergangener Erlebnisse zieht er nämlich relevante Schlüsse für unser Leben und plant anschließend eine vorhersehbare Zukunft für uns. Er analysiert und bewertet also die ganze Zeit unsere Vergangenheit, um möglichst sichere Zukunftsprognosen erstellen zu können.
Somit ist es völlig normal, dass wir uns mit unseren Gedanken und unserer Aufmerksamkeit die meiste Zeit des Tages in der Vergangenheit oder in der Zukunft befinden. Es ist auch völlig normal, dass wir uns bei vergangenen Konflikten oder Problemen, bei möglichen Schwierigkeiten oder zukünftigen Herausforderungen „einen Kopf machen", über sie „nachgrübeln" oder bestimmte Themen „zerdenken". Das sind quasi nicht wir, sondern es ist unser Verstand, der im Hintergrund gerade seine Arbeit ausführt und versucht, logische Erklärungen und Lösungen für uns zu finden.

3. Unser Verstand tendiert dazu, Negatives zu fokussieren

Unser Verstand hat einen natürlichen Hang dazu, im Alltag mehr das Negative als das Positive anzuvisieren. Es ist sozusagen seine Lieblingsbeschäftigung, über Probleme nachzudenken, Lösungen zu suchen und mögliche Schwierigkeiten in der Zukunft frühzeitig zu erkennen. Das ist einfach sein Job. So möchte er sicherstellen, dass er Gefahren rechtzeitig erkennt und schwierige Situationen

frühzeitig lösen kann. Ein „positiv denkender" Verstand hat es in der Evolutionsgeschichte nämlich nicht sehr weit gebracht. Wenn ein Mensch vor tausenden von Jahren einen Verstand gehabt hätte, der sich vor allem den „schönen" Dingen im Leben zugewendet, allem und jedem vertraut und in allem nur das Positive gesehen hätte, wäre er wahrscheinlich ziemlich schnell vom nächsten Säbelzahntiger zum Frühstück verspeist worden. Ein Lebewesen, das aber im Besitz eines „negativ denkenden", eher misstrauischen, wachsamen und vorsichtigen Verstandes war, hat sein Überleben mit einer höheren Wahrscheinlichkeit sicherstellen und sich somit auch in der Evolutionsgeschichte durchsetzen können.
Es ist daher völlig normal, dass wir im Alltag dazu tendieren zunächst einmal das Negative in den Dingen zu sehen, über mögliche Schwierigkeiten nachzudenken und uns mit bevorstehenden Herausforderungen zu befassen. Das ist die natürliche Tendenz unseres Verstandes und betrifft jeden von uns. Es muss aber auch dazu gesagt werden, dass, je negativer und bedrohlicher unsere Erfahrungen in der Vergangenheit waren, unser Verstand umso mehr zu misstrauischem und negativem Denken tendiert. Die Ausprägung der Arbeitsprozesse unseres Verstandes hängen also maßgeblich auch von seinen vergangenen Erfahrungen ab.

4. Unser Verstand fusioniert mit unserer Wahrnehmung

Im bewussten Seinszustand sind wir voll und ganz mit unserem Verstand fusioniert, sprich verschmolzen. Wir haben das Gefühl, eins mit ihm zu sein und unterliegen somit der Illusion, dass der Sitz unseres „Ichs" im Verstand ist: „Ich denke, also bin ich". Tatsächlich ist dem aber nicht so. Wir haben einen Verstand, ja. So wie wir eine Lunge, eine Leber und zwei Nieren haben. Das bedeutet aber nicht, dass wir die Lunge, die Nieren oder die Leber sind, sondern lediglich, dass wir über sie in unserem Körper verfügen. Unser Verstand jedoch besitzt die einmalige Gabe so sehr mit unserem Bewusstsein zu verschmelzen, dass wir uns mit unseren Gedanken identifizieren und die Funktionsweise unseres Verstandes als unsere eigene interpretieren. Dabei handelt es sich lediglich um eine Täuschung, eine Illusion. Es heißt also nicht: „Ich bin mein Verstand“, sondern: „Ich habe einen Verstand“ und dieser produziert am laufenden Band Gedanken, die mir das Empfinden geben, sie zu sein. Warum tut unser Verstand das? Ganz einfach: Würden wir uns mit unseren Gedanken nicht automatisch identifizieren, dann würden wir sie ja erst einmal anzweifeln können. Und das wäre für das Überleben unserer Spezies verheerend gewesen. Unser Verstand hätte uns nach schneller Analyse der Situation den Gedanken: *„Renn weg, hier droht Gefahr!"* geschickt und wir hätten dann erstmal ganz gelassen dagegen argumentiert: *„Moment* *mal, ist an diesem Gedanken überhaupt etwas dran? Ich prüfe das erstmal selbst…!"*. Ich glaube, zur Prüfung der Situation wäre es in vielen Fällen nicht mehr gekommen. Erst die automatische Identifizierung mit unseren Gedanken führt dazu, dass wir zweifelsfrei und innerhalb von Millisekunden auf sie reagieren, was in Gefahrensituationen über Leben und Tod entscheidet. Es liegt also in unserer Natur, unseren Gedanken zunächst blind zu vertrauen und uns mit unserem Verstand gleichzusetzen.

5. Unser Verstand zieht unsere Aufmerksamkeit auf sich

Für seine alltäglichen Aufgaben zieht der Verstand gerne unsere ganze Aufmerksamkeit auf sich. Und die braucht er auch, denn für die Arbeit, die er leistet, benötigt er viel Energie und die erhält er eben genau in dieser Form. Sein Hauptquartier befindet sich in unserem Kopf. Besser gesagt im präfrontalen Cortex, im vorderen Teil unseres Gehirns. In unserem Kopf ist somit der „Sitz" unseres Verstandes. Von dort aus erledigt er seine Arbeit und von dort aus richtet er auch seinen Fokus auf die Außenwelt. Das Problem ist nur, dass wir die meiste Zeit unseres Tages dort verbringen werden, wenn wir ihm unsere ganze Aufmerksamkeit zur Verfügung stellen. Im Kopf, bei ihm und seinen Aufgaben: Denken, planen, bewerten, analysieren. Und das ist sehr schade, denn das wahre Leben findet nicht in unseren Köpfen statt. Es findet auch nicht in der Vergangenheit oder in der

> Zukunft statt und gestaltet sich auch nicht aus „über das Leben nachdenken" oder daraus „das Leben zu planen". Das wahre Leben findet im Hier und Jetzt statt, in diesem Augenblick, außerhalb unserer Köpfe und fernab unseres Verstandes. Dort, wo all unsere Sinne die Außenwelt berühren und unsere Wahrnehmung die Innenwelt erfasst. Im natürlichen Zustand verbringen wir also mehr Zeit in unseren Köpfen, als in der realen Welt da draußen. Wir sind mehr damit beschäftigt, über das Leben nachzudenken und es zu planen, als es wirklich im Hier und Jetzt zu erleben und den Moment zu genießen. Dabei ist der jetzige Moment tatsächlich das Kostbarste und Wertvollste, was wir in unserem Leben haben, denn jeden einzelnen davon gibt es unwiderruflich nur ein einziges Mal.

Wir haben nun einige wichtige Eigenschaften unseres Verstandes kennengelernt und auch erfahren, welche Folgen die einzelnen Prozesse und Eigenschaften für unser tägliches Leben mit sich bringen. Im Folgenden müssen wir nun lernen, mit diesen Eigenschaften so umzugehen, dass sie uns und unserem geistigen Wohlbefinden nicht mehr im Wege stehen. Denn es ist zwar ein Privileg, mit einem so leistungsfähigen Verstand ausgestattet zu sein, dennoch kann er - ohne den richtigen Umgang mit ihm - Segen und Fluch zugleich sein. So hilfreich er für unser Überleben auch war, so sehr können seine Eigenarten uns heute belasten. Denn wir leben nicht mehr in der Wildnis, umgeben von lebensbedrohlichen Tieren und feindseligen Völkern, sondern in einer bereits gut strukturierten und weitaus weniger gefährlichen Gesellschaft. Die Intensität, in der unser Verstand arbeiten möchte, ist heute also gar nicht mehr notwendig. Wenn wir nun vor einer schweren Aufgabe sitzen, uns in einer fremden Stadt verirren, ein großes Projekt vorbereiten oder in den Dschungel ziehen, dann kann uns unser Verstand mit seiner analytischen Stärke und seinen Problemlösefähigkeiten sehr behilflich sein. Wir brauchen ihn dann. Wenn wir jedoch gerade mit unseren Kindern spielen, mit unserem Partner kuscheln, an einer Blume riechen oder die Sterne beobachten, dann müssen wir nicht denken, planen oder analysieren, sondern einfach nur da sein und das Leben im Hier und Jetzt genießen. Dies ist jedoch mit einem andauernd aktiven und problemsuchenden Verstand gar nicht so einfach. Wir müssen wissen, unser Verstand interessiert sich nicht für „Leben genießen". Dafür ist er nicht gemacht, das ist nicht sein Job. Sein Job ist es, einfach nur die „Daten des Lebens" zu verarbeiten und dafür zu sorgen, dass wir durch Struktur und Verständnis unser Überleben sichern können. Um „Leben genießen" müssen wir uns quasi selbst kümmern. Deshalb besteht die nächste Aufgabe darin Fertigkeiten zu erlernen, die es uns ermöglichen, zu jeder Zeit und an jedem Ort, raus aus unserem Kopf und rein in unser Leben zu können. Und diese Fertigkeiten, sind zum einen gezielte Aufmerksamkeitslenkung und zum anderen Achtsamkeit.

Kleine Achtsamkeitsübung

> Lege gleich für einen kurzen Augenblick das Buch zur Seite und schaue einfach mal vor dich. Genau da, wo du gerade bist: Im Bett, auf der Couch oder in der Bahn.

Schau dich um: Was können deine Augen gerade sehen? Jetzt, genau in diesem Moment, was siehst du vor dir?

...und lenke nun deine Aufmerksamkeit einmal auf deine Ohren. Da, wo du gerade bist, was kannst du hören? Welche Geräusche nimmst du um dich herum wahr? Lausche einmal für einige Augenblicke einfach nur deiner Umgebung.

...wandere nun mit deiner Aufmerksamkeit in deinen Mundraum. Was schmeckst du gerade? Wie fühlt es sich gerade auf deiner Zunge an, auf deinem Gaumen? Du musst das, was du wahrnimmst, nicht bewerten. Nimm es einfach nur für diesen Moment wahr.

...und gehe jetzt als nächstes mit deinem Bewusstsein in deine Innenwelt. Was fühlst du gerade in ihr? Schließe dazu deine Augen. Fühl in dich hinein. Gibt es irgendwelche Emotionen, die du gerade wahrnehmen kannst, jetzt in diesem Moment? Wenn ja, welche?

...und nimm jetzt auch deinen Körper wahr. Wie fühlt er sich an? Ist er wach und ausgeruht oder eher erschöpft und müde? Ist ihm gerade kalt oder warm? Bewerte nicht, was du wahrnimmst, sondern beobachte einfach nur die Empfindungen deines Körpers.

Bleibe nun für weitere 1-2 Minuten in diesem

> Bewusstseinszustand und nimm einfach nur das Leben in dir und um dich herum wahr. Du musst jetzt nichts weiter tun, als da zu sein, bewusst im Hier und Jetzt, um den Moment mit deinen Sinnesorganen einzufangen.

Du wirst wahrscheinlich irgendwann bemerken, dass sich dein Verstand, während du einfach nur beobachtest, immer wieder einschalten will und anfangen möchte, das Wahrgenommene zu bewerten oder über irgendwelche anderen Themen nachzudenken. Lass dich davon nicht irritieren, das ist völlig normal. Dein Verstand macht einfach nur seinen Job. Wenn du möchtest kannst du deine Aufmerksamkeit dann entweder wieder ganz bewusst auf deine Sinnesorgane richten oder aber deinem Verstand eine Weile bewusst bei seiner Arbeit "zuschauen": Was macht dein Verstand gerade? Versucht er, etwas zu analysieren oder einen vergangenen Konflikt zu verstehen? Ist er gerade mehr in der Vergangenheit oder in der Zukunft? Welches Thema beschäftigt ihn am meisten? Über was denkt er viel nach? Was ist ihm wichtig? Beobachte einfach nur die Inhalte deiner Gedanken und somit die Verarbeitungsprozesse deines Verstandes, bewerte auch sie nicht. Alles, worüber dein Verstand jetzt nachdenken möchte, ist ok. Lass ihn einfach seine Arbeit verrichten und beobachte ihn dabei.

Wie war es gerade für dich, deine Aufmerksamkeit bewusst ins Hier und Jetzt lenken zu können? Von einem Sinneskanal zum nächsten? Wie war es, das Leben im Außen bewusst wahrzunehmen und die Erlebnisse im Innen bewusst zu beobachten?
Das, was du gerade getan hast, war bewusste Aufmerksamkeitslenkung. Das, was sich bei dir eingestellt hat, ein Zustand der

Achtsamkeit und das, was du durch diesen Zustand erfahren hast, das Leben. Das reine Leben in seiner tatsächlichen Form, ohne die Färbung deiner Gedanken und ohne die Bewertung deines Verstandes. Du konntest also gerade mit Hilfe deiner Sinnesorgane und durch bewusste Lenkung deiner Aufmerksamkeit das Hier und Jetzt in der Außenwelt sowie das aktuelle Erleben deiner Innenwelt registrieren. Du konntest gerade entscheiden, wohin du deine Aufmerksamkeit fließen lassen möchtest, unabhängig von deinem Verstand. Wahrscheinlich hast du aber auch bemerkt, dass dies gar nicht so einfach war; dass dein Verstand sich immer wieder eingeschaltet hat, immer wieder nach deiner Aufmerksamkeit verlangt hat, um über andere Themen nachzudenken. Das ist auch überhaupt nicht schlimm, sondern wie gesagt völlig normal. Er macht nur seinen Job.

Das Ziel von Achtsamkeit ist es auch nicht, den Verstand auszuschalten oder stillzulegen, sondern einfach nur das Leben in seiner reinen Form - also ohne die Bewertung unseres Verstandes - wahrzunehmen. Wir entwickeln also einen Bewusstseinszustand unabhängig von unserem Verstand. Einen Zustand, in dem wir nicht er sind. Dadurch eröffnet sich uns eine völlig neue Welt mit neuen Sichtweisen, mehr geistiger Flexibilität und weitaus mehr Handlungsspielraum für unser Leben. So hilft uns gezielte Aufmerksamkeitslenkung immer wieder aus dem Film unseres Verstandes auszusteigen, um selbst zu entscheiden, wohin unsere Energie in dem Moment fließen soll. Was meine ich mit Film unseres Verstandes?

Der Film unseres Verstandes

Alles, was nicht gerade in diesem Moment stattfindet oder mit unseren fünf Sinnen im Hier und Jetzt erfahrbar ist, sind nur Vorstellungen und Bilder unseres Verstandes, auf die wir emotional und anschließend mit unserem Verhalten reagieren.
Wir können uns das so vorstellen: Unser Verstand projiziert am laufenden Band Bilder und Ideen über das Leben auf einer riesengroßen Leinwand in unserem Kopf. Ähnlich wie in einem Kinofilm auch sitzen wir dann vor dieser Leinwand und schauen den Filmen aufmerksam zu. Meistens vertiefen wir uns im Kino sogar so sehr in einen Film, dass er sich für unser Gehirn wie „echt" anfühlt. Wir sind dann „im Film". Und obwohl wir uns der Fiktion durchaus bewusst sind, also eigentlich genau wissen, dass es sich bei allen Filmen generell nur um gestellte Szenen mit Schauspielern handelt, reagieren wir genauso emotional auf diese Szenen, als seien sie echt. Wir fangen also bei traurigen Darstellungen an zu weinen, erschrecken bei Gruselfilmen und fiebern mit den Schauspielern mit. Unser Gehirn kann in dem Moment, in dem wir „im Film" sind, nicht unterscheiden, ob die Bilder real oder fiktiv sind. Erst mit Hilfe der bewussten Entscheidung, uns von dem Film zu distanzieren und ihn wieder als das zu erkennen, was er in Wirklichkeit ist, wird unser Gehirn fähig sein die Emotionen, die durch den Film ausgelöst werden, wieder loszulassen. Es bedarf folglich einer ganz bewussten Entscheidung: Unsere Wahrnehmungsperspektive zu ändern und zwar von „im Film" zu „außerhalb des Films" sein.
Genauso verhält es sich mit der Leinwand in unserem Kopf auch. Unser Verstand projiziert auf ihr den ganzen Tag Bilder aus der

Vergangenheit und Vorstellungen von der Zukunft, auf die wir dann emotional reagieren. Sprich, wir sitzen im Kinosaal unseres Kopfes und verschmelzen mit den Filmen unseres Verstandes. Diese Bilder und Vorstellungen sind aber, wie bei einem Kinofilm auch, nicht das reale Leben, sondern lediglich Repräsentationen des Lebens. Und egal, wie ‚echt' sich diese Bilder und Szenen in unserem Kopf für uns auch anfühlen, sie sind es nicht!

Das, was wir nun üben müssen ist, mit Hilfe bewusster Aufmerksamkeitslenkung die Wahrnehmungsperspektive jederzeit und beliebig ändern zu können. Nämlich raus aus dem Kopf und rein ins Leben. Denn das wahre Leben findet nicht im Kinosaal unseres Kopfes statt und ist nicht mit den Vorstellungen unseres Verstandes gleichzusetzen. Dies müssen wir uns immer wieder bewusst machen, um langfristig eine neue Wahrnehmungsperspektive entwickeln zu können. So, wie wir Kindern bei emotionalen Filmen auch immer wieder sagen müssen: *„Schatz, das ist nur ein Film!"*, so müssen auch wir erst erkennen, dass der Film unseres Verstandes nicht echt ist, sondern eben auch nur ein Film. Wenn wir das nicht begreifen und nicht lernen, eine neue Wahrnehmungsperspektive zu entwickeln, dann werden wir zwangsläufig unser gesamtes Leben im „Kinosaal unseres Verstandes" mit der Hauptvorstellung „Problemanalyse und Konfliktbewältigung" verbringen.

Wie du es nun schaffst, das Kino deines Verstandes zu verlassen und am realen Leben außerhalb der Filmvorstellungen in deinem Kopf teilzunehmen, möchte ich dir im Folgenden zeigen. Dabei spielen Achtsamkeit und die bewusste Lenkung deiner Aufmerksamkeit die entscheidende Rolle.

Lerne Achtsamkeit

Ursprünglich entstammte die Technik der Achtsamkeit aus der buddhistischen Meditationspraxis und lässt sich laut Jon Kabat-Zinn (1990) als eine besondere Form der Aufmerksamkeitslenkung verstehen, die sich wertungsfrei auf den gegenwärtigen Augenblick bezieht.

Im Moment der Achtsamkeit sind wir mit unserer Aufmerksamkeit nicht mehr im Kinosaal unseres Verstandes, sondern vollkommen im gegenwärtigen Moment des Lebens. Wir nehmen, ohne zu bewerten oder zu urteilen, das Leben in uns und um uns herum einfach nur wahr. Um Achtsamkeit zu üben können wir, wie oben in der „kleinen Achtsamkeitsübung" auch damit beginnen, unsere Aufmerksamkeit auf das aktuelle Erleben in der Außenwelt zu richten. Dazu kannst du wieder deine fünf Sinne benutzen und innerlich Folgendes aufzählen:

- 3 Dinge, die du in diesem Moment um dich herum sehen kannst
- 3 Dinge, die du gerade hören kannst
- 3 Dinge, die du gerade riechen kannst
- 3 Dinge, die dein Körper gerade berührt
- 3 Empfindungen, die du in deinem Mund wahrnimmst

Achtsamkeit kann sich aber auch auf das aktuelle Erleben deiner Innenwelt beziehen. Lenke dazu deine Aufmerksamkeit wie einen Scheinwerfer in dein Inneres. Beleuchte dich innerlich und schließe auch dafür deine Augen, wenn du magst. Zähle nun folgende Dinge auf:

- 2 Gefühle, die du gerade in deinem Körper wahrnehmen kannst (Freude, Wut, Trauer, Gelassenheit, Stolz, etc.)
- 2 Körperempfindungen (Schmerz, Kälte, Wärme, Hunger, Durst, etc.)
- 2 aktuelle Bedürfnisse (Essen, Schlafen, Zuneigung, Aktivität, etc.)
- 2 Gedanken, die du in diesem Moment beobachten kannst (*„Eine komische Übung!"*, *„Was mache ich hier überhaupt?"*, etc.).

Achtsamkeit zu praktizieren ist nicht schwer. Die Schwierigkeit besteht lediglich darin, sie bewusst in das Leben zu integrieren. Denn der Zustand der Achtsamkeit ist, wie schon gesagt, eine bewusste Entscheidung und entsteht nicht von allein. Zumindest nicht am Anfang. Das heißt, wir müssen uns immer wieder absichtlich dafür entscheiden, unsere Aufmerksamkeit ins Hier und Jetzt und aus dem Kinosaal unseres Kopfes heraus zu lenken. Sonst werden wir den ganzen Tag nur damit verbringen, die Filme unseres Verstandes zu konsumieren. Mit der Achtsamkeit verhält es sich wie mit jeder anderen Fertigkeit im Leben auch: Wir werden besser, je mehr wir üben. Je häufiger wir also Achtsamkeit im Alltag praktizieren, desto achtsamer werden wir, bis sich der Zustand irgendwann von ganz alleine immer wieder einstellen wird. Bis dahin empfehle ich dir, kleine Erinnerungen in deinen Alltag zu integrieren. Zum Beispiel mit Hilfe deines Handys oder auch bestimmter Gegenstände, die dich jedes Mal, wenn du sie siehst, zu einer kleinen Achtsamkeitsübung einladen. Es genügt dann völlig, wenn du für die Achtsamkeitseinheiten wieder 3 Dinge in deiner Umgebung aufzählst, die du in dem Moment sehen, hören, riechen, schmecken und fühlen kannst. Dabei ist es völlig egal, wo du gerade bist und was du gerade machst. Ob beim Duschen, Zähne putzen, Bus fahren oder beim Abendessen. Entscheidend ist einfach nur, dass du immer wieder raus aus dem Kopf und rein ins reale Leben im Hier und Jetzt kommst.

Ein weiteres Problem ist, dass unser Geist in der Regel den gesamten Tag über im Autopilot-Modus steckt. Ohne große Überlegungen hangeln wir uns von einer Gewohnheit zur nächsten: Anziehen, Zähneputzen, Autofahren. Wir üben die meisten Handlungen schon lange nicht mehr bewusst, sondern völlig automatisch aus. Für den Alltag hat das den Vorteil, dass unser Gehirn durch die vielen Gewohnheiten und Strukturen entlastet wird. Nachteilig ist jedoch, dass das Leben an uns vorbeizieht und - ohne dass wir es bemerken - der Tag, die Woche, das Jahr und irgendwann dann auch unser ganzes Leben vorbei sein wird, während wir dann am Ende unserer Tage irgendwann zurückblicken und uns fragen, wo die Zeit geblieben ist. Unser Gehirn liebt zwar Routinen, doch diese verschlingen unser Bewusstsein. Um dem entgegenzuwirken, können wir uns täglich dazu entschließen, das Leben im Allgemeinen und den Alltag im Speziellen wieder bewusst zu erfahren. Wieder „da" zu sein bei dem, was wir tun, und bei dem, was gerade passiert. Wir können uns dazu entscheiden, in unsere alten Gewohnheiten mehr Achtsamkeit und damit in unseren Tag mehr Leben zu bringen.

Einige Schüler fragen ihren Zen-Meister, warum er so zufrieden und glücklich ist.

Der Zen-Meister antwortet:
„Wenn ich stehe, dann stehe ich,
wenn ich gehe, dann gehe ich,
wenn ich sitze, dann sitze ich,
wenn ich esse, dann esse ich,
wenn ich liebe, dann liebe ich ..."

„Das tun wir auch!", antworten seine Schüler.
„Was machst Du darüber hinaus?" fragen sie ihn.

Der Meister antwortet:
„Wenn ich stehe, dann stehe ich,
wenn ich gehe, dann gehe ich,
wenn ich ..."

Seine Schüler unterbrechen ihn und erwidern erneut:
„Aber das tun wir doch auch, Meister!"

Er aber sagt zu seinen Schülern:
„Nein – wenn ihr sitzt, dann steht ihr schon,
wenn ihr steht, dann lauft ihr schon,
wenn ihr lauft, dann seid ihr schon am Ziel."

Der achtsame Tag

Beginne deinen Morgen doch einmal mit Achtsamkeit. Wenn dein Geist am Morgen wach wird und sich langsam wieder in das Leben begeben möchte, springe nicht gleich aus dem Bett oder mit deinen Gedanken zum nächsten Termin, sondern bleibe noch einen kurzen Moment liegen. Nimm deinen Körper wahr und genieße für einen Augenblick ganz bewusst die warme Decke über dir. Drehe dich gerne noch einmal zur Seite und erfreue dich an dem weichen Kissen. Gehe mit deiner Aufmerksamkeit anschließend einmal durch deinen ganzen Körper, nimm ihn bewusst wahr, recke und strecke dich und begrüße den heutigen Tag. Er ist ein Geschenk.

Nimm die Achtsamkeit mit ins Badezimmer. Wann hast du das letzte Mal ganz bewusst Zähne geputzt, dein Gesicht gewaschen oder achtsam geduscht? Probiere es doch mal aus und bleibe ganz bewusst bei jeder einzelnen Tätigkeit. Seife deinen Körper achtsam ein, fühle dabei deine Haut und rieche den Duft der Seife. Nimm ihre Konsistenz wahr und beobachte, wie sich durch sie deine Haut verändert. Trockne dich anschließend ganz bewusst ab. Spüre das Handtuch auf dir und betrachte deinen Körper, wie er auf die kühle Luft reagiert.

Weiter geht es mit achtsamen Essen. Versuche einmal deine Mahlzeit, wenn du sie zubereitest und anschließend isst, ganz bewusst wahrzunehmen. Schalte alle Ablenkungen aus und schenke dem Essen, das dich gleich nährt, deine ganze Aufmerksamkeit. Wie sieht es aus? Welche Farben hat es, welche Form? Wie riecht es, was nimmt deine Nase wahr? Beobachte auch, was der Anblick und das bloße Riechen des Essens mit deinem Körper macht. Produziert er Speichel in deinem Mund, schüttet er Gefühle der Lust aus? Was spürst du genau? Führe anschließend dein Essen ganz achtsam in deinen Mund und fange an, bewusst zu kauen. Nimm die unterschiedlichen Geschmacksnuancen wahr. Wie schmecken die einzelnen Zutaten auf deiner Zunge? Wie ist die Konsistenz des Essens und wie verändert sie sich mit zunehmendem Kauen? Beobachte auch deinen Körper, wie er auf das Essen reagiert, wie sich dein Magen immer mehr füllt und dir langsam ein Gefühl von Sättigung schickt.

Erlebe den Tag mal wieder ganz bewusst und versuche immer wieder, aus dem Autopilot-Modus auszusteigen, also den Kinosaal deines Verstandes zu verlassen und immer wieder ins Hier und Jetzt deines Tages zurück zu kommen. Es wird ein Ringen um deine Aufmerksamkeit sein, du gegen deinen Verstand, und sicher nicht einfach werden. Dein Verstand sitzt seit jeher beharrlich auf dem Thron der Aufmerksamkeit und will diesen verständlicherweise nicht verlassen. Versuche es deshalb mit Leichtigkeit und Humor zu sehen, wenn du dich im Laufe des Tages immer wieder im Kinosaal deines Verstandes wiederfindest. Aber gib nicht auf, sondern schnapp dir die Aufmerksamkeit und bringe sie mit Hilfe deiner Sinnesorgane weg von der Kinoleinwand wieder direkt in den Moment.
Natürlich ist es nicht immer möglich und auch gar nicht sinnvoll, den ganzen Tag nur Achtsamkeit zu praktizieren. Denn wie schon gesagt: Der Autopilot-Modus entlastet schließlich auch unser Gehirn und hilft dem Verstand dabei, sich bei wichtigen Themen auf

das Wesentliche zu konzentrieren. Es geht in erster Linie vielmehr darum, durch Achtsamkeit ein paralleles Bewusstsein zu entwickeln. Wenn wir dies geschafft haben, dann können wir auch im nächsten Schritt dazu übergehen, für unsere geistige Selbstfürsorge die Aufmerksamkeit bewusst auf Dinge zu lenken, die uns guttun und unseren Geist befriedigen.

Lenke deine Aufmerksamkeit

Wie bereits erwähnt tendiert unser Verstand dazu, unsere Aufmerksamkeit immer wieder zu sich zu ziehen, eher das Negative, als das Positive anzuvisieren und im Alltag mehr über Probleme und Herausforderungen nachzudenken als über die schönen Dinge im Leben. Wenn wir also nicht lernen „dagegen zu steuern" und unsere Aufmerksamkeit bewusst zu lenken, dann wird unser Verstand für immer die Regie über unser Leben übernehmen.

Nachdem wir uns nun im vorherigen Abschnitt mit der Kunst der Achtsamkeit beschäftigt und gelernt haben, mit Hilfe unserer Sinnesorgane die Aufmerksamkeit immer wieder ins Hier und Jetzt zu holen, gilt es nun im nächsten Schritt, die gewonnene Aufmerksamkeit bewusst auch auf die schönen und positiven Dinge im Leben zu richten. Denn diese existieren gleichermaßen wie die negativen auch, werden jedoch aufgrund der Tendenz unseres Verstandes weniger häufig von uns registriert.

Dazu ein übertragbares Beispiel:

> Stelle dir deinen Verstand als einen guten alten Freund vor, mit dem du abends eine Runde spazieren gehst. Es ist ziemlich dunkel draußen und deshalb packt dein Freund irgendwann eine Taschenlampe aus, mit der er euch den Weg erhellen kann; schließlich möchte dein Freund nicht, dass ihr stolpert. Und so fängt er an, auf all die Dinge in eurer Umgebung zu leuchten, die euren Weg behindern könnten. All die Straßenschäden, die Mülltonnen, die Pfosten, die Pfützen und all die Personen, die euch entgegenkommen. Er fängt ebenfalls an den Weg, den ihr gemeinsam geht, zu bestimmen und immer mehr allein zu entscheiden, wo es für euch lang geht. Und da er nunmal im Besitz der Taschenlampe ist und du denkst, ohne ihn verloren zu sein, zweifelst du auch nicht daran, ihm zu folgen. Während ihr miteinander lauft, beginnt dein alter Freund zusätzlich, sich über die Bedingungen auf eurem Weg zu beschweren. So beklagt er sich beispielsweise über die schlechte Luft, den Lärm und den Müll auf der Straße. Das drückt natürlich ganz schön auf die Stimmung. Du weißt zwar, dass dein Freund nunmal „so ist", er für seine grimmige Art nichts kann und dass er es eigentlich auch gar nicht böse meint. Aber dennoch bemerkst du nach einer gewissen Zeit, wie anstrengend sein ständiges Beschweren und sein bestimmendes Verhalten ist und wie viel Energie er dir damit eigentlich raubt. Deshalb beschließt du kurzerhand, die

negative Stimmung um euch herum zu beenden, indem du die Taschenlampe deines Freundes an dich nimmst und nun selbst den Weg für euch beleuchtest. Dabei richtest du die Lampe auf die schönen und positiven Dinge in eurer Umgebung. Auf die Blumen, die netten Schaufenster, auf die glücklichen Menschen und die freundlichen Bedienungen in den schicken Restaurants. Du merkst, wie deine Laune immer besser wird, wie deine Stimmung langsam steigt und wie gut es dir tut, auch mal den schönen Dingen um dich herum Beachtung zu schenken. All das Positive, das du plötzlich wahrnimmst, gibt dir Kraft und steigert dein Wohlbefinden. Du freust dich, am Glück der Umgebung teilhaben zu können und spürst das Bedürfnis, mehr davon zu wollen. Durch die Taschenlampe in der Hand entdeckst du außerdem neue Wege, Straßen und Gassen um dich herum, die du noch nie zuvor gesehen hast. Es eröffnen sich neue Möglichkeiten für euch, ihr könnt neue, noch unbekannte Wege gemeinsam entdecken. All das, was du plötzlich in der Umgebung wahrnimmst, war schon immer da, schon immer vorhanden. Du warst einfach nicht fähig es zu sehen, weil kein Licht darauf fiel.

Dieses Beispiel soll die Funktionsweise unseres Verstandes und ihre Auswirkungen auf unser Leben verdeutlichen. Er ist und bleibt zwar unser Freund und möchte uns mit seiner Art und Weise die Welt zu sehen lediglich vor Unglück bewahren, allerdings verursacht er dadurch oft negative Stimmung in uns. Solange unser Verstand

also die Taschenlampe, sprich unsere Aufmerksamkeit, fest in der Hand hält wird er auch immer dazu tendieren, uns auf unserem Lebensweg vor allem die Gefahren aufzuzeigen und auf mögliche Probleme hinzuweisen. Das ist einfach seine Aufgabe.
Wir können die Art und Weise wie er funktioniert, nicht von Grund auf verändern. Das sollten wir auch gar nicht. Wir können ihm aber einmal eine Pause gönnen, ihm die Taschenlampe abnehmen und somit wieder die eigene Kontrolle über unser Leben zurück gewinnen. Denn mit der Taschenlampe in der Hand und der damit verbundenen Aufmerksamkeitslenkung können wir nun beginnen, unser Bewusstsein auf kraftgebende Dinge im Leben, auf die schönen Seiten des Seins, zu richten. Wir können anfangen, Dinge in unser Leben zu integrieren, die uns Energie geben, uns stärken und wachsen lassen und uns gleichzeitig von solchen trennen, die es nicht tun. Und wir können mit dem Licht der Taschenlampe weitere Wege, Optionen und Möglichkeiten für uns finden und zwar mit der Gewissheit, dass das Leben solche für uns bereit hält und wir sie nur noch beleuchten müssen.

Die Gleichung dahinter ist eigentlich ganz einfach: Positive Dinge im Leben geben uns Kraft, während uns negative Dinge Kraft rauben. Wenn wir unserem Verstand also die Kontrolle über unsere Aufmerksamkeit geben, dann werden uns die Inhalte, auf die er unseren Fokus richtet, auf Dauer immer mehr Energie rauben als geben. Wenn wir hingegen lernen, unabhängig von ihm unsere Aufmerksamkeit selbst zu lenken, dann können wir mit geistiger Selbstfürsorge beginnen. Das heißt, dass wir uns bewusst Dingen im Leben zuwenden, die uns Kraft geben, die uns befriedigen, die uns stärken und uns wachsen lassen. Und das Beste daran ist, dass wir durch geistige Selbstfürsorge ganz nebenbei unserem Verstand auch noch beibringen, dass die Welt nicht nur aus Gefahren, Bedrohungen und Problemen besteht, sondern auch jede Menge positive Elemente für uns bereithält. Das Leben ist nur eine Frage der Perspektive. Und je nachdem wo wir hinschauen, können wir für unseren Verstand neue Lernerfahrungen erschaffen, die er dann wiederum in seine zukünftigen Analysen integrieren kann.

Gehe deinen Weg

Wir haben bis hierher das *innere Kind* mit all seinen Prägungen und Eigenschaften kennengelernt, haben erfahren, mit welchen Methoden der Emotionsregulation wir es von seinen Schutzstrategien befreien können, um letztendlich unseren eigenen, ganz persönlichen Weg im Leben gehen zu können. Doch die Schutzstrategien unseres *inneren Kindes* erweisen sich bei Weitem nicht als einzige Herausforderung, die es auf dem Weg zu unseren Zielen zu überwinden gilt. Wir können die Schutzstrategien zwar als „emotionale Barrieren" verstehen, jedoch zeigt sich auch die Natur unseres Verstandes, die es ja eigentlich nur gut mit uns meint, letztendlich als ein „kognitives Hindernis" auf unserem Weg. Wie und warum uns unser Verstand von unseren Zielen abbringen kann und wie wir lernen, diesbezüglich geschickt mit ihm umzugehen, erfahren wir nun im Folgenden und letzten Kapitel von *Hello Inner Child.*

Unser Verstand der Berater

Wie wir mittlerweile wissen ist die Aufgabe des Verstandes, das Leben für uns erklärbar zu machen, uns vor Gefahren zu schützen und somit unser Überleben sicher zu stellen. Dabei nutzt unser Verstand Gedanken als Hilfsmittel, um uns entsprechend seiner Sicherheitsvorstellungen im Leben zu leiten. Wir können unseren Verstand somit nicht nur als einen guten Freund, sondern ebenfalls als einen persönlichen Berater verstehen, der uns immer wieder Ratschläge für einen sicheren Lebensweg erteilt.

Welchen Weg wünscht sich unser Verstand für uns?

Unser Verstand hat eine Mission, die er so effizient wie möglich erledigen möchte. Denn neben „das Überleben sicherstellen" ist „Energie sparen" der zweitgrößte Punkt auf seiner Tagesordnung. Unser Verstand wird uns also folglich immer einen Weg vorschlagen, der auf der einen Seite wenig Risiken in sich birgt und auf welchem er Gefahrenquellen möglichst schnell vorhersagen kann. Auf der anderen Seite aber auch einen, bei dem er so energiesparend und einfach wie möglich seine Arbeit verrichten kann. Dabei handelt es sich tatsächlich meist um unseren „alten Weg", der diese beiden Komponenten am besten vereint. Denn den alten Weg kennt unser Verstand bereits, für ihn hat er die meisten Erfahrungswerte gesammelt, die meisten Probleme analysiert und die häufigsten Konflikte gelöst. Für den alten Weg existieren mittlerweile aber auch die meisten Routinen und Gewohnheiten, sodass er nicht nur die höchste Vorhersagekraft hat, sondern für unseren Verstand auch der effizienteste ist.

Was bedeutet das für uns?

Für uns bedeutet das, dass unser Verstand uns immer dazu ermutigen wird den alten, ihm bekannten Weg zu gehen und uns immer davon abhalten möchte, einen neuen Weg im Leben zu bestreiten. Das Problem ist jedoch, dass dieser alte Weg nicht immer der ist, der uns erfüllt und glücklich macht. Im Gegenteil, oft belastet er uns und behindert unsere eigentlichen, vielleicht aber auch neuen Ziele im Leben. Der Weg unseres Verstandes ist also nicht immer der unseres Herzens. Und obwohl wir uns manchmal nichts sehnlicher herbeiwünschen als eine Veränderung und uns auch emotional dazu bereit fühlen eine neue Richtung im Leben einzuschlagen, schaffen wir es dennoch nicht, im entscheidenden Moment den neuen Schritt zu wagen. Wir fühlen uns dann wie gelähmt und in unseren Handlungen blockiert. Und so stehen quasi die Träume unseres Herzens den Bedürfnissen unseres Verstandes gegenüber. Denn wie schon gesagt: Unser Verstand interessiert sich recht wenig für den Zustand „glücklich sein". Er hat lediglich die Sicherstellung unseres Überlebens im Visier und das so effizient wie möglich. Es ist daher zwar sehr gut, dass wir auf der emotionalen Ebene bereits gelernt haben, unser *inneres Kind* von seinen Schutzstrategien, die Teil des „alten Weges" sind, zu befreien. Jedoch müssen wir im nächsten Schritt auch lernen, unseren Verstand auf der kognitiven Ebene von seiner Bequemlichkeit und seinen alteingesessenen Gewohnheiten zu lösen. Und das ist manchmal gar nicht so einfach, denn unser Verstand sträubt sich vor dieser Veränderung und wird so einiges daran setzen, dies zu verhindern.

Wie sehen die Abwehrmanöver deines Verstandes aus?

Ganz einfach: Unser Verstand schickt uns Gedanken und Emotionen, die uns den alten Weg schmackhaft machen und die Vorstellung eines neuen Weges vermiesen. Spüren wir also den Impuls in uns, eine neue Richtung einzuschlagen, meldet sich sofort unser Verstand mit Gedanken wie:

- „was passiert aber, wenn…"
- „das wird gar nicht so einfach…"
- „das kann nicht gut gehen…"
- „dieses… und jenes… wird aber problematisch…"

Diese Gedanken untermauert er zusätzlich mit unangenehmen Emotionen wie:

- Angst
- Unbehagen
- Unwohlsein
- Unlust
- Beklemmungen

Und so sitzen wir in der Komfortzone unseres Verstandes fest: Wir fühlen uns bei der Vorstellung eines neuen Weges im wahrsten Sinne des Wortes blockiert, eingeschüchtert und unsicher, wohingegen sich der alte Weg sicher und vertraut anfühlt - unabhängig davon, ob er uns glücklich macht oder nicht. Dieser Effekt ist umso größer, je mehr der neue Weg vom alten abweicht. So möchte unser Verstand sicherstellen, dass wir den Impuls der Veränderung schnellstmöglich verwerfen und weiter auf unserer alteingesessenen Spur bleiben. Und da wir ja, mit unserem Verstand „fusioniert" sind, unsere Identität also mit ihm gleichsetzen und seine Gedanken mit uns identifizieren, glauben wir seinen Argumenten zweifelsfrei. Zudem untermauert er seine Bemühungen mit Emotionen, die uns den neuen Weg als anstrengend, schwierig und problematisch empfinden lassen. Wie könnten wir da noch zweifeln?

Aber das können wir. Und das müssen wir auch! Denn wenn wir wirklich einen neuen Weg, den Weg unseres Herzens, einschlagen wollen, müssen wir uns über die Bequemlichkeit unseres Verstandes stellen und seinen gedanklichen, wie auch emotionalen Abwehrmanövern standhalten. Dazu müssen wir uns ein paar einfache Schritte merken und uns einiger Tatsachen bewusst werden:

1. Dein Verstand kennt die Zukunft nicht

Glaube nicht alles, was dein Verstand dir sagt, und nicht jedem Gedanken, den er dir schickt. Viele seiner Aussagen sind sogenannte Zukunftsprognosen, die er uns anhand der wenigen Erfahrungswerte, die er hat, anzubieten versucht. Ich weiß, diese Prognosen fühlen sich absolut real und todsicher an, sie können uns Angst machen und erschrecken. Aber mache dir immer bewusst: Dein Verstand kennt die Zukunft nicht. Keiner kennt sie! Das liegt einfach nicht in der Macht des Menschlichen. Das heißt, die angeblichen Zukunftsprognosen unseres Verstandes sind viel mehr „Pi mal Daumen"-Vermutungen, die oft genug gar nicht eintreffen. Wie viele Male hat dir dein Verstand schon Dinge prophezeit, die so nie eingetroffen sind? Wie viele Male sind schon Dinge passiert, mit denen du (er) nicht gerechnet hast, die er nicht vermutet hat? Das liegt einzig und allein daran, dass er eben die Zukunft nicht kennt und es auch niemals tun wird. Egal, wie sehr sich unser Verstand immer wieder bemüht alle Faktoren des Lebens auf einmal zu erfassen, um daraus Vorhersagbares zu gestalten: Es wird ihm nie ganz gelingen, denn dafür ist das Leben einfach zu komplex.

2. Dein Verstand blufft

Damit wir den neuen Weg nicht einschlagen, kein Risiko eingehen und uns schön auf der alten Bahn bewegen, greift unser Verstand auch gerne zu etwas härteren Mitteln. So malt er uns den neuen Weg in seiner angeblichen Zukunftsprognose oft viel schlimmer, komplizierter und schwerer aus, als er in Wirklichkeit ist und untergräbt zusätzlich noch unsere Fähigkeiten. Er schickt uns Gedanken, in denen er uns sagt, dass wir dem neuen Weg nicht gewachsen sind und unsere Kompetenzen mit ihm überschreiten. Zumindest gibt er vor, dass dies so sei. Aber er blufft nur. In der Hoffnung, dass unsere Angst uns vom Weg abbringt. Mal Hand aufs Herz: Wie oft hat dein Verstand dir schon genau solche Gedanken geschickt, dir versucht zu vermitteln, dass du etwas nicht schaffst, nicht kannst, nicht packst? Und wie oft hast du die Situation am Ende doch gemeistert? Denn wenn es drauf ankommt sind wir Menschen um ein vielfaches kompetenter und stärker als unser Verstand es uns vorgibt. Wir wachsen mit unseren Aufgaben und so wachsen wir auch mit unserem Weg.

3. Dein Verstand lässt dich nicht alleine

Wir müssen uns bewusst machen, dass der Verstand uns in seiner beratenden Funktion zwar immer als erstes den alten, sicheren Weg vorschlagen wird, uns aber auch, wenn es darauf ankommt, niemals alleine lässt. Das heißt, selbst wenn wir uns gegen seine Empfehlungen und für unseren neuen Herzensweg entscheiden sollten, wird er auch hier immer für uns da sein, sich immer um unsere Sicherheit kümmern, für Unversehrtheit sorgen, alles Neue analysieren, ordnen und strukturieren und uns mit Rat und Tat zur Seite stehen. Klar, er muss sich für seine Arbeit dann wieder etwas mehr anstrengen, muss raus aus seiner Komfortzone, aber er wird es tun und auch hier in der Rolle unseres Freundes und Beraters gänzlich aufgehen. Diese Aspekte gilt es immer „im Hinterkopf" zu behalten, denn sie helfen uns im Kommenden unserem Verstand die Macht über uns und unsere Entscheidungen zu nehmen. Denn wir werden erst den nötigen Mut zusammenbringen und uns für die Erfüllung unseres Herzens entscheiden, wenn wir uns bewusst machen, dass unser Verstand die Zukunft nicht kennt, oftmals nur blufft, beziehungsweise mit seinen Aussagen übertreibt und er immer für uns da ist, egal für welchen Weg wir uns entscheiden.

Die Eroberung deines Lebens

Irgendwann kommt der Moment, in dem wir aufwachen und fähig sind, unser Leben aus einer anderen Perspektive wahrzunehmen. Wir erkennen plötzlich das große Ganze, blicken zurück auf das, was war und das, was ist, und fangen an, immer mehr Zusammenhänge zu verstehen. Wir begreifen die Prägungen unseres *inneren Kindes*, sehen seine Bedürfnisse, aber auch gleichzeitig unsere eigenen. Dies wird der Moment sein in dem wir uns fragen, ob das Leben, das wir momentan führen auch wirklich das Leben ist, das uns glücklich macht und welches unserem Wesenskern am meisten entspricht. Denn viel zu oft hat sich unsere aktuelle Lebenssituation vielmehr aus einer Folge unbewusster innerer Prozesse und äußerer Ereignisse entwickelt, statt als Resultat bewusster Entscheidung im

Sinne unserer Werte. Wir bemerken dann beim „Erwachen", dass für die bisherige Regie unseres Lebens mehr die Außenwelt, unser *inneres Kind* und unser nach Sicherheit strebender Verstand verantwortlich waren als wir selbst im Zustand eines reflektierenden Wesens im jeweiligen Hier und Jetzt.

Doch es ist nie zu spät, die Richtung zu ändern, unser *inneres Kind* an die Hand zu nehmen und unserem Verstand zu vermitteln, dass ab heute ein neuer Wind weht. Wir müssen dazu lediglich mit unserem Bewusstsein raus aus der passiven Rolle unseres Lebens und rein in eine aktive und bewusste Lenkung unserer Entscheidungen. Wir müssen Verantwortung übernehmen für das Spiel, das wir mit den Karten des Lebens spielen, und verstehen, dass wir nicht nur Opfer unserer Prägungen und Umstände sind, sondern auch eine gewisse Varianz an Gestaltungsmöglichkeiten in unserem Leben haben, die wir auch nutzen sollten.

Wenn wir also klare Ziele vor Augen haben, wenn unsere Träume immer öfter an die Tür unseres Bewusstseins klopfen und unser alter Weg uns sichtlich nicht (mehr) bereichert, dann ist es an der Zeit, eine neue Richtung einzuschlagen und einen neuen Weg im Leben zu gehen. Und klar, unser Verstand wird uns aufhalten wollen und uns Geschichten erzählen, die uns Angst machen. Er wird uns Argumente liefern, warum wir der Sache nicht gewachsen sind, warum es klüger wäre, den neuen Weg zu verwerfen und auf dem alten zu bleiben. Aber unser Lebensweg sollte keine reine Kopfentscheidung sein, sondern vielmehr eine Führung unseres Herzens mit unserem *inneren Kind* an der Hand.

Wenn du also bei dem Versuch, einen neuen Weg zu gehen, auf deinen Verstand stoßen solltest und du bemerkst, dass er dir Zweifel und Unsicherheiten schickt, obwohl der Wunsch deines Herzens ganz klar zu dir spricht, dann gehe wie folgt vor:

Schritt 1: Bemerke es

Der erste Schritt besteht darin, überhaupt erst zu bemerken, dass dein Verstand gerade dabei ist, dir deinen neuen Weg auszureden. Du musst ihn quasi auf frischer Tat ertappen, ihn hier und jetzt erwischen, um anschließend aus seiner „Fusion" austreten zu können. Dazu ist es hilfreich, dein Bewusstsein im Alltag zu schulen, indem du lernst, immer wieder auf die Inhalte deiner Gedanken zu achten und indem du übst, diese von außen zu beobachten, anstatt durchgehend mit ihnen verbunden zu sein. Sobald du also bemerkst, dass dein Verstand versucht, dir deinen neuen Weg auszureden, indem er dir furchteinflößende Gedanken schickt, Probleme und Hindernisse sucht und dir durchgehend Argumente gegen ihn aufzählt, dann registriere das zunächst und gehe dann über zu Schritt 2.

Schritt 2: Benenne es

Sobald du die Gedanken also registriert und die Inhalte deines Verstandes vernommen hast besteht der nächste Schritt darin, das Wahrgenommene zu benennen und dich dadurch klar und deutlich von seinem Inhalt zu distanzieren:

„Mein Verstand versucht mir gerade wieder meinen Traum auszureden."
„Jetzt macht mein Verstand wieder alles schlecht."
„Jetzt sucht mein Verstand wieder nur Probleme auf dem neuen Weg."

Durch dieses Benennen erzeugst du Abstand zu dem Inhalt deiner Gedanken und sorgst für noch mehr Differenzierung zwischen dir und deinem Verstand. Das verstärkt die Diffusion und führt zu mehr Klarheit in dir. Das Eine bist du, das Andere ist dein Verstand.

Schritt 3: Erkenne seine Absicht

In diesem Moment ist es wichtig zu begreifen, dass dein Verstand es nicht böse meint, sondern einfach nur seinen alten, bereits erprobten Weg verteidigen möchte. Er weiß noch nichts von seinem bevorstehenden Glück und kann noch nicht ahnen, dass er für den neuen Weg ebenfalls Ressourcen, Gewohnheiten und Routinen etablieren wird, während du auf dem neuen Weg zufriedener sein wirst. Diesbezüglich muss dein Verstand erst noch ein paar Erfahrungen sammeln.

Schritt 4: Verstehe deinen Verstand als deinen Berater

Nimm das, was dein Verstand dir sagt an, aber lege seine Inhalte nicht auf die Goldwaage. Denke daran: Dein Verstand kennt die Zukunft nicht, er unterschätzt deine Fähigkeiten und überschätzt die Schwierigkeit der Hindernisse. Du kannst ihn also als deinen persönlichen Berater verstehen, der dir jetzt gerade bei der Entscheidungsfindung zur Seite steht. Bedenke aber auch, dass er nicht objektiv ist, sondern stets seine eigenen Interessen verfolgt. Höre dir deshalb die Argumente deines Verstandes immer mit einem gewissen Abstand und ein wenig Skepsis an und begegne seinen Ratschlägen mit der Haltung, dass du dir diese zwar anhörst, aber sie deswegen noch lange nicht automatisch annimmst.

Schritt 5: Bedanke dich bei deinem Verstand

Würdige die Arbeit deines Verstandes und bedanke dich bei ihm, dass er sich um dein Leben sorgt, dich beschützen will und dass er immer zuverlässig für dich da ist. Honoriere seine Arbeit, erkenne an, was er für dich tut und schenke ihm Gewissheit, dass du seiner Arbeit auch auf dem neuen Weg vertraust. Dazu kannst du zum Beispiel so etwas sagen wie: *„Danke lieber Verstand, dass du auf mich aufpassen möchtest und immer für mich da bist. Ich weiß, dass du der Meinung bist, mir auf dem alten Weg am besten dienen zu können, aber ich bin mir sicher, dass wir es gemeinsam auch auf dem neuen schaffen werden!"*

Durch das Bedanken beendest du einen möglichen inneren Kampf mit ihm. Du musst nicht gegen deinen Verstand kämpfen, er ist nicht gegen dich und war es noch nie. Er ist dein Freund und Berater, vertritt aber bei gewissen Themen einfach eine andere Meinung als dein Herz.

Schritt 6: Fokussiere dich auf deinen Weg

Entschließe dich dazu, wieder die Kontrolle über dein Leben zu erlangen, indem du die Taschenlampe deiner Aufmerksamkeit wieder an dich nimmst und damit beginnst, dein inneres Licht auf den neuen Weg leuchten zu lassen. Setze dir kleine Ziele und beginne mit dem ersten kleinen Schritt. Es ist wichtig, deinen Verstand jetzt nicht zu überfordern, sondern ihm ein kontinuierliches Gefühl der Kontrolle zu vermitteln. Und das tust du am besten, je langsamer du gehst und je kleiner die Schritte sind, die du machst. Blicke nicht so weit nach vorne, das überfordert deinen Verstand, er bekommt nur noch mehr Angst und Panik und wird anfangen zu rebellieren, um wieder zu seinem alten Weg zurückzukehren. Leuchte mit deiner Taschenlampe deshalb einfach immer nur unmittelbar vor dich, vor deine Füße und warte anschließend einen Moment, bis dein Verstand sich an den nächsten Schritte gewöhnt hat. Gehe langsam und bedacht anstatt schnell und mit erhöhtem Risiko zu stolpern. Denn je angenehmer der neue Weg für deinen Verstand ist, desto leichter wird es für ihn sein, sich von seiner Komfortzone zu lösen und eine neue zu etablieren. Durch kleine Schritte gibst du ihm die Chance, den Weg in Ruhe kennenzulernen und alles Neue zu sortieren. Er wird so nach und nach ein Gefühl der Kontrolle und Zuversicht gewinnen, was es dir wiederum erleichtern wird, den Weg deines Herzens zu gehen.

Schlusswort

Wir sind nun am Ende des Buches *Hello Inner Child* angekommen. Hinter uns liegt eine lange Reise, die jedoch in Wahrheit gerade erst beginnt. Es gilt jetzt, das neue Wissen in unser Leben zu integrieren und aus den anfänglich unsicheren Schritten klare Gewohnheiten zu machen.

Wir haben im ersten Teil des Buches unser *inneres Kind* kennengelernt, haben uns mit den Prägungen und den Ursachen seiner Grundannahmen und Glaubenssätze beschäftigt. Wir haben seinen *inneren Kritiker* kennengelernt und versucht mit Hilfe der *Landkarte unseres inneren Kindes* ein Verständnis dafür zu entwickeln, auf welche Situationen (sogenannte Triggersituationen) es besonders stark emotional reagiert. Wir haben uns seine Schutzstrategien angeschaut um zu verstehen, wie unser *inneres Kind* auch heute noch versucht, seine Grundbedürfnisse zu wahren und sich vor weiterem Schmerz zu schützen.

Im zweiten Teil des Buches haben wir anschließend unser *inneres Kind* an uns genommen, es in unsere Obhut gebracht und gelernt, mit Hilfe einer neuen Art der Emotionsregulation - dem *neuen Pfad* - auf die Triggersituationen unseres *inneren Kindes* einzugehen. Dabei hilft uns vor allem unser Körper und eine liebevolle Kommunikation nach innen, den Zugang zu unserem *inneren Kind* und zu seinem Herzen zu bekommen. Wir haben durch die Sprache der Gefühle gelernt, die wahren Bedürfnisse hinter dem Schmerz unseres *inneren Kindes* zu erkennen und anschließend angemessen auf sie einzugehen. Nur so schaffen wir es Verantwortung zu übernehmen und es langfristig von seinen überholten Schutzstrategien zu befreien. Denn wir sind nun die Erziehungsberechtigten und somit die unmittelbare Außenwelt unseres *inneren Kindes.* Wir sind ab heute verantwortlich, sowohl für seine Gefühle als auch für die Befriedigung all seiner Bedürfnisse.

Im dritten und letzten Teil des Buches haben wir gelernt, dass Selbstannahme und Selbstliebe etwas ist, das wir zunächst aus der Kindheit mitnehmen, was wir aber auch mit Hilfe einfacher Übungen und täglicher Routinen nachträglich in unser Leben integrieren können. Denn Gefühle folgen dem Verhalten und Verhalten können wir steuern. Wir müssen verstehen, dass die Liebe, die wir heute uns selbst gegenüber empfinden, auf dem Selbstkonzept unseres *inneren Kindes* beruht. Und dieses eben durch die Erfahrungen der damaligen Außenwelt entstanden ist. Wenn wir nun also das Selbstkonzept unseres *inneren Kindes* in Richtung „*Ich bin liebenswert und wichtig!*" modifizieren wollen, müssen wir auch eine Außenwelt erschaffen, die unserem *inneren Kind* genau das vermittelt: Es ist liebenswert und wichtig. Und dies tun wir mit Hilfe unserer alltäglichen Entscheidungen und durch unser Verhalten uns selbst gegenüber.

Wir haben außerdem gelernt, dass die Kontrolle unseres Geistes die absolute Königsdisziplin auf dem Weg zu einem glücklichen und erfüllten Leben ist. Denn neben den Gefühlen und Bedürfnissen unseres *inneren Kindes* besitzt unser flinker Verstand den fast größten Einfluss auf unsere Handlungen. Wir müssen uns deshalb von ihm lösen, erkennen, dass wir nicht unser Verstand sind, unser Selbst nicht in ihm ruht und unsere Gedanken nur so viel Macht über uns haben, wie wir entscheiden ihnen zu geben. Um unseren eigenen Weg im Leben gehen zu können, müssen wir ein Bewusstsein entwickeln, das unabhängig von unserem Verstand existiert, das frei von ihm und seinem Sicherheitsbedürfnis ist und lernen, unsere Handlungen von seinen Gedanken zu trennen.

Dabei zeigt sich die Achtsamkeit als entscheidender Schlüssel um dort Bewusstsein zu schaffen, wo noch Unbewusstsein herrscht. Wir kommen mit Hilfe von Achtsamkeit aus den Automatismen unseres Verstandes in die Neugeburt des Seins und werden dadurch erfahren, dass alles, was wir brauchen um unser Leben aktiv zu gestalten, sich in der Kraft des jetzigen Moments befindet. Im Zustand der Achtsamkeit sind wir weder die Prägungen unseres *inneren Kindes*, noch die Geschichten unseres Verstandes, sondern bieten durch unseren Körper lediglich einen Rahmen um darin die Erfahrungen des Lebens zu manifestieren. Durch Achtsamkeit können wir eine Welt betreten, die frei ist von dieser Manifestation des Körpers. Wir sind dort lediglich Bewusstsein, unabhängig von dem, was war, und dem, was sein wird. Und diese Welt ist letztendlich nur eine Entscheidung weit entfernt. Du hast die Wahl. Wenn du möchtest, kannst du voll und ganz in die Geschichten deines Verstandes eintauchen, sie aktiv leben und in der Rolle, die er dir gibt, gänzlich aufgehen. Du kannst dich aber genauso gut von diesen Geschichten distanzieren, sie neben dir existieren lassen und dich - ohne dass du in sie eintauchst - voll und ganz mit dem allgegenwärtigen Bewusstsein verbinden. Wie du magst: Beides ist okay, beides ist gut. Es gibt kein Richtig und kein Falsch. Ich möchte einfach nur, dass du weißt: Du hast die Wahl!

Durch die Fertigkeit der bewussten Aufmerksamkeitslenkung sind wir in der Lage selbst zu entscheiden, mit welchen Inhalten wir unseren Geist befüllen. Wir haben alle Freiheiten der Welt um unseren Fokus immer wieder bewusst auf die Dinge im Leben zu richten, die uns und unserem *inneren Kind* Kraft geben, uns stärken und unser Herz erfüllen. Es ist ein Ringen um unsere Aufmerksamkeit, ein Hin und Her zwischen dem Bedürfnis unseres Verstandes und der Befriedigung unseres Herzens. So ist es und so wird es immer sein. Entscheidend ist lediglich das Wissen darüber, dass wir nicht mehr nur noch „Opfer" unserer Umstände und Prägungen sein müssen, sondern - wenn wir möchten - auch aktive Erschaffer unseres Seins. Denn mit bewusster Aufmerksamkeitslenkung entscheiden nun wir, was in unserem Leben Licht erhält und was wachsen darf. Wir entscheiden, für welche Außenwelt unser Herz ab heute schlägt, welche Dinge unser Geist ab heute sieht und welcher Weg unser *inneres Kind* von nun an und für immer prägt.

Du bist nun an der Reihe! Du darfst entscheiden, wo es lang geht.
Es ist dein Leben.
Dein Weg. Im Hier und Jetzt!

Weiterführende Literatur

Teil 1: Lerne dein inneres Kind kennen

- Grawe, K. (2004): *Neuropsychotherapie.* Göttingen: Hogrefe Verlag.
- Jacob, G. & Genderen, et al. (2017): *Andere Wege gehen. Lebensmuster verstehen und verändern - ein schematherapeutisches Selbsthilfebuch.* Weinheim: Beltz.
- Young, J.E , Klosko, J.S. et al. (2006): *Sein Leben neu erfinden: Wie Sie Lebensfallen meistern.* Paderborn: Junfermann Verlag.

Teil 2: Tritt in Kontakt mit deinem inneren Kind

- Berking, M. (2008): *Training emotionaler Kompetenzen.* Wiesbaden: Springer.
- Bohus, M. & Wolf-Arehult, M. (2012): *Interaktives Skillstraining für Borderline-Patienten.* Stuttgart: Schattauer.
- Feldhege, F.-J., Krauthan, G. *Verhaltenstrainingsprogramm zum Aufbau sozialer Kompetenz (VTP).* Springer-Verlag Berlin Heidelberg.
- Hinsch, R. & Pfingsten, U. (2015): *Gruppentraining sozialer Kompetenzen GSK.* Weinheim: Beltz.
- Jacob, G. & Arntz, A. (2015): *Schematherapie in der Praxis.* Weinheim: Beltz.
- Wehrenberg, M. (2014): *Die 10 besten Strategien gegen Angst und Panik: Wie das Gehirn uns Stress macht und was wir dagegen tun können.* Weinheim: Beltz.

Teil 3: Selbstannahme, Selbstliebe und Selbstfürsorge

- Blickhan, D. (2015): *Positive Psychologie: Ein Handbuch für die Praxis.* Paderborn: Junfermann Verlag.
- Eifert, G. H. (2011): *Akzeptanz-und Commitment-Therapie (AT).* Göttingen: Hogrefe.
- Ennenbach, M. (2010): *Buddhistische Psychotherapie. Ein Leitfaden für heilsame Veränderungen.* Oberstdorf: Windpferd.
- Harris R. (2009): *ACT leicht gemacht. Ein grundlegender Leitfaden für die Praxis der Akzeptanz- und Commitment-Therapie.* Freiburg: Arbor Verlag.
- Harris R. (2014): *Der Weg zu echtem Selbstvertrauen: Von der Angst zur Freiheit.* Freiburg: Arbor Verlag.
- Jordan, M. (2013): *Ruheloser Geist trifft Achtsamkeit: Aus der Zeit in den Moment.* Petersberg: Via Nova Verlag.
- Neff, K. (2012): *Selbstmitgefühl. Wie wir uns mit unseren Schwächen versöhnen und uns selbst der beste Freund werden.* München: Kailash.
- Potreck-Rose, F. & Jacob, G. (2019): *Selbstzuwendung, Selbstakzeptanz, Selbstvertrauen.* Stuttgart: Klett-Cotta.
- Wengenroth, M. (2012): *Therapie-Tools. Akzeptanz- und Commitmenttherapie* (ACT)., Weinheim: Beltz.

Studien:

- Emmons, RA & McCullough, M. (2003): *Segen gegen Lasten zählen: Eine experimentelle Untersuchung der Dankbarkeit und des subjektiven Wohlbefindens im täglichen Leben*. Zeitschrift für Persönlichkeits- und Sozialpsychologie , 84 (2), 377-389. https://doi.org/10.1037//0022-3514.84.2.377.
- Mills PJ, Redwine L., Wilson K. et al. (2015): *Die Rolle der Dankbarkeit für das geistige Wohlbefinden bei Patienten mit asymptomatischer Herzinsuffizienz. Spirituelle Klinik (Wash DC)*; 2 (1): 5–17. doi: 10.1037 / scp0000050.
- Harlow, H. F. (1958): *The nature of love. American Psychologist,* 13, 673-685. Hartup Madison: The University of Wisconsin Press.

Danksagung

An dieser Stelle möchte ich mich bei allen Personen für die Begleitung und die Unterstützung während der Anfertigung von *Hello Inner Child* bedanken. Es erfüllt mich mit ganz besonderer Freude, dass dieser Dank vor allem meinen Freunden gebührt, die mir mit ihrer Expertise und ihren Fertigkeiten zur Seite standen.
Danke liebe Luana für die gemeinsame Manuskriptgestaltung, aber vor allem für die mentale sowie emotionale Stütze, während des Schreibens. Auf viele weitere Projekte und gemeinsame Jahre tiefer Freundschaft.
Danke liebe Sonja für die Erstellung der liebevollen Grafiken und danke Vera für dein zuverlässiges und genaues Lektorat.
Ohne euch wäre dieses Buch niemals so voller Liebe.

Des Weiteren möchte ich mich bei meiner Familie bedanken, die immer für mich da ist und mir auf all meinen Wegen zur Seite steht.

Und danke auch dir, liebe Leserin und lieber Leser, für deinen Mut einen neuen Weg in deinem Leben gehen zu wollen und die Entschlossenheit, der Stimme in deinem Herzen von nun an Beachtung zu schenken.

Du bist großartig!

Anhang

Anleitung zur Analyse der Emotionen

1. Wie genau sah die Situation aus, die das Gefühl in deinem *inneren Kind* ausgelöst hat, sprich welche Wörter, Aussagen oder Handlungen haben die Gefühle in deinem *inneren Kind* aktiviert?

2. Welche Körperreaktionen, anderen Gefühle und Verhaltensimpulse wurden dadurch ausgelöst? Beschreibe noch einmal detailliert, wie du dich gefühlt hast und welche Reaktionen in deinem Körper ausgelöst wurden.

3. An welche Situation aus der Vergangenheit, deiner Kindheit oder Jugend wurde dein *inneres Kind* in dem Moment erinnert oder war der heutigen Situation ähnlich?

____

____

____

____

4. Welches Bedürfnis deines *inneren Kindes* wurde in der damaligen Situation verletzt (zum Beispiel das Bedürfnis nach Bindung, Autonomie, Selbstwert oder Lustgewinn/Unlustvermeidung)?

____

____

____

____

5. Mit welcher Schutzstrategie hat sich dein *inneres Kind* damals geschützt (zum Beispiel Vermeidung, Unterwerfung, Anpassung, Aggression oder Trotz)?

6. Was hätte sich dein *inneres Kind* in der damaligen Situation gewünscht, also was hätte es wirklich gebraucht (zum Beispiel Liebe, Annahme, Verständnis, Wertschätzung, Anerkennung, Geborgenheit und/oder Vertrauen)?

7. Wie würde dein *inneres Kind* auf die heutige Situation am liebsten reagieren (zum Beispiel wegrennen, angreifen, ablenken, ignorieren, konsumieren oder kompensieren)? Versuche sein Vorhaben genau zu beschreiben!

8. Wenn du nun nach dem Wunsch deines *inneren Kindes* handeln würdest, wie würde sich diese Reaktion langfristig auf dein Leben auswirken?

9. Würdest du mit der Ausführung der Schutzstrategie deines *inneren Kindes* sein wahres Bedürfnis befriedigen?

10. Was bräuchte dein *inneres Kind* in dem Moment wirklich?

Für Dich

Um einen regelmäßigen und liebevollen Kontakt zu deinem inneren Kind aufrechtzuerhalten, findest du auf meiner Webseite www.arianejankowski.de ein kleines kostenloses *Hello Inner Child Tagebuch* zum Downloaden.

Dieses Tagebuch wird dir dabei helfen, im täglichen Kontakt mit deinen Gefühlen und Bedürfnissen zu bleiben und langfristig deine wahren Ziele und deinen neuen Weg im Leben nicht aus den Augen zu verlieren.

Ich wünsche dir und deinem inneren Kind von Herzen alles Gute und für deine Zukunft nur das Beste!

In Liebe,
Ari

Printed in Poland
by Amazon Fulfillment
Poland Sp. z o.o., Wrocław

58906015R00190